▶ 제3판

골프 이론과 실제

이강웅

박영사

제3판 머리글

　이 책은 2015년 초판, 2022년 재판 발행 이후 골프 애호가들의 꾸준한 사랑과 관심, 그리고 대학에서 골프를 공부하는 학생들로부터 기대 이상의 많은 사랑을 받아 다시 개정판을 내게 되었다. 지난 몇 년간 급속하게 성장을 해왔던 골프산업도 다소 둔화하기 시작하였고, 여러 가지 요인에 의해 골프인구의 성장도 잠시 주춤하고 있다. 개정판에서는 독자들의 보다 쉬운 이해를 위해 문장을 간결하게 정리하였고, 2023년 개정된 골프 규칙, 용어 개념 등을 중심으로 소폭으로 새롭게 수정, 보완하였다. 개정판의 기회에 표지도 새롭게 바꿨다.

　개정판을 출간함에 있어 여러분의 도움이 있었다. 골프에 대한 식견이 탁월하신 백석대 김태승 교수님, 그리고 백석대 조교님들, 유혁준 프로, 조광제 프로가 바쁜 가운데 원고 내용을 수정 및 보완해 주었다. 진심으로 감사드린다. 박영사 임재무 전무님, 김선민 이사님께서도 신속한 출판에 큰 도움을 주셨다. 이 밖에도 도움을 주신 여러분들께 감사하다는 말씀을 드린다.

2024년 3월
저 자 이 강 웅

머리글

　이 책은 저자가 23년간 골프를 해온 실전경험, 체육대학 학생과 대학교 평생교육원에서 일반인을 대상으로 골프를 강의하면서 작성한 강의노트, 그리고 이들과 교류하면서 터득한 체험을 바탕으로 집필하였다.

　이 시대의 화두이자 일반 대중들의 레저스포츠인 골프는 각광받는 하나의 사회문화적 현상으로 자리매김하였다. 골프는 잘못된 스윙습관을 고치기 위해 지속적으로 노력하는 모습이 체화되어 있어 매우 좋은 운동이다. 골프는 연령·성별 관계없이 누구나 즐길 수 있는 관람 및 참여스포츠이고, 개인의 건강한 여가생활, 사회구성원의 연대감 형성, 공정성, 인내심, 배려 등 자신은 물론 공동체사회의 결속과 평화를 유지할 수 있도록 소중한 사회적 가치를 배양함으로써 스포츠 그 이상의 기능을 함축하고 있다. 아울러 경제적인 측면에서도 광범위한 골프인프라 확산에 따른 고부가가치산업으로 부각, 국가 스포츠산업정책의 중심으로 전환되고 있다.

　골프는 개개인의 체력적·기술적·심리적 요소가 복합적으로 교호작용을 하고, 골프장에서 경기 수행과정 중 불가피하게 안전문제가 수반되는 스포츠이다. 이에 저자는 스윙기술 중심으로 편중되어 기술된 기존의 골프 교과서에서 탈피하여 보다 개괄적인 골프의 기초이론과 골프 경기 수행 중 발생하는 여러 가지 안전사고와 연계된 골프지침서의 필요성을 현장이나 강단에서 절감하여 왔다.

　그리하여 저자는 다음과 같은 측면에 유의하면서 이 책을 썼다. 첫째는 골프현상과 관련된 보편적 주제들을 다양하게 소개하면서 체육대학이나 골프전공학생은 물론 교양과정으로 골프를 배우는 학생, 그리고 일반인들도 쉽게 이해하고 습득할 수 있도록 골프이론의 기초를 제공하고자 하였다. 둘째는 스윙기술 등 각종 골프이론에 대해서 가급적 주관적인 편견과 아집을 지양하고, 보다 객관적인 관점에서 공정하게 서술하였다. 셋째는 골프의 대중화에 따라 자주 발생하는 골프장내의 안전사고원인에 대한 인식을 제고하고, 골프안전사고의 유형과 예방, 사고 당사자들 간에 분쟁해결방법을 민사법적인 관점에서 소개하였다. 마지막으로 이 책이 독자들에게 유용하게 활용되는 지침서로서 더 큰 골프의 세상을 만날 수 있게 되기를 진심으로 희망한다.

이 책을 서술하는 데 있어 독자들이 체계와 내용을 보다 쉽게 이해할 수 있도록 노력하였고, 오랜 기간 동안 실전경험과 강단에서 터득한 현실적인 지식을 바탕으로 서술하였으나 턱없이 부족함을 느끼지 않을 수 없다. 한편으로는 지금까지 국내·외의 많은 학자들, 프로골퍼 및 골프 교습가들에 의해 이루어진 연구 성과물에 직·간접으로 의존하지 않을 수 없었다. 그들에게 심심한 감사를 드린다.

끝으로 어려운 여건 속에서도 책이 출간 될 수 있도록 집필의 기회를 준 박영사 안종만 회장님께 감사한 마음 전해드리고, 탈고까지 변함없는 격려와 힘을 실어주신 박영사 임재무 이사, 김선민 부장, 한현민 사원의 희생적 노고에 깊은 감사를 보내드린다. 끝까지 이 책을 완성할 수 있도록 자료정리과정에서 각종 조언과 도움을 준 유혁준 프로, 조광제 프로에게도 고마운 마음 전한다.

2015년 12월 26일
저자 이 강 웅 씀

차 례

🏌 제2장 골프장비

🏌 제3장 골프코스 및 경기방식

🏌 제4장 골프스윙의 원리

제5장 볼의 비행원리

제14장 경기규칙과 골프예절

부록

골프의 이해

제1장
골프의 이해

I. 골프의 역사와 발전

코로나 19 팬데믹을 계기로 젊은 세대, 여성 골프인구 등 국내 골프인구가 급격히 증가하였다. 최근 어느 골프잡지에서 성인남녀들을 대상으로 실시한 '가장 하고 싶은 운동이 무엇인가?'라는 여론조사에서 골프가 1위로 선택될 만큼 골프에 대한 대중들의 관심이 높아지고 있다. 이와 같이 일반대중들에게 인기 있는 스포츠로 정착하게 된 골프가 언제, 어떤 경로로, 어디에서 시작되었는지에 대해서는 명확하게 밝혀지고 있지 않다. 그러나 공식적인 기록에 의하면 약 550여 년 전 1457년 스코틀랜드의 왕 제임스 2세가 칙령으로 내린 '골프금지령'이 사실상 골프에 관한 역사상 최초의 기록으로 현존하고 있다.[1]

1. 골프의 개념

골프는 정지된 볼을 골프채로 쳐서 일정한 거리에 있는 직경 108mm 홀(hole)에 가장 적은 타수로 넣어 승부를 겨루는 경기를 말한다. 골프는 근력의 유연성과 기술, 정신력을 바탕으로 남녀노소 누구나 즐길 수 있는 스포츠이다. 골프를 시작하는 대부분의 사람들은 정지된 볼을 치고, 신체의 접촉도 없기 때문에 단순하고 쉬운 운동으로 생각하는 경향이 있다. 그러나 같은 동작을 반복하면서도 마음먹은 대로 볼을 칠 수 없다는 어려움을 인식하면서부터는 골프의 절묘한 멋과 맛을 터

---

1 안용태, 「골프장경영개론」, 대한골프전문인협회, 2011. 11면.

득하게 된다. 특히 다양한 형태로 구성된 18홀을 돌면서 느끼는 희로애락의 감성적 경험, 끊임없는 선택과 판단을 통해 마치 우리의 인생 역정에 비유하기도 한다. 이와 같은 골프가 국내에 처음 도입된 후 최근 대중화되기 전까지는 일부 특수계층만이 즐기는 스포츠로 인식되어 왔으나, 이제는 개개인의 경제적, 시간적 여유, 신체적·정신적 건강증진, 사회 구성원들 간의 사회적·인간적 연대관계를 고양시켜 주는 대표적인 대중스포츠로 자리잡아가고 있다.

홀(hole)

홀 컵(hole cup)

2. 골프의 기원

오늘날 우리가 즐기고 있는 골프와 유사한 경기가 수백 년의 역사를 가지고 있다는 사실에 대해서는 논쟁의 여지가 없다. 일반적으로 골프의 기원이라고 하면 대개 스코틀랜드 기원설을 받아들이고 있지만 이에 대해 최근 여러 나라서 다양한 논쟁을 제기해 오고 있다. 골프의 기원과 관련해서 유럽에서는 스코틀랜드 기원설, 네덜란드 기원설, 로마 기원설 등을 주장하고, 동양에서는 중국 기원설, 우리나라 기원설이 주장되고 있다.[2]

---

2 대한골프협회 골프자료실, 2015. 12. 5. 방문.

(1) 스코틀랜드 기원설

골프의 기원은 13세기 중엽 양 목축이 성행했던 스코틀랜드지방의 양치는 목동들이 넓은 초원에서 끝이 구부러진 나뭇가지로 돌멩이를 토끼 굴속으로 넣으면서 시작한 것이 시초로, 이것이 골프로 발전했다는 것이다. 골프의 어원도 스코틀랜드의 고프(Gouft)[3]에서 유래됐다는 것이 골프사가들의 중론이다.[4] 또한 1457년 스코틀랜드에서는 골프가 성행하여 스코틀랜드의 왕 제임스 2세가 국가 방위에 필요한 무예와 신앙생활을 게을리 한다는 이유를 들어 12세 이상 50세까지의 국민에게 고우프(Gouft)를 금지한다는 '골프금지령'이라는 기록이 있는데, 이것이 지금까지 세계적으로 공인된 최고의 골프에 관한 기록이다.[5] 그 밖에 골프에 관한 역사적 기록이 스코틀랜드 의회의 궁정기록에서도 발견되고 있는데, 1744년 스코틀랜드 동해안에 있는 도시 리스에서는 리스젠틀맨골프회(The Gentle-men Golfers of Leith)가 구성되어 골프규칙 전문 13조항을 제정한 것이 최초로 문서화된 골프규칙이며, 수도 에든버러에서도 골프협회가 조직되어 골프경기를 한 것이 골프클럽과 더불어 골프경기의 시초로 알려지고 있다.[6]

(2) 네덜란드 기원설

1360년 네덜란드 지역 Bruegge에서 골프에 대한 기록들이 발견되었는데 이것은 최소한 1457년의 스코틀랜드의 기록보다 97년이나 먼저 행해졌고, 골프가 '콜벤(Colven)'이라는 이름으로 불려졌다는 사실을 주장하고 있다.[7] 또한 15세기에 이미 아연으로 된 골프클럽을 사용하기 시작했으며, 1545년 25개 조항으로 된 최초의 골프경기 규칙이 암스테르담의 라틴어 학교에 라틴어로 기록되어 있다. 이 규칙은 1552년에 공식적으로 인쇄되어 최소한 20년간 사용되었다고 한다.[8]

---

3 골프(Golf)의 어원은 고우프(Gouft), 즉 '때리다, 치다'라는 의미를 가진 스코틀랜드의 고어에서 찾아볼 수 있다.
4 대한골프협회 골프자료실, 2015. 12. 5. 방문.
5 안용태, 앞의 책, 11면.
6 대한골프협회 골프자료실, 2015. 12. 5. 방문.
7 이호근 외 3인, "골프의 기원과 형성과정연구", 한국체육철학회지, 2003. 6. 제11권 제1호. 154-155면.
8 홍준희, 「대학에서 배우는 골프」, 2011. 국민대학교 출판부. 5면.

(3) 로마제국 기원설

로마시대에 깃털을 가득 넣은 가죽 볼을 한쪽 끝이 구부러진 막대기로 쳐서 날려 보내는 파가니카(paganica)라는 게임이 있었는데 이 게임은 전원을 걸어 다니면서 클럽으로 볼을 치는 경기였다.[9] 이 설에 의하면 로마제국이 스코틀랜드를 정복했을 때(로마의 5현재시대 – AD96~180) 당시 로마 군사들이 로마제국에서 즐기던 파가니카(paganica)라는 놀이를 스코틀랜드에 소개하여 이 곳에서 발달되었다고 주장한다.[10]

(4) 중국 기원설

1991년 중국 감숙성의 한 사범대학 체육학부교수인 '링홍링'이 호주의 한 학회지(Australian Society for Sports History)에 '골프의 원조는 중국'이라고 발표한 논문에 의하면 중국에서는 골프를 '츠이환(捶丸)'이라 불렀고, 이미 서기 943년에 간행된 남당(南唐)의 사서(史書)에 이 같은 사실이 쓰여 있다고 주장했다.[11] 이 츠이환은 본래 중국대륙에서 행해진 보타구(步打球)라는 경기가 발전한 것이라고 하는데 그것이 언제부터 시작되었는지는 분명하지는 않으나 943년까지는 문헌으로 고증되고 있다[12]고 한다.

(5) 우리나라 기원설

1940년 일본에서 발행된 「조선골프소사」에 의하면 우리나라 골프는 공식적으로 1897년 원산항 세관구내 해변가에 6홀로 골프장이 조성된 후 시작된 것으로 보여진다. 이에 대해 국내 체육사학자들은 1421년(세종 3년) 세종실록에 봉희라고 하는 놀이에 관한 기록이 나와 있는데, 이는 중국의 츠이환이 우리나라에 봉희라는 이름으로 전해져 왕실에서 즐긴 것으로 보여지며, 이 놀이는 땅에 구멍을 파고 봉으로 공을 쳐 넣어 득점하는 방식으로 오늘날 골프와 매우 유사하다고 주장하고 있다.

---

9 대한골프협회 자료실, 2013. 4. 5. 방문.
10 이호근 외 3인, 앞의 논문 156면.
11 이호근 외 3인, 앞의 논문 157면.
12 홍준희, 앞의 책, 10면.

이상 여러 나라에서 주장되는 다양한 논쟁에도 불구하고 잔디 위에 놓여 있는 볼을 쳐서 그린 위 홀에 넣는 오늘날과 같은 골프경기의 형식은 1457년 스코틀랜드의 왕 제임스 2세가 내린 '골프금지령', 1744년 리스젠틀맨골프회의 '골프규칙 13조'를 최초로 문서화한 근거로 15세기 경 스코틀랜드 동부해안지역에서 시작되었다는 것이 가장 일반적으로 받아들여지고 있다.

3. 골프의 특성

(1) 일반적 특징

골프는 넓고 푸른 대자연 속에서 동반자와 함께 백구를 날리며, 자신에게는 엄격한 규칙을 적용하고 동반자에게는 배려, 존중하면서 즐기는 신사적인 스포츠 경기이다. 골프는 누가 더 적은 타수로 치느냐에 따라 승부를 겨루는 경기이므로 때로는 스트레스를 받기도 하지만, 기술적·정신적 단련과 꾸준히 향상되는 경기력으로 인해 삶의 활력소로 작용하기도 한다. 그러면 왜, 무엇 때문에 사람들이 골프에 매력을 느껴 지속적으로 운동을 하게 되는 것인지 또한 세계적으로도 가장 많은 동호인을 갖고 있는 스포츠로 발전하고 있는 것인지 신체적, 심리적, 기술적, 사회적 특성으로 나누어 알아보기로 하겠다.

1) 신체적 특성

골프는 플레이어가 클럽을 잡고 휘두르는 근육운동이다. 더군다나 일상생활에서는 거의 사용하지 않는 근육을 움직여야 하고, 스윙을 하는 동안 안정된 축과 균형을 잡기 위해서는 신체 골격이 튼튼하고, 근력이 잘 발달하여야 한다. 또한 골프는 상당히 오랜 시간 골프장이라는 크고 넓은 자연공간에서 실시되는 운동이기 때문에 이에 따른 지구력과 순발력, 현장적응력을 필요로 한다.

2) 심리적 특성

골프는 플레이어의 자신감이 충만되었을 때 기량을 최고로 발휘할 수 있는 스포츠이고, 타수(score)에 집중할 수 밖에 없기 때문에 불가피하게 인간의 욕망을 자극하는 게임이다. 골프는 날씨, 지형, 동반자의 유형 등 다양한 환경, 객관적인 여러 경기조건에 따라 결과 변화가 심하기 때문에 빈번하게 발생하는 실수를 심리적으로 극복해나가는 경기이기도 하다. 또한 골퍼는 아무리 기술적인 부분이 완성되었다 하더라도 정신적, 심리적으로 골프상황을 지배하지 못하면 골프를 결코 잘할 수 없다. 따라서 골프는 다른 스포츠와 마찬가지로 기본적인 체력과 기술력을 바탕으로 순간 순간의 집중력, 정확한 판단력, 그리고 인내력과 자신감을 통해 수행이 이루어지는 고도의 심리스포츠라고 할 수 있다.

3) 기술적 특성

골프스윙은 골프 경기 중 일어나는 어떤 상황에서도 항상 정확하고, 일관된 스윙을 수행하는 데에 그 목적이 있다. 골프스윙은 신체 거의 모든 골격과 근육의 유기적인 조합에 의해 이루어지는 협응 스포츠이자 지속적 훈련을 통해 밸런스와 일관된 리듬을 구축하는 과학적 스포츠이기도 하다. 그러므로 골프에 필요한 기본 기술을 부단히 연습해서 직접 몸으로 체득하는 것이 무엇보다 중요하다.

4) 사회적 특성

골프는 남녀노소, 신체적 장애의 유무, 운동에 대한 특별한 재능이 없어도 누구나 즐길 수 있는 스포츠로서 각자의 체력수준과 기술에 따라 평생을 즐길 수 있는 대중 스포츠이다. 또한 골프는 양심에 따라 규칙을 준수하고, 동반자의 경기를 물리적·심리적으로 방해하지 않도록 주의하고 배려하는 등 인성과 예절을 배양하는 윤리적이고 신사적인 스포츠경기이기도 하다. 따라서 골프는 여러 사람이 한 팀을 구성하여 경기가 수행되기 때문에 구성원 간의 친화력과 연대감, 행복감을 창출하는 사회적인 특성을 가지고 있다.

이상과 같이 골프는 남녀노소 누구나 경기를 즐기며, 심신을 수양하고, 건강한 체력과 유연성, 기술력을 토대로 하는 동적인 운동이므로 육체적·정신적 건강증진에 효과적인 스포츠경기이다. 뿐만 아니라 골프는 다양하고 변화무쌍한 주관적·객관적 경기조건들을 정신적으로 극복하고, 타구 하나하나에 자신감과 정신집중을 필요로 하는 고도의 심리적인 스포츠이기도 하다. 이와 같이 골프는 코스에서 주어지는 다양한 상황에서 체력과 기술력을 바탕으로 심리와 교호작용을 하며, 플레이어에게 행복감과 좌절감을 주는 중독성 강한 스포츠로서 아마도 이것이 곧 골프의 매력이자 사람들이 골프를 지속적으로 할 수 있는 원동력이 아닌가 생각된다.

(2) 골프규칙

현재 각종 골프경기에서 적용되고 있는 골프규칙은 세계 공통이며 단 한가지 뿐이다. 골프규칙이 처음으로 성문화된 것은 1744년 스코틀랜드의 동해안에 있는 리스신사골프클럽(The Gentle-men Golfers of Leith)에서 13개 조항을 제정한 것이 최초로 문서화된 골프규칙이다.[13] 1754년 스코틀랜드의 세인트앤드루스 신사회 (The society of St. Andrews)골프클럽이 이 13개 조항의 리스 골프규칙을 수정·발전시켰으며, 1897년에 이르러는 영국왕립 로열 앤드 에인션트(R&A) 골프클럽이 규칙위원회를 구성하여 골프규칙을 제정·공포하였다.

영국왕립골프협회(R&A)는 원래 22개의 세인트앤드루스 골프협회로 이루어져 있던 민영클럽으로 1754년에 설립되었다. 1800년대 들어서면서부터 리스젠틀맨골프회의 세력이 약화되자 영국왕립골프협회(R&A)가 골프를 공식적으로 주관하는 기관으로 인정받게 되었으며, '로열&에인션트(Royal and Ancient)'라는 명칭은 이 조직의 후원자였던 윌리엄 4세가 1834년에 내린 것이다. 영국왕립골프협회(R&A)는 1897년 영국의 여러 골프클럽들이 모여서 만든 규칙을 토대로 골프의 공통규칙을 제정하였다. 이렇게 마련된 규칙은 전 세계적으로 채택되었으며, 이로써 골프는 본격적으로 스포츠경기로서 면모를 갖추게 되었다. 이후 로열 앤드 에인션트(R&A)는 세계 골프를 주관하는 공식기관으로 인정을 받고, 매년 열리는 공식적인 경기에 공통규칙으로 적용되기 시작하였다. 현재 영국왕립골프협회(R&A)는 세계 여러 나라들이 적용하는 골프규칙과 골프클럽의 디자인에 대한 최종결정을 내릴 수 있는 기관으로 역할과 기능을 하고 있다.

미국골프협회(USGA)는 1894년 12월 뉴욕 캘유매트 클럽에서 스코틀랜드 출

---

[13] 대한골프협회 자료실, 2015. 1. 1. 방문.

신 미국인인 찰스 블레어 맥도널드를 주축으로 세인트앤드루스클럽, 로드 아일랜드의 뉴 포트클럽, 매사추세츠의 컨트리 클럽, 뉴욕의 시네콕 힐스 클럽, 시카고 클럽 등 당시 5개 주요 골프클럽의 대표자들이 모여 아마추어 골프협회를 만들었으며, 이 아마추어 골프협회가 모체가 되어 오늘날의 미국골프협회(USGA)로 변경된 것이다.[14] 오늘날 골프규칙은 영국 세인트앤드루스의 영국왕립골프협회(R&A)와 미국골프협회(USGA)의 2개 조직이 1950년 이래로 세계 골프규칙에 관해 서로 합의하여 공동으로 작성하고 있으며, 세계 각국에서 적용되는 규칙과 골프클럽 등에 대해서도 공동으로 관장하고 있다. 영국왕립골프협회(R&A)는 미국과 멕시코를 제외한 모든 지역의 골프경기에 관한 사항을 전반적으로 주관하고 있고, 미국과 멕시코 지역에서는 미국골프협회(USGA)가 이를 주관한다. 이 두개의 조직은 상호 긴밀한 협조관계 속에서 갈등과 논쟁이 되는 사례 등을 토대로 4년에 한 번씩 열리는 회의를 통해 골프규칙을 검토·개정해 나가고 있다.

(3) 스포츠로서의 골프

스포츠는 그 시대의 문화와 역사적 소산이다. 가치란 인간의 욕망을 충족시켜 주는 모든 재화와 욕망을 의미한다. 여러 가지 신체활동을 통해서 나타나는 스포츠의 가치는 평가하는 주체에 따라 개인적 관점, 사회적 관점, 국가적 관점에 따라 구분되어 나타날 수 있다. 개인적인 관점에서는 개개인의 신체활동을 통해 즐거움을 추구하고 건강을 유지하며, 마음을 단련시키면서 목표에 대한 성취감을 획득할 수 있다. 아울러 새로운 사람들과의 만남을 통해서 참여, 연대의식을 고취시키고, 자아를 실현할 수 있는 하나의 문화적 요소이다. 사회적 관점에서는 사회구성원들 사이의 이질적 요소들을 스포츠를 통해 동질성을 회복하고 사회적 일체감을 조성할 수 있으며, 사회조직의 통합과 목적달성에 기여하는 역할을 한다. 국가적 관점에서는 건강한 신체와 정신을 갖춘 민주시민의 육성과 민주사회로 발전, 국가 간 스포츠경쟁을 통해 국위선양은 물론 국민으로서의 자긍심을 고양시키는 역할을 수행한다.

---

14 김재열, 「골퍼가 알아야 할 골프의 모든 것」, 고려닷컴, 2004. 15면 참조.

(4) 조직화된 스포츠

골프는 조직화된 스포츠이다. 골프는 스포츠의 특성, 즉 자유성, 유희성, 기술성, 사회성, 분리성을 모두 내포하고 있는 일반스포츠이다. 스포츠는 자발적인 참여, 자유로운 신체활동과 즐거움, 기술적인 요소로 집약된 공통적인 신체행동양식이며, 제한된 공간에서 여러 사람들과 연대하여 자기만족과 사회적 연대감을 배양해 주는 성격을 가지고 있다. 모든 스포츠는 각자 특성화된 기술적인 요소를 바탕으로 형성된 행동양식을 기준으로 단체를 만들고 조직화하는 성질을 가지고 있다. 골프 역시 인간의 정형화된 신체 동작을 중심으로 한 행위양식, 경기장비와 규칙, 그리고 지역적·세계적으로 체계화된 조직을 갖춘 스포츠이다. 골프는 오랜 기간 동안 저변을 확대하고 조직과 체계를 갖추면서 발전해 왔다. 역사적으로 보면 스포츠로서의 골프조직은 18세기 중반 스코틀랜드에서 'The Society of St. Andrews'가 결성되면서 경기의 전반적 규칙 제정, 핸디캡 통일, 선수권대회의 개최 및 운영 등을 담당하였다.[15] 현재 국내에서는 대한골프협회가 대한체육회의 가맹단체로서 등록되어 있고, 산하 한국프로골프협회(KPGA) 등 10여개 단체가 결성되어 있다. 전국 시·도지부체육회 산하에서도 골프협회가 설립되어 있을 뿐만 아니라, 전국체육대회의 정식경기종목으로 채택되어 공식적인 스포츠단체로서 운영되고 있다.

Ⅱ. 국내 골프의 역사와 현황

코로나 19 팬데믹을 계기로 국내 골프열풍과 골프산업이 폭발적 성장을 한 가운데 우리나라 성인골프인구가 2021년 기준으로 564만 명을 넘었다.[16] 현재 국내 운영 중인 골프장수는 499개소(군·경골프장 41개소 포함), 18홀로 환산할 경우 576개소이다. 9홀 골프장이 22%, 18홀 규모가 39%, 27홀 규모가 27%를 차지하고 있다. 이 가운데 회원제골프장이 35%, 대중 골프장이 65%를 차지하고 있다.[17] 이러

---

15 김상겸, "골프장건설과 환경법상의 제문제에 관한 연구", 「스포츠와 법」, 제11권 제2호(통권 제15호, 2008. 5), 125면 참조.
16 헤럴드경제 2022. 6. 30. 일본골프인구는 2021년 기준 520만 명 추산(감소현상).
17 레저신문. 2022. 2. 8.

한 골프는 언제 국내에 유입되었으며 어떻게 변천해 왔을까. 골프는 보통 경제성장과 소득증가, 여가시간의 확대와 맞물려서 발전하는 것이 일반적이나 국내 골프는 다른 스포츠와는 달리 정치권력에 따라 부침을 거듭하면서 대중과는 거리를 둔 채 발전해온 것이 하나의 특징이기도 하다. 그러나 최근 들어 국내 프로골퍼의 각종 세계대회에서의 우승, 국내 골프대회의 확산과 기업의 마케팅, 골프인프라 확충, 특히 코로나 19 팬데믹 장기화 등 국내·외적 환경변화가 골프에 대한 관심과 인식 전환의 계기가 되었으며, 이것이 곧 골프인구의 확산과 산업 발전으로 연결되는 견인차가 되었다. 한편 골프인구의 폭발적 증가와 더불어 골프용품 제조업 및 유통업, 골프서비스업 등 골프산업도 전례없는 호황을 맞게 되었다.

1. 국내골프의 도입 및 발전

골프가 국내에 처음 도입된 것은 1880년 원산항 개항 후 세관업무를 담당하는 영국인들에 의해 1897년 원산세관구내 해안가 6홀 규모의 미니 코스가 만들어지면서 시작된 것으로 추정된다. 이러한 사실로 미루어 아마도 1900년 전후 골프가 국내에 도입된 것으로 보여지며, 기록에 의하면 이는 일본보다 몇 년 앞선 것으로 나타났다.[18] 이 후 국내 골프의 본격적인 도입은 1921년 용산 효창공원에 한국 최초의 골프코스가 만들어지고 부터이다.[19] 최초의 한국인 골프플레이어는 1924년에 만들어진 청량리코스에서 등장하였으며, 1929년 개장한 군자리 코스[20]는 고종 임금의 후원으로 국내 최초 18홀 규모의 정규코스로 건설되었다. 이때부터 본격적으로 우리나라 골퍼들의 경기를 개최하기 시작하였고, 이곳에서 국내 최초 캐디가 등장했다고 한다.[21] 한국골프의 초창기에는 주로 외국인 선교사나 외교관, 일본인 등이 골프경기를 즐겼기 때문에, 아마도 한국골프의 실질적인 도입은 1929년 현재 어린이 대공원 자리에 골프장이 건립되면서부터라고 보는 것이 타당할 것이다.[22]

---

18 안용태, 골프장경영개론, 대한골프전문인협회, 12-13면 참조.
19 박영민, "골프의 한국도입과 발전과정", 한국체육사학회지, 2002. 제10호, 79면 참조.
20 군자리는 현재 어린이 대공원 위치를 말하며, 1929년 경성골프클럽이 이전하여 한국골프의 총본산으로 군림하였으며, 최초의 국내 프로골퍼 연덕춘도 군자리 코스에서 캐디를 시작으로 골프에 발을 들여놓게 되었다.
21 안용태, 앞의 책, 14면 참조.
22 김동진·김종택, 골프, 서울대학교 사범대학 체육연구소, 2005. 15면 참조.

그러나 군자리 코스는 거의 일본인이 회원이었고, 한국인은 일본인의 추천에 의하여 회원으로 가입할 수 있을 뿐이었다. 군자리 골프장은 일본의 태평양 전쟁으로 인해 농경지로 바뀌었다가 다시 복구하였으나 1950년 6.25전쟁으로 골프장은 다시 황무지로 변해버렸다.[23] 1960년대 들어 국가경제가 성장하면서 골프장수요도 늘어났고, 경제계를 이끄는 기업가, 재일교포, 정부주도하에 골프장이 건설되기 시작하였다. 이후 정치개혁과 경제발전으로 늘어난 특권층과 부유층을 중심으로 골프가 사회적으로 수용되는 기미를 보이기 시작했다.

한국골프협회가 1959년 결성되었고, 1966년 국제골프연맹(IGA)가입, 한국프로골프협회(KPGA)가 1968년 12월에 발족하였다. 골프협회가 창설되면서부터는 프로골퍼들의 권익보호, 기술력 향상, 외국과의 다양한 교류를 추진하는 등 골프 발전을 위한 활동이 시작되었으며, 골프발전을 위한 인프라가 질적·양적으로 성장하기 시작하였다. 한국여자프로골프협회(KLPGA)가 1978년 창설되어 국내 골프경기는 더욱 활성화되었고, 국내 남·여 골프대회도 서서히 증가하기 시작하였다. 1980년대 들어 급격한 경제성장에 따른 중산층과 부유층의 증가, 여가시간의 확대로 골프수요가 더욱 확산되었고, 인도 뉴델리 아시안게임에 정식종목으로 채택되면서부터 엘리트 스포츠로 인정받기 시작하였다. 1986년 서울 아시안게임을 앞두고 골프가 대한체육회의 정회원으로 가입되면서 대한체육회의 감독·지원을 받기 시작하였다.

1990년대 초반 정부 공직자들에 대한 골프금족령[24]과 골프가 자연생태계 훼손 및 환경오염의 주범이라는 사회문제로 등장하게 되면서 주춤하는 듯 했으나, 90년대 후반 국가경제의 위기상황에서 국내 남·여 프로골퍼들이 세계대회에서 우승을 함으로써 국민적 관심을 촉발시켰고, 동시에 많은 골프장이 전국적으로 건설되는 등 골프인프라가 확산, 골프 대중화에 크게 기여하였다. 2000년대 들어 세계경제의 팽창, 국내 경제의 비약적인 발전, 여가시간의 증대, 삶의 질에 대한 개인적·사회적 관심이 높아지면서 골프수요는 더욱 폭발적으로 증가하였다. 특히 스포츠 산

---

23 박영민, 앞의 논문, 83면 참조.
24 1989년 골프장의 인·허가권을 체육부로 이관, 전국골프장의 증설로 인한 사회문제가 대두되자 1993년 정권을 넘겨받은 김영삼 정권이 '공직자 골프장 금족령'을 선언하였다.

업 가운데 골프산업의 비중이 50% 이상을 차지할 정도로 골프산업은 최고의 호황을 맞이하였고, 명실공히 세계적인 골프강국으로 부상하였다. 그러나 2008년 리먼브라더스 글로벌 금융 위기로 세계 경제의 불확실성 고조, 경기침체에 따른 상승세둔화 등 국내·외적 환경으로 골프산업이 잠시 침체되기도 하였으나, 2019년 발생한 코로나 19 확산 이후 사회적 거리두기, 해외여행 제한에 의한 골프관광객의 국내골프장 내장객으로 전환, MZ세대와 여성골퍼의 신규유입 등으로 골프장, 실외연습장, 스크린 연습장, 골프용품 등 국내 골프산업분야가 전례없는 호황을 누리고 있다.

2. 골프의 대중화

골프는 다른 스포츠에 비해 비교적 대중화가 늦었다. 대중화란 근대사회의 구조 변화, 사회규모 확대에 따라 발생하는 획일화된 현상이며, 대량생산에 따라 대량소비가 확산됨으로써 생활양식이 동질화·평준화되는 것을 의미한다.[25] 대중화는 개인의 직업 또는 사회적 지위나 거주 지역에 초점을 두기보다는 사회전체적인 차원에 의미를 부여하는 것으로 사회 각 계층사람들의 이질적인 생활양식, 가치체계가 대중 사이에 널리 퍼져 친숙해져 나가는 특성을 내포하고 있다. 국내에 골프가 도입된 지 약 100여 년이라는 역사 속에서 최근 국내 골프장 및 골프에 참여하는 인구가 급속하게 증가하고 있으며 관련 골프산업도 크게 번창하고 있다. 골프는 한때 국내에서 소수지배계층의 특별한 문화였으며, 정부의 정책적 억제, 정치적, 사회적 분위기에 따라 그 인식이 좌우되기도 하였다. 그럼에도 불구하고 1980년대 경제성장에 따른 소득증가와 여가시간 증대, 그리고 삶의 질, 레저스포츠에 대한 관심이 높아지면서 골프에 대한 공통적인 사회적 합의를 이끌어 냄으로써 매년 엄청난 확산을 보여 주고 있다. 2017년 국내 프로야구 관람인원은 약 800만 명,[26] 2019년도 프로축구 관람인원은 약 237만 명[27]으로 집계되었으며, 이에 비해 국내

---

25 이병계, "한국골프의 대중화를 위한 스포츠문화 정립방안", 전남대학교 체육대학원, 박사학위논문, 2011. 18면 참조.
26 영남일보, 2013. 3. 19.일자.
27 프로축구협회.

골프장의 내장객은 2012년 2,800만에서 2020년 약 4,673만 명[28]으로 급증했다.

한편 1933년 문을 연 미국 조지아주의 오거스타 내셔널 골프클럽은 세계 골프 4대 메이저 대회의 하나인 마스터스를 개최하며 미국골프의 성지로 자리 잡았다. 그럼에도 불구하고 이 골프클럽은 오랫동안 흑인과 여성을 클럽회원을 받아들이지 않아 인종차별과 성차별의 대표적인 집단으로 비판을 받아왔다. 그러나 2012년 8월에 와서 처음으로 여성 2명[29]에게 회원자격을 주었으며,[30] 1754년 창설된 세계에서 가장 오래된 골프클럽인 R&A 세인트앤드루스 골프클럽에서도 2014년까지는 남성만이 회원이 될 수 있었지만 2015년부터는 여성회원을 받아들였다. 그야말로 금녀의 철옹성이 무너진 역사적인 사건이 아닐 수 없다.

3. 국내 골프산업의 현황

최근 나타나고 있는 골프산업의 호황은 코로나 19의 역설이 아닌가 생각된다. 코로나 19는 대중들의 일상생활과 각종 사회문화와 구조를 변화시켰다.

코로나 19의 장기화로 해외 골프여행 제한, 사회적 거리두기 등 기존의 우리나라 골프문화 및 산업 패턴을 완전히 바꾸어 놓았다. 골프장 매출도 급성장했고, 특히 젊은 세대들이 많은 관심을 가지면서 장비나 의류에 대한 관심도 커지고 있다. 여성 골프인구도 늘어나고 있고, 골프 참여 인구의 연령대도 낮아지고 있는 추세이다.

골프장업은 부동산적 가치나 회원권 판매 등으로 풍부한 잠재력과 고부가가치를 창출하는 사업으로 국내 레저산업의 총아로 인정받아 왔다. 얼마 전까지만 해도 골프장이 수요초과에서 공급초과로, 국내·외 시장경제의 불확실성 증가, 골프시장 환경의 급속한 변화에 따라 골프장들이 여러 가지 경영상의 어려움을 겪기도 했다. 그러나 현재 국내 골프장 산업의 시장규모는 2008년 3조 984억 원에서 연평균 5.2%의 성장률로 2020년에는 5조 6,577억 원으로의 성장을 기록했다. 특히 회원

---

28 레저신문. 2022. 2. 8.일자.
29 '곤돌리자 라이스' 전 미국국무장관과 은행업계의 퍼스트레이디라고 부르는 여성 사업가 '달라 무어'에게 처음으로 회원자격을 주었다.
30 조선일보, 2013. 4. 9.일자.

을 모집하지 않는 대중제 골프장(public)이 국내골프장산업의 성장을 주도적으로 이끌어 왔다. 대중제 골프장의 2020년 매출액은 3조 4,366억 원을 기록, 2008년 대비 356.8% 증가했고, 반면 회원을 모집해 회원권을 발급하고 예약에 의해 이용하는 회원제골프장(membership)의 매출은 2조 1,200억 원을 기록, 2008년 대비 5.5% 감소하는 모습을 보였다. 영업 이익률은 대중제 골프장은 40.5%, 회원제골프장은 18.1%로 영업이익 또한 대중제 골프장을 중심으로 양호하게 유지하고 있는 실정이다.

골프 활동인구를 보면 MZ세대의 골프참여가 급증하고 있는 가운데 20대 골퍼의 경우 2017년에 비해 2020년에는 무려 92.1% 대폭 증가하여 다른 연령대에 비해 단연 눈에 띄는 변화를 보이고 있다. 여성골프인구는 약 129만 7,000명을 기록하며 최근 3년간 연평균 12.2%의 성장률을 보였고, 반면 같은 기간 남성골퍼의 연평균 성장률은 9.4%에 머물렀다. 골프인기가 치솟으면서 자연스럽게 관련서비스를 제공하는 기업들의 실적도 좋아졌다. 특히 접근이 쉽고, 골프로의 유입이 활발한 스크린 골프장의 성장세가 돋보인다. 2020년 전국 스크린 골프장 수는 7706개소로 2017년 대비 8.9% 증가했다. 스크린 골프산업의 경제적 파급효과는 약 16조 1,880억 원에 이르고, 이는 스크린 골프산업 자체의 파급효과와 1차 파급산업인 필드 골프장, 2차 파급산업인 골프관광을 합산한 수치이다. 이와 같이 골프를 통한 경제적 확산 가능성이 확인되면서 관련기업들은 다양한 분야로 서비스의 범위를 넓히고 있다.

2023년 9.2조원의 시장이 예상되는 골프 산업

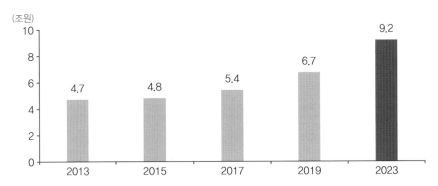

자료 : 현대경제연구원, 유진투자증권

(1) 골프장 현황

　국내골프장수는 1990년대 이전에는 50여 개소, 1996년에 96개소, 2003년에 204개소, 2007년에는 307개소, 2009년에는 339개소로 늘어났으며, 2021년에는 499개소(군경골프장 41개소 포함) 운영 중에 있으며 18홀로 환산할 경우 576개소이다. 골프장 이용객수는 같은 기간에 800만 명에서 2590만 명으로 증가하였으며,[31] 2022년 현재 4,673만명으로 이용객수가 급증하였다. 현재 전국적으로 운영 중인 골프장의 지역별 분포를 알아보면 수도권이 158개소로 가장 많고, 강원도 54개소, 충북 40개소, 충남 35개소, 경북 56개소, 경남 57개소, 전북 25개소, 전남 44개소, 제주 30개소, 대구광역시가 2개소로 나타났다. 18홀 당 인구수[32]를 보면 우리나라는 아직도 매우 부족한 실정이고, 지난 10년간 회원제골프장에서 82개소가 대중제 골프장으로 전환되어 대중제 골프장 비율이 전체 골프장 가운데 65%로 역전되었다.

　특이할 만한 사항은 회원제 위주의 골프장공급은 감소되고 대중 골프장 중심으로 공급량이 증가하고 있으며, 2022년 현재 골프장공급량의 65%를 대중 골프장이 차지하고 있다. 골프 선진국인 미국은 전체 골프장의 73%가 대중제 골프장인 점을 감안하면 아직도 대중제 골프장의 공급은 더 필요하다고 할 수 있을 것이

---

31 문화체육관광부, 「2009 체육백서」, 2010. 7. 338면 참조.
32 18홀 당 인구수는 미국이 14,000명, 일본 52,000명, 우리나라는 26만 명으로 나타났다.

다.[33] 이와 같이 국내 대중제 골프장 이용객이 증가하는 이유는 일반인들의 접근성 용이, 골프장 이용료의 현실화에 따른 골프장운영자의 영업 마케팅에 의한 것으로 보여진다. 세계 각국의 골프장 현황[34]을 보면 220여 개국에 35,100여 곳으로 파악되고 있으며, 그중 OECD가맹국의 골프장수는 31,780여개로 세계전체골프장의 90%에 달하고 있는 것으로 조사됐다.

〈2022년 2월까지 운영 중인 골프장 현황〉

 일반 현황

운영 중	대중병설(※)	총홀수	18홀 기준
499개소	46개소	10,375	576개소

※ 과거에 회원제 18홀을 건설시 대중제 6홀 이상 건설하게 하는 관련 대중병설관련 법

 회원제/대중제 현황

구분	회원제	대중제
홀수	3,664	6,711
비율	35%	65%

규모별 현황

구분	합계	10홀 이하	18홀	~27홀	36홀	35홀 이상
개소	499	112	195	135	44	13
비율	100%	22%	39%	27%	9%	3%

33 이병계, 앞의 논문, 29면 참조.
34 한국골프장경영협회, 정보뱅크실, 2013. 4. 1. 방문(자료제공 : 일본 골프매니지먼트, 2008년 말 기준).

🏌 **지역별 분포 현황**

구분	개소	비율	회원제 (홀)	비율	대중제 (홀)	비율	합계 (홀)	비율
강원	54	11%	324	28%	833	72%	1,157	11%
경남 (부산, 울산)	57	11%	531	45%	641	55%	1,172	11%
경북 (대구)	56	11%	315	31%	708	69%	1,023	10%
수도권 (서울, 인천, 경기)	158	32%	1,692	48%	1,850	52%	3,542	34%
전남 (광주)	44	9%	153	18%	708	82%	861	8%
전북	25	5%	63	13%	419	87%	482	5%
제주	30	6%	351	48%	375	52%	726	7%
충남 (대전)	35	7%	117	19%	493	81%	610	6%
충북	40	8%	118	15%	684	85%	802	8%
합계	499	100%	3,664	35%	6,711	65%	10,375	100%

(2) 국내 골프 활동 인구

 국내 2030세대 골프 인구

(단위 : 명)

전체 564만
2030세대 115만 (20%)

※ ( ) 안은 비중
자료 : 한국레저산업연구소

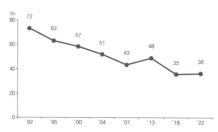 '골프는 사치성 운동이다' 응답한 비율

자료 : 갤럽, 신한금융투자
주 : 2022년 4월 성인 1,004명 설문조사

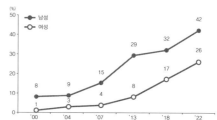 '골프를 칠 줄 안다' 응답한 비율

자료 : 갤럽, 신한금융투자
주 : 스스로 판단한 골프 가능 여부 기준

　　최근 MZ세대(1980년대 초~2000년대 초반 출생자) 사이에서 골프가 큰 인기를 끌고 있다. 지난해 우리나라 골프 인구는 564명으로 지난 2019년 470만 명 대비 20% 늘었다. 이 중 2030세대는 전년대비 35% 늘어난 115만 명에 달하는 것으로 나타났고, 골프 인구 5명 중 1명은 2030세대인 셈이다. 트렌드에 민감하고 남들과

차별화되는 경험을 원하는 MZ세대의 특성이 골프와 잘 맞아 떨어진 것이 아닌가 생각된다. 이들에게 골프가 색다른 스포츠이면서도 기기·장비용품 등으로 자신의 '플렉스(Flex)'를 맘껏 펼칠 수 있는 하나의 수단이 된 것이다. 여기에 코로나 19가 2030세대 골프 인기에 불을 붙였다.

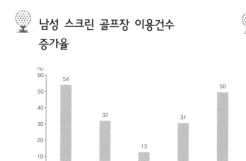

남성 스크린 골프장 이용건수 증가율

자료 : 신한카드, 유진투자증권
주 : 2019년 상반기 대비 2021년 상반기 신용카드 이용건수 기준

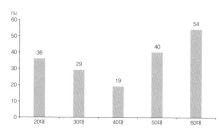

여성 스크린 골프장 이용건수 증가율

자료 : 신한카드, 유진투자증권
주 : 2019년 상반기 대비 2021년 상반기 신용카드 이용건수 기준

(3) 골프장 내장객 현황

골프는 개개인들의 여가시간의 확대, 삶의 질 향상, 건강과 운동에 대한 욕구 등에 따라 청소년과 여성, 노인에 이르기까지 광범위하게 확산되고 있는 실정이다. 국내골프인구는 1990년에 90만 명, 1995년 160만 명, 2000년에 240만 명, 2006년에는 350만 명, 2019년 470만으로 증가한 것으로 나타났다. 2021년에는 코로나 19의 세계적 대유행등의 이유로 564만 명으로 급증했다.[35] 한국골프장경영자협회의 자료에 의하면 2012년 한해에 걸쳐 골프장, 실내·외연습장, 스크린 골프 등에서 골프를 한번이라도 경험해 본 골프인구는 총 483만 명인 것으로 조사됐으며, 국내골프장 내장객을 살펴보면 2010년 약 2,570만 명, 2011년 약 2,690만 명이었던 것이 처음으로 2012년 2,800만 명[36], 2022년에는 4,673만 명을 돌파한 것

---

[35] 코리아헤럴드 2022. 6. 15.
[36] 회원제골프장 227곳의 내장객은 1,707만여 명으로 전년대비 1.7%증가했고, 대중제 골프장 201곳의 내장객은 1,152만여 명으로 전년대비 13.9% 늘어났다.

으로 나타났다.[37]

    최근 들어 골프인구가 증가하는 데는 코로나 19, 해외여행제한의 영향도 있고, 어느 정도는 스크린 골프가 일등공신이었던 것으로 보여진다. 스크린 골프는 객관적·자연적 조건의 제한 없이 시간 제약을 받지 않고 실내에서 즐길 수 있다는 장점을 가지고 있을 뿐만 아니라, 여성이나 초보골퍼, 그리고 골프장을 따로 예약하거나 시간을 내기 힘든 사람들에게는 매우 효율적인 공간이다. 최근 스크린 골프의 인기가 증가하면서 스크린 골프 인구[38] 실외연습장인구[39]나 실내연습장인구[40]가 급속히 증가하고 있다. 골프관련지표를 통한 골프장의 숫자나 골프인구가 양적으로 증가했다는 사실만으로 단순히 골프의 대중화가 이루어졌다고는 할 수 없다. 골프의 대중화는 이용가격이나 시설이용료 등 접근성이 용이하도록 실질적인 대중화가 요청된다.

년도별 내장객 현황

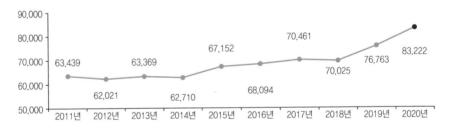

37 스포츠과학연구원 자료. 2022.
38 스크린골프인구는 2008년 63만 명, 2009년 127만 명, 2010년 137만 명, 2011년 168만 명, 2012년 186만 명으로 꾸준히 증가추세를 보이고 있다.
39 실외연습장인구는 2009년 126만 명, 2010년 122만 명, 201년 117만 명으로 줄어들었다가 2012년 다시 146만 명으로 늘어났다.
40 실내연습장인구는 2010년 108만 명, 2011년 119만 명, 2012년 133만 명으로 증가하였다.

구분	2011년	2012년	2013년	2014년	2015년	2016년	2017년	2018년	2019년	2020년
18홀	58,392	58,557	62,065	60,400	64,289	65,121	68,757	69,422	74,349	80,419
27홀	94,623	92,487	95,185	94,349	101,030	103,564	107,091	104,354	112,482	123,472
18홀 환산	63,085	61,661	63,460	62,902	67,357	69,046	71,398	69,573	74,992	82,319
36홀	137,681	131,692	129,165	129,656	139,622	140,227	142,459	142,163	161,894	173,854
18홀 환산	68,841	65,846	64,583	64,828	69,811	70,114	71,230	71,082	80,947	86,927
전체평균 (18홀 기준)	63,439	62,021	63,369	62,710	67,152	68,094	70,461	70,025	76,763	83,222

자료 : 한국골프장경영협회

(4) 국내 골프클럽 산업 현황

 2022년 1~4월 국내 골프클럽 오프라인 시장 규모 (매출액 기준, 단위 : 억 원)

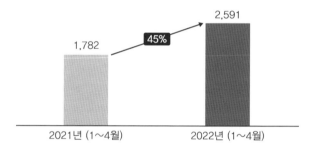

자료 : GfK Market Intelligence: Sales Tracking

2022년 1~4월 국내 골프클럽 오프라인 시장 타입별 성장률

(전년 동기 대비, 매출액 기준)

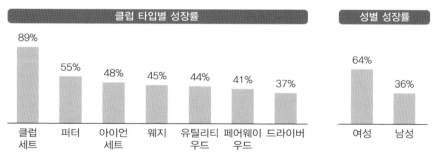

자료 : GfK Market Intelligence: Sales Tracking
출처 : 중앙일보(2022.08.09.)

(5) 국내 골프웨어 산업 현황

2022년 한국 전체 패션 산업 전망은 46조원으로 예상되며 특히 골프웨어 산업은 2022년 6.3조원의 시장으로 11.4% 정도 성장할 것으로 보여진다.

2021년 기준 골프웨어 매출액이 모두 급증했는데 그 중에서도 2030 매출액 증가율이 가장 컸고, MZ세대의 소비 성형과 특유의 SNS 문화가 합쳐지며 골프 고가 브랜드 매출액이 급증한 것으로 보인다.

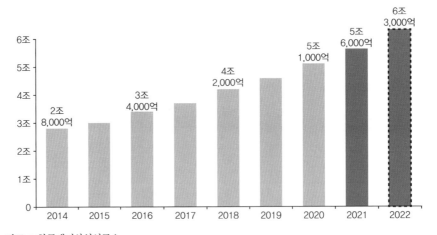

🏌 **국내 골프복 시장 전망**   (단위 : 원, 2022년은 전망치)

자료 : 한국레저산업연구소

🏌 **골프장에 과세되는 국세 및 지방세**

세목		회원제골프장	대중 골프장
취득세		취득가액의 10%	취득가액의 2%
등록세		취득가액의 2%	취득가액의 2%
재산세	토지	개발지 : 4%(분리과세) 원형보전지 : 0.2~0.4%(별도합산)	개발지 : 0.2~0.4%(별도합산) 원형보전지 : 0.2~0.4%(별도합산)
	건물	과세표준액의 4%	과세표준액의 0.25%
종합 부동산세	토지	개발지 : 없음 원형보전지 : 0.5~0.7%(별도합산)	개발지 : 0.5~0.7%(별도합산) 원형보전지 : 0.5~0.7%(별도합산)
개별소비세		21,120원	없음

4. 국내 골프산업의 과제

국내에 도입된 지 얼마 되지 않은 우리나라 골프는 짧은 기간 동안 대중들의 친숙한 레저스포츠로 자리 잡아 지속적인 발전, 성장을 해왔다. 이러한 결과는 우리나라 경제의 눈부신 성장, 우리나라 골프선수들의 국내·외를 통한 탁월한 활약, 대기업의 적극적 마케팅, 청소년엘리트선수의 육성, 대중 골프장 확충, 실내외 연습장, 스크린 골프장 등 골프인프라의 확산, 국민의 삶의 질 추구 등에 의해 대중스포츠로 자리매김 한 것으로 보인다. 이와 맞물려 골프산업도 짧은 기간 동안에 다른 스포츠산업과 비교하여 성장잠재력이 가장 높은 산업으로 괄목할만한 성장을 이루었다. 그러나 2007년 미국에서 시작된 금융위기가 전 세계로 파급되면서 세계적 수준의 경제혼란이 초래되어 동시에 우리나라 골프산업도 잠시 침체기에 접어들기도 하였다.

한편 2019년 코로나 19의 장기화에도 불구하고 골프산업은 젊은 세대와 여성 골프인구의 유입, 대중 골프장의 증가, 생활체육의 활성화, 스크린 골프와 용품시장의 확산 등으로 다른 스포츠산업에 비해 비약적인 성장을 가져왔다. 그러나 국내 골프산업이 대중 친화적 스포츠로 자리잡고 더욱더 발전, 성장하기 위한 당면과제를 보면 코로나 19 이후 과도하게 급상승한 그린피문제, 골프장 서비스의 질적 저하문제, 골프장의 비합리적 중과세율, 퍼블릭 골프장의 확충, 골프산업을 주도해 나갈 수 있는 전문인력 양성문제 등이 실질적으로 선결되어야 하며, 대중적 수요와 시대흐름에 맞춰 정부의 골프정책 변화, 골프관계자들의 문제 인식과 개선의지가 절실하게 요구되고 있다.

Ⅲ. 골프장시설과 운영

골프장은 체육시설의 설치
이용에 관한 법률' 제10조 제1
항 제1호에 등록 체육시설업으
로 규정되어 있으며, 국민의
건강증진과 여가생활에 이용할
목적으로 일정한 지역의 넓은
토지 위에 골프에 적합한 시설
과 형태를 갖춘 부지와 시설을
말한다.

클럽하우스(club house)

1. 골프장의 개념

골프장은 골프경기를 위
해 조성된 물적 장소로 골프
코스와 부대시설을 포함하는
넓은 의미로 해석되고 있다.
골프장의 법규적 정의로는 불
특정자연인 또는 법인이 영리
를 목적으로 설치하여 경영하
는 등록 체육시설업으로 시·

홀(hole)의 전경

도지사로부터 사업승인을 받아 그 시설을 설치하고, 준공 후 다시 시·도지사에게
등록을 마친 후 영업을 해야 하는 체육시설업을 의미하고 있다.[41] 골프장은 골프경
기를 하는 공간으로 비교적 넓은 규모의 공간과 경기시설을 필요로 하며, 일반적으
로 도심지외곽이나 해안가, 산악지형 등 자연경관이 수려한 곳에 위치하고 있다.
우리나라 골프장의 경우 지형적 특성으로 해안가보다는 산악지형에 형성된 골프장

---

41 최경호, "골프장 이용객의 고객경험에 관한 연구", 고려대학교 체육대학원 박사학위논문, 2011, 12
  면 참조.

의 수가 압도적으로 우세하다. 정규 골프장은 대부분 18홀로 구성되어 있으며, 각 홀은 티잉 구역(Teeing ground),[42] 일반 구역(페어웨이, 러프), 페널티 구역(워터 해저드,[43] 벙커[44]), 퍼팅그린(Putting Green),[45] 홀(Hole)[46]을 포함한 일련의 코스로 구성되어 있다.

2. 골프장의 종류

골프장운영과 관련된 골프장업은 '체육시설의 설치이용에 관한 법률'에 등록 체육시설업으로 규정되어 있다. 대중 골프장에 대해서도 동법 제14조에 특례를 두고 있다. 일반적으로 골프장은 이용형태, 지형특성,[47] 골프장 규모와 입지특성[48] 등에 따라 분

그린(green)과 해저드(hazard)

류할 수 있다. 국내에서는 골프장의 운영형태에 따라 골프장의 명칭이 컨트리 클럽

---

42 대한골프협회, 제2장 용어의 정의, 59면, '티잉 구역(Teeing ground)'이란 플레이할 홀의 출발장소를 말한다.

43 대한골프협회, 제2장 용어의 정의, 60면, '워터 해저드'란 코스안의 모든 바다, 호수, 연못, 하천, 도랑, 표면 배수로 또는 뚜껑이 없는 수로(물이 있고, 없고를 불문하고) 그리고 이와 유사한 상태의 것을 말한다.

44 대한골프협회, 제2장 용어의 정의, 45면, '벙커'란 흔히 움푹 들어간 지역으로 풀이나 흙이 제거되고 그 대신 모래 또는 이와 유사한 것을 넣어서 지면에 조성한 지역으로 된 해저드를 말한다.

45 대한골프협회, 제2장 용어의 정의, '퍼팅그린'이란 현재 플레이하고 있는 홀에서 퍼팅을 위하여 특별히 마련된 모든 장소 또는 위원회가 퍼팅그린이라고 정한 모든 장소를 말한다.

46 대한골프협회, 제2장 용어의 정의, '홀'의 직경은 4.25인치(108㎜)이어야 하며, 깊이는 4인치(101.6㎜) 이상이어야 한다.

47 지형에 따른 골프장의 유형은 산악형 골프장, 평지형 골프장, 해안형 골프장으로 분류된다. 산악형은 경관이 우수하고 코스가 매우 다양한 것이 장점이고, 자연환경훼손이 심하고 공사가 어려운 단점이 있다. 주로 우리나라와 일본산악지역에 조성된다. 평지형은 자연환경의 훼손이 적으며 공사가 쉬운 장점이 있으나, 개발부지가 부족하고 코스가 단조로운 단점이 있다. 미국이나 중국 등 평지가 많은 지역에 조성된다. 해안형은 시공비용이 적게 들며 공사가 쉽고 자연환경훼손이 적다. 우리나라 해안가에 조성되는 골프장이다(김도훈, 앞의 논문, 20면 참조).

48 입지특징에 따라 골프장의 규모가 9홀, 18홀, 36홀로 형성된다.

(C.C)과 골프클럽(G.C)으로 나누어 사용되고 있고, 이용형태에 따라 회원권 유무를 중심으로 회원제골프장과 대중 골프장으로 분류되고 있다. 회원제골프장은 다시 예탁금회원제, 사단법인제, 주주회원제로 나누어진다. 일반적으로 우리나라의 골프장은 회원제골프장과 대중 골프장으로 운영되고 있다. 회원제골프장으로는 비영리 사단법인인 사단법인제, 그리고 주주회원제, 예탁금회원제가 있으나 회원으로 가입한 사람들이 우선적으로 이용할 권리와 예탁금의 반환을 받을 수 있는 예탁금회원제 골프장이 국내에서는 일반적이다.

(1) 골프장의 운영특성상 분류

골프코스와 부대시설의 유무에 따라 분류되는 명칭으로 컨트리 클럽(Country club)과 골프클럽(Golf Club)으로 분류된다. 이러한 분류는 표리가 항상 일치하는 것은 아니지만 일반적으로 용어상의 개념을 혼용하여 사용하는 경향이 있다.

1) 컨트리 클럽(Country club)

컨트리 클럽(C·C)이라고 하면 일반적으로 18홀 규모 이상의 골프장을 갖추고 있을 뿐만 아니라 사업계획의 승인을 신청할 때 부대시설을 포함시키고 있어 수영장, 테니스코트, 청소년야영장, 자연학습장, 심신수련장중 3개 이상을 설치하게 하고, 클럽하우스내의 시설로 회원들을 위한 각종연회 및 유희를 즐길 수 있는 휴양시설을 갖춘 클럽을 말한다. 컨트리 클럽은 대부분 도시와 떨어진 지역에 위치하여 충분한 휴식과 사교적 만남을 제공하는 특성을 가진 골프클럽을 말한다.

2) 골프 클럽(Golf club)

골프클럽(G·C)은 말 그대로 오로지 골프만을 위한 시설이 갖춰진 골프장을 뜻하고, 또 다른 의미로는 동일한 목적을 가진 사람들의 모임, 동아리와 같은 뜻을 가지는 골프동호인 조직을 말한다. 일반적인 골프클럽의 부대시설로는 클럽하우스가 있고, 간단한 음식을 제공하는 식당과 목욕시설 등을 갖추고 있다.

(2) 골프장의 이용형태별 분류

일반적인 분류 기준으로 골프장의 운영형태는 이용형태 즉 그 시설이용에 우선적 권리를 가지는 자가 있는지 여부에 따라 회원제(Private)골프장과 대중(Public) 골프장으로 나누어진다.[49] 회원제골프장은 사업자가 골프장을 등록된 회원에 한하 여 우선적인 이용의 기회가 열려있는 곳이고, 대중 골프장은 사업자가 회원을 모집 하지 아니하고 모든 골퍼에게 똑같은 이용의 기회가 열려 있는 곳이다. 회원제골프 장은 다시 사단법인제, 주주회원제, 예탁금회원제로 나누어지며, 대중 골프장은 다 시 정규대중골프장, 일반대중골프장, 간이골프장으로 나누어진다.[50]

1) 회원제골프장

회원이란 특정단체의 존재를 전제로 하여 그 단체의 구성원을 의미한다. 회원 제골프장이란 회원들에 한하여 골프장을 우선적으로 이용할 수 있는 기회가 주어 지는 골프장을 말하며, 이는 다시 예탁금회원제, 사단법인제, 주주회원제로 나누어 진다. 우리나라 골프장은 주로 예탁금회원제 골프장의 형태로 운영되고 있다.

가. 예탁금회원제

예탁금회원제 골프장이란 골프장 경영회사에서 정한 일정한 금액을 입회비로 예탁하고, 회원으로 가입한 사람들이 회사가 정해 놓은 약관에 따라 그 시설을 우 선적으로 이용할 권리와 어느 경우에 예탁금의 반환을 청구할 권리를 가지는 골프 장을 의미한다.[51] 예탁금회원제 골프장의 경우 경영회사가 회원을 모집하고, 다수 의 회원이 하나의 시설을 공동으로 이용하므로 어느 정도 단체적 특성을 갖게 마 련이다. 우리나라 골프장들은 이제까지 거의 모두 예탁금회원제로 운영되어 왔으 나 최근에는 경영환경의 변화에 따라 대중 골프장으로 전환되고 있는 추세에 있다. 예탁금회원제 골프장의 회원이 가지는 권리의 내용은 경영회사가 만들어 놓은 이 용약관에 의하여 정해지며, 시설이용약관이나 클럽회칙이 그것이다. 회원권의 본질 적인 내용은 회원이 우선하여 비회원보다 유리한 조건으로 계속 이용할 권리이다. 한편 회원이 경영에 참여하지는 못하므로 예탁금제 골프장 회원이 가지는 권리는

---

49 체육시설 설치·이용에 관한 법 제10조, 동시행령 제8조 제1항 제1호.
50 대한프로골프협회, 「골프관리 매뉴얼」, 두산동아, 2002. 65면 참조.
51 김교창, 「골프의 법률상식 모든 것」, 청림출판, 1999. 13면 참조.

사단법인의 회원이 가지는 권리보다는 약하다.

예탁금회원제 골프장의 회원이 가지는 회원권의 내용에는 우선적 시설이용권과 환가권이 있다. 첫째, 회원은 골프장시설을 회원의 지위에서 계속해서 이용할 권리를 가진다. 우선적 시설이용권은 '비회원보다 우선적 지위에서'라는 뜻이며, 우선적 지위란 이용의 기회에 관한 것이다. 따라서 우선적 시설이용권이란 '비회원보다 우선적 지위에서 그리고 유리한 조건으로' 시설을 이용할 수 있는 권리라고 말할 수 있다.[52] 둘째, 환가권이란 일정한 기간이 경과된 후에는 회원이 경영회사에 대하여 입회계약을 해지하면서 예탁금의 반환을 청구할 수 있는 권리이다. 그 기간은 5년[53]으로 되어 있으며, 이용약관에 이보다 단기간으로 규정되어 있을 경우에는 그 기간이 경과된 후에 입회계약을 해지할 수 있다. 이보다 장기로 되어 있으면 이 법령에 위반하여 무효이므로 5년이 경과된 후에는 입회계약을 해지할 수 있을 것이다. 예탁금회원제는 골프장을 건설하기 위해 대규모의 공사비지출이나 제세공과금 등 자금 부담이 크므로 회원권분양을 통해 투자자금을 초기에 회수할 수 있는 장점이 있으므로 국내 대부분의 골프장들이 이 제도를 선택하고 있다.[54]

나. 사단법인제

민법상 법인은 사단법인과 재단법인이 있고, 그 가운데 반드시 어느 하나에 속해야 한다. 사단법인이란 일정한 목적을 위하여 결합한 사람의 단체, 즉 사단이 법인으로 된 것을 말하고, 재단법인은 일정한 목적을 위하여 출연된 재산, 즉 재단이 법인으로 된 것이다. 사단법인제 골프장이란 개개인의 골퍼들로 구성된 조직체가 골프장을 건설·운영하고 그 회원인 골퍼들이 그 골프장시설을 이용하는 것을 말한다. 이때 골프클럽은 법인격을 갖추어야 하는데 그 클럽이 법인격을 갖춘 경우에 한해서 사단법인으로 되며 이런 골프장을 사단법인제 골프장이라고 한다. 골프장을 운영하는 법인은 비영리법인으로 사단법인이다. 민법 제32조에 비영리법인이란 "학술·종교·자선·기예·사교, 기타 영리 아닌 사업을 목적으로 하는 사단 또

---

52 김교창, 앞의 책, 46면 참조.
53 "체육시설 설치·이용에 관한 법률" 제20조, 동시행령 제19조 제2의 2호의 시행규칙.
54 김광수, "회원제골프장 담보취득에 관한연구", 건국대학교 부동산대학원, 석사학위논문, 2010. 6면 참조.

는 재단을 말한다."고 규정하고 있다. 영리법인이란 상법상의 각종 회사로 주식회
사, 유한회사 등 영리를 목적으로 하는 사단법인을 의미한다. 사단법인의 최고의사
결정권은 총 사원으로 구성되는 사원총회에 있다. 총회에서 모든 사원의 지위는 평
등하고, 업무집행권은 이사 또는 이사장에게 맡겨져 있다. 사단법인의 구성원인 회
원은 회원의 지위에서 사단법인에 대하여 여러 가지 권리와 의무를 부담하는데 이
를 총괄하여 회원권이라고 한다.[55] 사단법인 회원권의 권리·의무 내용은 정관에
의해 정해지며 이러한 법적성질을 사원권적 권리라고 한다.

다. 주주회원제

순수 주주회원제 골프장이란 골프장을 경영하는 주식회사의 주식을 전 회원이
골고루 나누어 가지고 이들의 총의에 의하여 회사를 운영하는 것이다. 즉 이런 골프
장에서는 전 회원이 컨트리 클럽의 회원이자 경영회사의 주주이고, 이들 이외에는
주주가 존재하지 아니하며, 이들 회원의 보유주식 수는 똑같아서 회원들은 주주로서
도 동등한 권리와 의무를 지닌다.[56] 그런데 실질적으로 주주회원제를 내세우고 있는
골프장의 주주회원이란 그런 것이 아니고, 회사의 지배주주가 과반수 이상의 주식을
보유하고 회원들에게는 일부의 주식을 소액으로 나누어 줄 뿐, 회원들은 명목뿐인
소액의 주식을 배정받는 데 그치고 있어 회사의 경영에 발언권을 행사한다는 것은
거의 불가능하다.[57] 이러한 주주회원제 골프장이 생겨난 이유는 아마도 예탁금회원
제가 회원의 대우나 부킹 등 제구실을 하지 못하자 어느 정도 회원대우를 받기 위
해 보완적으로 등장한 제도로 보이며, 주식매수대금은 소액이고 양도·양수할 수가
없다. 이름만 주주회원이지 실제로는 예탁금회원제와 유사하게 운영되고 있다.

2) 대중(public) 골프장

대중 골프장은 회원제골프장과 대비되는 골프장으로 누구나 저렴한 이용료를
지불하고, 동등한 기회가 주어지는 골프장을 말한다. 대중골프장시설 설치의 법적

---

55 김교창, 앞의 책, 청림출판, 1999. 45면 참조.
56 김교창, 앞의 책, 14면 참조.
57 한국프로골프협회, 「골프관리매뉴얼」, 두산동아, 2002. 66면 참조.

근거는 '체육시설의 설치·이용에 관한 법률'로서 동법 제14조에 '시·도지사는 대통령령이 정하는 바에 따라 회원을 모집하는 골프장업을 하고자 하는 자에게 회원을 모집하지 아니하는 골프장(이하 "대중 골프장"이라 한다)을 직접 병설하게 할 수 있다. 다만 대중 골프장을 직접 병설하여야 할 자가 부득이한 사정으로 인하여 직접 병설이 곤란하다고 인정하는 경우에는 대통령령이 정하는 바에 따라 이에 상당하는 금액(이하 "대중 골프장 조성비"라 한다)을 예치하게 할 수 있다.'고 규정하고 있다. 따라서 대중 골프장은 기업이나 개인, 단체가 자기자본으로 골프코스를 건설하고 방문객의 수입으로 경영할 수 있으나, 어떠한 형태의 회원도 모집할 수 없다. 이러한 대중 골프장은 18홀 이상의 정규대중골프장, 9홀의 일반대중골프장, 3홀 이상 8홀 이하의 간이 골프장으로 나누어진다. 국내에는 특수한 형태의 군 체력 단련장이 골프장으로 운영되고 있으며, 물론 군 골프장은 현역군인 및 예비역군인을 중심으로 운영되고는 있지만, 사실상 비회원인 일반인들에게도 이용을 허용하고 있다.

3. 골프장의 특성

(1) 분리성

골프장의 특성으로 대표적인 것은 분리성을 들 수가 있다. 골프는 다른 스포츠 종목과 달리 비교적 넓은 지역과 공간을 필요로 한다. 골프장은 그 크기를 보면 18홀 기준으로 구릉지, 들판, 산림 등 약 25만평 정도의 넓은 지역을 이용하여 골프

골프 텔(golftel)

코스를 정형화하고 있다. 골프장의 홀을 구성하는 골프코스는 숲이나 계곡, 연못, 작은 산 등의 장애물을 이용해서 인공적으로 만들기도 하고, 강이나 바다를 이용하

여 만들기도 한다. 골프장건설을 위하여 그 규모를 예측하기 위해서는 골프수요에 대한 정확한 입지분석이 필요하다. 골프장 입지 규모에 따라 9홀 미만의 대중 골프 장은 소도시근교 그린벨트나 각종 소규모 매립지가 적절하고 약 9만평 내외의 토 지가 소요된다. 18홀 규모의 골프장은 교통망이 좋고 유휴농지 및 각종 임해 매립 지에 만드는 것이 적합하고, 36홀 이상의 대규모 골프장은 대도시 및 광역시 외곽 지역에 유휴농경지 또는 각종 매립지 등 토지이용도가 낮은 넓은 곳에 건설하는 것이 좋다.[58]

(2) 기능적 특성

골프장의 기능적 특성[59]을 살펴보면 전통적 기능, 비즈니스기능, 문화적 기능 등이 있다. 전통적 기능으로 스포츠경기로서의 기능과 체력단련기능, 소모임의 인 적 교류가 이루어지는 각종 세미나, 전시회, 정보교환, 테니스코트, 사우나, 건강관 리 등 비즈니스기능을 가지고 있다. 또한 현대사회에서는 예술 공연, 쇼핑, 패션, 회원권구입과 같은 문화·상업서비스 기능도 가지고 있다.

최근 들어 골프장은 휴식과 수면을 할 수 있는 숙박기능을 갖추는 등 현대 복 합 레저 문화의 특성을 가진 다원화 공간으로 변화하고 있다. 이제 골프장은 아름 다운 자연 환경 속에서 골프경기를 즐길 뿐만 아니라 질적인 삶을 추구하는 현대 인들의 다양한 가치를 충족시켜 주는 매력적인 문화공간으로 자리 잡아가고 있다.

 골프장업 시설기준

구분	시 설 기 준
필수시설	
① 운동시설	◦ 회원제 골프장업은 3홀 이상, 정규 대중골프장업은 18홀 이상, 일반 대 중골프장업은 9홀 이상 18홀 미만, 간이골프장업은 3홀 이상 9홀 미만 의 골프코스를 갖추어야 한다. ◦ 각 골프코스 사이에 이용자가 안전사고를 당할 위험이 있는 곳은 20미터

---

58 김도훈, "골프장개발과 지역사회와의 관계모형연구", 국민사회학교 체육대학원 박사학위논문, 2008. 21 면, 재구성.
59 최경호, 앞의 논문, 13면, 재구성.

구분	시 설 기 준
	이상의 간격을 두어야 한다. 다만, 지형상 일부분이 20미터 이상의 간격을 두기가 극히 곤란한 경우에는 안전망을 설치할 수 있다. ○ 각 골프코스에는 티그라운드·페어웨이·장애물·홀 컵 등 경기에 필요한 시설을 갖추어야 한다.
② 관리시설	○ 골프코스 주변, 러프지역, 절토지(切土地) 및 성토지(盛土地)의 경사면 등에는 조경을 하여야 한다.

4. 골프연습장

(1) 실외골프연습장

1) 특성

실외골프연습장은 연습장 이용자가 볼의 방향과 거리 등을 직접 확인할 수 있도록 연습타석이 실외 넓은 공간에 설치되어 있는 연습장을 말한다. 연습장의 규모는 보통 30m에서 250m 이상의 긴 거리를 가지고 있기 때문에 비교적 넓은 공간입지를 필요로 하

실외골프연습장

고 있다. 현행 '체육시설의 설치·이용에 관한 법률'에 의하면 실외골프연습장은 그린벨트, 절대농지, 보전임야, 군사보호시설, 미관지역을 제외하고는 어느 곳에서나 설치할 수 있으며, 일정한 규모의 건축물과 철탑, 안전망 등의 기본설비를 필요로 하고 있다. 현행 '골프시설의 설치·이용에 관한 법률 시행 규칙'에 의하면 골프연습장은 '필수시설과 임의시설'로 구분하여 규정하고 있다. 필수시설로는 '연습에 필요한 타석을 갖추어야 하고, 타석간의 간격이 2.5m 이상이어야 한다.'고 규정하고 있다. 다만 실외골프연습장에 한해서 골프연습장의 부지면적을 타석면적과 안전보호망을 설치한 토지면적을 합한 면적의 2배를 초과할 수 없도록 특별규정으로 제한하고 있다.

2) 기자재 및 내부시설

기자재 및 내부시설은 실외연습장의 규모에 따라 약간씩 차이가 있으나 대체적으로 필요한 기자재는 타석매트, 볼 지급기(캐디기), 고무 티, 연습 볼, 타깃, 채걸이, 조명기구 등이 있으며, 최근 들어와서 각종기계의 첨단화로 관리의 전산화는 물론 볼의 수급도 자동화 기기로 이루어져 있다.

3) 내부 부대시설

부대시설에는 이용자가 벙커연습나 퍼팅을 할 수 있도록 벙커연습장과 퍼팅연습장이 설치되어 있으며, 그 외에도 주차장, 프론트, 락카룸, 프로샵, 휴게실, 샤워실 등을 갖추고 있다. 이용자의 편의를 위해서 TV, 냉장고, 자판기 등 각종 편의시설을 제공하고 있다.

(2) 실내골프연습장

실내골프연습장은 건축구조물 내부에 설치되어 있는 골프연습장을 말한다. 실내골프연습장은 실내의 작은 면적에도 설치가 가능하며, 시설투자비도 실외연습장보다 적게 들어간다. 실내연습장의 내부시설물은 실외 연습장과 큰 차이

실내연습장

는 없고, 안전을 위한 보호망의 설치도 실외연습장과 같다. 실내연습장의 특징으로는 장소가 협소하여 벙커연습장의 설치가 어렵고, 타겟과의 거리가 짧아 볼의 방향과 비거리를 확인할 수 없는 단점이 있다. 반면 방음, 임대료 등의 요인으로 건물지하나 상가, 접근성 좋은 주택밀집지역에 위치하여 이용이 편리하고 시설이용료가 저렴하다. 실내골프연습장은 조용한 분위기 속에서 집중레슨을 받을 수 있어 초보자, 주부, 직장인들이 주로 많이 이용하고 있다.

(3) 스크린(screen) 골프연습장

최근 골프인구의 급증
과 열정에 편승하여 시뮬레
이션효과를 적용한 스크린골
프연습장이 크게 인기를 얻
고 있다. 스크린 골프는 컴
퓨터 시뮬레이터를 이용하여
실제상황과 같은 가상의 현
실을 구현함으로써 골프를
즐길 수 있도록 하는 골프
문화의 콘텐츠이다. 스크린

스크린 골프 연습장

골프연습장은 접근성 좋은 도심지 속 건물 실내의 작은 면적에 설치가 가능하며,
컴퓨터, 스크린, 볼, 안전망, 스윙을 체크하는 센서, 볼의 구질이나 방향, 스윙궤도,
볼의 탄도, 헤드스피드를 체크하는 프로그램으로 구성되어 실전과 같은 느낌을 받을
수 있다. 스크린 골프연습장은 소비자들이 국내, 해외의 여러 골프장들을 가상적으
로 경험할 수 있도록 다양하게 프로그램화 되어 있고, 간편한 복장으로 계절, 시간,
날씨에 관계없이 실내에서 즐길 수 있어 많이 이용되고 있다. 또한 초보자들이 기
본적인 골프규칙을 익힐 수 있고, 장소 이동이나 부대비용 부담 없이 저렴한 비용
으로 친구, 직장동료, 가족 등이 골프를 즐길 수 있어 최근 폭발적 수요증가를 보
이고 있다. 스크린 골프연습장에서는 자신의 볼의 구질이나 거리, 방향, 헤드스피
드, 스윙궤도, 볼의 탄도 등을 점검해볼 수 있는 장점이 있다.

표 1. 골프시설의 설치 이용에 관한 법률 시행 규칙(문화체육관광부 2007)

구분		시설기준
필수 시설	운동 시설	- 실내 또는 실외 연습에 필요한 타석을 갖추어야 한다. 다만, 타구의 원리를 응용할 연습 또는 교습이 아닌 별도의 오락·게임 등을 할 수 있는 타석을 설치하여서는 아니된다. - 타석간의 간격이 2.5m 이상이어야 하며, 타석의 주변에는 이용자가 연습을 위해서 휘두르는 골프채에 벽면·천장 기타 다른 설비 등이 부딪히지 아니 하도록 충분한 공간이 있어야 한다.
	안전 시설	- 연습 중 타구에 의하여 안전사고가 발생하지 않도록 그물·보호망 등을 설치하여야 한다. 다만, 실외연습장으로서 위치 및 지형상 안전사고의 위험이 없는 때에는 그러하지 아니한다.
임의 시설	운동 시설	- 연습 또는 교습에 필요한 기기를 설치할 수 있다. - 3홀 미만의 퍼팅 연습용 그린을 설치할 수 있다. 다만, 퍼팅의 원리를 응용하여 골프연습지 아닌 별도의 오락·게임 등을 할 수 있는 그린을 설치하여서는 아니된다. - 실외골프연습장에는 3홀 미만의 골프코스 또는 18홀 이하의 피칭연습용 코스(각 피칭연습용 코스의 폭·길이는 100m 이하여야 한다)를 설치할 수 있다.

 표 2. 골프장 안전수칙

골프장 안전수칙
1. 이용객 여러분께서는 안전수칙을 숙지하시고 정숙하여 주십시오. 2. 이용하실 분이 많으실 경우에는 순서에 따라 질서 있게 이용해 주시기 바랍니다. 3. 동반하신 분의 안전에 유의하시고 어린이의 동반은 삼가 주시기 바랍니다. 4. 타석 외의 장소에서는 스윙을 금하여 주시고 음주 후 연습을 삼가해 주시기 바랍니다. 5. 안전사고의 위험이 있으니 담당 골프 프로 외에는 골프 지도를 삼가해 주시기 바랍니다. 6. 골프 장비 및 개인물품은 직접 관리하시고 분실에 유의하시기 바랍니다. 7. 귀중품은 안내 데스크에 보관하시고 보관치 않은 물품의 분실은 책임을 지지 않습니다. 8. 골프 예절에 맞는 복장을 착용하시고 다른 이용객에게 불편을 주는 행동은 삼가하여 주시기 바랍니다. 9. 연습 중 타인에게 부상을 입혔을 경우 당 업소에서는 책임을 지지 않습니다.

Ⅳ. 골프장시설의 법적 근거

골프장은 체육시설의 한 종류로서 '체육시설의 설치·이용에 관한 법률'이라는 실정법에 근거를 두고 있다. 물론 헌법적 근거는 그 내용에 따라 민간시설업의 경우 재산권과 밀접한 관련이 있을 것이고, 골프장이용과 관련해서는 국민의 스포츠 권 내지 건강권과 관련이 있을 것이고, 국토의 효율적 이용에 있어서는 헌법 제122조 와 관련이 있다고 할 수 있다.[60] '체육시설의 설치·이용에 관한 법률'은 제2조의 1호에서 "'체육시설'이란 체육활동에 지속적으로 이용되는 시설과 그 부대시설을 말 한다."고 정의하고 있고, 동법 제3조에서 "체육시설의 종류는 운동종목과 시설형태 에 따라 대통령령으로 정한다."고 규정하고 있다. 동법 시행령은 골프장을 체육시설 로 규정하고 있다. 동법 제10조는 골프장업을 등록체육시설업의 하나로 규정하고 있으며, 동법 제11조 제1항의 '시설기준 등'에 관해서는 "체육시설업자는 체육시설 업의 종류에 따라 문화체육관광부령으로 정하는 시설기준에 맞는 시설을 설치하고 유지·관리 하여야 한다."고 규정하고 있다. 이와 같이 골프장을 건설하기 위해서는 문화체육관광부령에 의한 시설기준을 충족시키도록 하고 있다.

골프장업에 관한 사업계획의 승인·변경은 동법 12조에서 각 시·도지사[61]에 게, 사업계획승인의 제한 역시 동법 제13조에서 시·도지사에게 권한을 위임하고 있다. 대중골프장시설 설치의 경우에는 특례를 두고 있는데 '체육시설의 설치·이 용에 관한 법률' 제14조에 의하면 "시·도지사는 대통령이 정하는 바에 따라 회 원을 모집하는 골프장업을 하고자 하는 자에게 회원을 모집하지 아니하는 골프장 (이하 "대중 골프장"이라 한다)을 직접 병설하게 할 수 있다. 다만 대중 골프장을 직 접 병설하여야 할 자가 부득이한 사정으로 인하여 직접 병설이 곤란하다고 인정하 는 경우에는 대통령이 정하는 바에 따라 이에 상당하는 금액(이하 "대중 골프장 조 성비"라 한다)을 예치하게 할 수 있다."고 규정하고 있어, 골프장업을 하려는 자에게 직접 대중 골프장을 병설하게 할 수 있으며, 동조 단서조항에서는 대중 골프장을 직접 병설하여야 할 자가 부득이한 사정으로 말미암아 직접 대중 골프장을 병설하

---

60 김상겸, "골프장건설과 환경법상의 제문제에 관한 연구", 스포츠와 법, 제11권 제2호(통권 제15호, 2008. 5), 131면 참조.
61 시·도지사는 특별시장, 광역시장, 도지사 또는 특별자치도지사를 의미한다.

기 곤란하다고 인정하면 동조 시행령에서 정하는 바에 따라 이에 상당하는 금액인 대중 골프장 조성비를 예치하게 할 수 있도록 하였다. 대중 골프장 조성비는 그 예치자가 공동으로 대중 골프장의 설치·운영을 위한 사업에 투자하여야 하고(동법 제15조 제1항), 대중 골프장 조성비의 투자·관리와 대중 골프장의 설치·운영에 필요한 사항 등은 대통령령으로 정한다(동법 제15조 제2항)고 규정되어 있어, 예치자는 동조 제2항 규정의 시행령에서 정하는 바에 따라 이에 상당하는 금액인 대중 골프장 조성비를 예치시키고 이를 관리·사용하여야 한다. 따라서 골프장시설은 체육시설이라는 점에서 '체육시설의 설치·이용에 관한 법률'이 그 법적 근거가 된다.

골프장비

제2장

골프장비

　골프경기를 하기 위해서는 필수적으로 골프 장비를 갖추어야 한다. 대부분 골퍼들의 가장 큰 관심사가 골프장비이기도 하다. 골프클럽은 단 하나로 구성되는 것이 아니라 여러 종류의 클럽이 모여서 하나의 세트(set)로 구성된다. 골프경기에서 골프클럽은 최대 14개까지 구성할 수 있고, 이러한 규칙은 1938년 미국과 영국의 골프협회관계자들이 합의하여 제정하였다. 공식적인 경기에서는 14개 이상의 클럽을 가지고 시합하다가 적발되면 규정에 따라 실격처리가 된다. 이와 같이 골프경기에서 클럽 수의 상한선은 제한을 두지만 어떻게 골프클럽을 구성할 것인가와 하한선에는 제한이 없다. 일반적으로 골퍼들은 1, 3, 5번 우드, 3, 4, 5, 6, 7, 8, 9번 아이언, 피칭웨지(p/w), 어프로치웨지(a/w), 샌드웨지(s/w), 로브웨지(l/w), 퍼터로 한 세트를 구성하여 경기를 한다. 골프클럽은 초기에 대부분 나무의 재질로 구성되어 있었으며, 거친 지형 등 특수한 상황에서만 아이언재질을 사용하여 왔다. 그러나 현대는 첨단과학기술이 골프장비개발에 접목되어 골프장비의 비약적 발달에 기여를 하고 있고, 모든 골퍼들의 숙원인 보다 멀리, 정확하게 보내는 데 큰 도움을 주고 있다.

Ⅰ. 골프클럽

1. 클럽의 변천

(1) 클럽헤드의 변화

1) 재질의 변화

초창기 클럽헤드는 가 시나무, 사과나무 등 나무가 주종을 이루었으나 이후 메탈(metal), 티타늄(titanium) 재질로 개발되어 출시하기 시작했다. 1979년 테일러메이드사의 설립자 게리 아담스가 스틸우드를 출시하기 전까지는 거의 모든 우드의 소재는 감나무계통의 나무소

클럽세트(club set)

재였다. 나무계통의 소재는 디자인의 변화도 자유롭지 못했고 크기도 제한적일 수밖에 없었으나, 이후 메탈우드로 바뀌면서부터 헤드의 대형화, 디자인의 다양화, 소재의 다변화를 추구할 수 있게 되었다. 1980년대 초기의 헤드는 스테인리스 스틸, 알루미늄으로 재질 자체가 무거워 대형화하는 데 제약이 있었으나 그 후 가볍고 경도가 강한 티타늄소재의 재질의 개발로 대형화가 가능하였다. 대형화 된 헤드는 무게중심을 헤드밑면과 뒷면으로 이동시켜 볼을 쉽게 띄울 수 있고, 스핀량을 감소시켜 줌으로써 탄도를 높일 뿐만 아니라 방향성과 비거리를 향상시키는 데 크게 기여하였다.[1]

2) 헤드크기의 변화

1980년대 초에 클럽헤드가 메탈소재로 바뀌면서 헤드 디자이너들의 첫 번째

---

1 박영진 · 전재홍, 「골프클럽제작과 피팅」, 대한미디어, 2009. 22~23면 참조.

발상의 전환이 헤드크기를 크게 하는 것이었다. 헤드크기를 크게 하면 스위트 스팟 (sweet spot)이 넓어져 보다 볼을 쉽게 칠 수 있다는 데 착안한 것이다. 이러한 시도는 처음으로 일본의 점보 오자키가 하였으나 각광받지 못하다가, 1984년 캘러웨이(Callaway)사 "빅버사"가 헤드의 대형화를 시작한 이후 일반적인 제품으로 자리잡기 시작하였다. 지금까지 클럽헤드의 크기는 160cc, 240cc, 360cc, 460cc의 형태로 변화하여 왔다.

(2) 클럽샤프트의 변화

초기 스코틀랜드와 영국에서 사용한 골프클럽의 샤프트는 개암나무, 물푸레나무, 히코리나무 등 나무 샤프트를 사용하였다. 스틸샤프트는 1894년 최초로 등장하였으나 통 스틸로 만들어져 너무 무거워 실용화 되지 못하다가 1920년대 철강산업기술이 급속도로 발전하면서 파이프제조기술을 응용해 스틸샤프트(steel shaft)의 본격적인 생산이 이루어졌다. 스틸샤프트의 장점은 탁월한 기능성, 대량생산을 통한 가격경쟁력 우위, 쉽게 파손되지 않는 견고함으로 1924년 USGA, 1929년 영국의 R&A로부터 정식대회에서 사용을 승인함으로써 전 세계적으로 사용하기 시작했다.[2] 스틸샤프트는 다소 무겁지만 샤프트의 비틀림 즉 토크(torque)가 적으므로 클럽페이스에 볼을 맞추기가 용이하며, 그라파이트 샤프트보다는 방향성과 비거리가 일정하다. 대개 프로골퍼나 구력이 있는 골퍼, 남성들이 스틸샤프트를 사용하고 있다. 스틸샤프트의 장점은 우선 샤프트의 경량화, 쉽게 파손되지 않는 견고성과 대량생산을 통한 가격경쟁력 우위, 기능적으로 우수한 샤프트의 균일성 등이다. 또한 스틸샤프트는 샤프트가 가늘어져 다루기가 편리해졌고, 이에 따른 스윙의 자유로움이 비거리를 늘어나게 하는 데 혁신적인 기여를 하였다.

그라파이트 샤프트(graphite shaft)는 1960년대말 미국 항공우주국에서 우주항공소재인 탄소섬유(carbon fiber)의 개발로 인해 클럽샤프트에 일대 혁신을 일으켰다. 탄소섬유는 대부분 탄소로 이루어져 있기 때문에 비교적 가볍고 비중이 낮으며, 강도 및 탄성률이 강철보다 강한 특성을 가지고 있다. 결과적으로 그라파이트 샤프트는 스윙스피드가 빨라 비거리를 내는 데 용이하여 초보자나 노약자, 여성들

---

2 박영진·전재홍, 위의 책, 20면 참조.

이 사용하기에 매우 적합하였다. 그러나 그라파이트 샤프트는 샤프트의 비틀림이 크기 때문에 정확하게 스위트 스팟(sweet spot)지점에 임팩트하기 어려운 단점이 있다. 탄소섬유의 특징은 샤프트의 경량화를 가속시켰고, 균일성을 가능하게 하였다. 초기에는 희소성과 제작공법의 낙후, 고가의 가격 등으로 시장점유가 떨어졌으나 점차 탄소섬유의 물리적 특성, 샤프트 제작기술의 비약적 발달로 인해 실용성을 갖게 되면서 수요가 급증하게 되었다. 1973년에 이르러 미국골프협회(USGA)와 영국왕립골프협회(R&A)는 이러한 탄소섬유의 재질로 만든 그라파이트 샤프트(graphite shaft) 사용을 공식적으로 인정하였다.

2. 클럽의 종류 및 세부명칭

(1) 우드(wood)

우드는 과거에 헤드부분이 나무로 만들어졌기 때문에 우드라고 부른 것인데, 요즈음에는 스테인리스나 티타늄을 포함한 다양한 소재로 만들어진다. 우드는 샤프트길이가 길고, 클럽 로프트(loft)각이 작아 멀리 보내는 데 사용되며 주로 티샷이나 세컨드 샷을 할 때 사용한다. 3번 우드 이후의 클럽을 페어웨이 우드라고 부르며, 우드의 번호가 작을수록 볼의 탄도가 낮게 날아가며 비거리가 늘어난다. 반면 우드는 사이드스핀이 걸리기 쉽기 때문에 아이언에 비해 상대적으로 정확성이 떨어지는 단점이 있다.

우드(wood)

1) 우드의 부위별 명칭

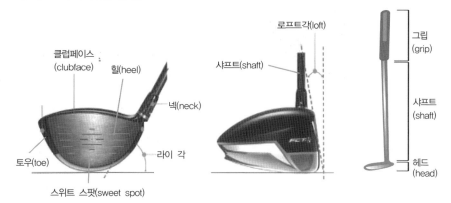

우드의 부위별 명칭

2) 우드의 명칭과 적정비거리

종류	남성	여성
1번 우드(드라이버)	230야드	200야드
2번 우드(브래시)	220야드	190야드
3번 우드(스푼)	210야드	180야드
4번 우드(버피)	200야드	170야드
5번 우드(클리크)	190야드	160야드

3) 우드의 길이와 로프트, 라이 각

Club No.	남성길이	여성길이	Loft	Lie
1	44.5	43.5	10.5	56
2	44	43	13	56
3	43.5	42.5	15	57
4	43	42	17.5	57.5
5	42.5	41.5	19	58
6	42	41	22	58
7	41.5	40.5	24	58
9	40.5	39.5	27	58.5

(2) 아이언(iron)

아이언은 볼을 그린이나 핀을 향해 직접 공략할 때 사용하는 클럽이다. 우드보다 샤프트가 짧기 때문에 초보자는 일반적으로 아이언으로 연습하기 시작한다. 번호가 클수록 볼이 높게 날아가고 비거리는 짧아진다. 아이언은 보통 롱 아이언(1번~3번), 미들 아이언(4번~6번), 숏 아이언(7번~9번)과 어프로치샷을 위한 피칭웨지(PW), 어프로치웨지(AW), 샌드웨지(SW), 로브웨지(LW)로 구성되어 있다. 클럽헤드를 만드는 공정에 따라 단조아이언, 주조아이언으로 나뉘며, 헤드의 소재는 보통 스테인레스, 연철, 티타늄, 머레이징 등의 금속이

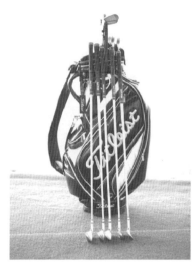

아이언(iron)

다. 클럽샤프트는 스틸(steel) 또는 그라파이트(graphite)로 만들어진다.

1) 아이언의 부위별 명칭

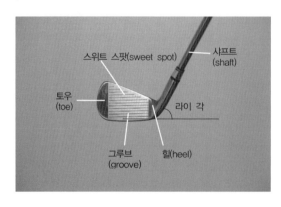

2) 아이언의 종류와 적정비거리

종류	남성	여성
1번 아이언	210야드	160야드
2번 아이언	200야드	150야드
3번 아이언	190야드	140야드
4번 아이언	180야드	130야드
5번 아이언	170야드	120야드
6번 아이언	160야드	110야드
7번 아이언	150야드	100야드
8번 아이언	140야드	90야드
9번 아이언	130야드	80야드
피칭웨지(PW)	120야드	70야드
샌드웨지(SW)	70야드	60야드

3) 아이언의 길이와 로프트, 라이 각

Club No.	남성길이(S/G)	여성길이(S/G)	Loft	Lie
1	40 / 40.5	39 / 39.5	16	56
2	39.5 / 40	38.5 / 39	18	57
3	39 / 39.5	38 / 38.5	21	58
4	38.5 / 39	37.5 / 38	24	59
5	38 / 38.5	37 / 37.5	27	60
6	37.5 / 38	36.5 / 37	31	61
7	37 / 37.5	36 / 36.5	35	62
8	36.5 / 37	35.5 / 36	39	63
9	36 / 36.5	35 / 35.5	44	64
PW	36 / 36.5	35 / 35.5	48	64
SW	36 / 36.5	35 / 35.5	56	65
LW	36 / 36.5	35 / 35.5	60	65

(3) 웨지(wedge)

웨지(wedge)는 기능적 특성상 100야드 전후의 짧은 거리에서 온 그린(on green)시키거나, 홀 컵에 최대한 근접시킬 목적으로 그린주변에서 사용하는 클럽을 말한다. 그 어떤 클럽보다 정확한 거리계산과 방향성이 요구되는 클럽이며 로프트별 클럽의 선택요령이 매우 중

웨지(wedge)

요하다. 웨지의 종류에는 피칭웨지(P/W), 어프로치웨지(A/W), 샌드웨지(S/W), 로브웨지(L/W) 등이 있다.

(4) 하이브리드(hybrid)

하이브리드(hybrid)란 혼합이란 의미로 유틸리티(Utility)라고도 부른다. 하이브리드는 우드도 아니고 아이언도 아닌 우드와 아이언 두 클럽의 장점만을 살린 새로운 개념의 골프클럽이다. 하이브리드는 작은 우드형태로 시각적 부담이 덜하고, 길이가 짧게 바뀌면서 누구나 사용하기 쉬

하이브리드(hybrid)

운 클럽으로 제작되어 있다. 아이언보다는 비거리가 우수할 뿐만 아니라, 러프나 경사면에서도 사용이 용이하기 때문에 활용 빈도가 높은 편리한 클럽이다. 최근에는 우드를 잘 사용하지 못하는 골퍼나 롱 아이언을 잘 사용하지 못하는 골퍼에게 유용한 클럽으로 각광을 받고 있다.

(5) 퍼터(putter)

퍼터는 골프경기 중에 가장 많이 사용하는 클럽으로 그린 위에서 볼을 홀에 넣을 때 사용하는 클럽이다. 벤 호건은 "골프는 때리는 것과 퍼팅이라는 두 개의 다른 게임으로 구성되어 있다"고 말한 바 있다. 골퍼는 일반적으로

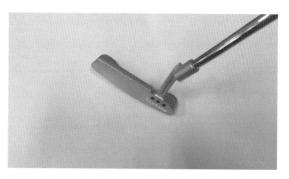

퍼터(putter)

18홀을 경기하는 동안 퍼터를 36회 정도 사용하게 되어 있다. 이는 전체 골프경기에서 이븐파 스코어의 절반에 해당하는 숫자로 퍼팅이 차지하는 비율이 높기 때문에 퍼팅의 중요도는 매우 크다고 볼 수 있다. 퍼터는 클럽헤드 모양, 샤프트의 길이에 따라 블레이드형과 말렛형 등 여러 가지 형태가 있다. 헤드의 재질은 아이언과 마찬가지로 스테인리스나 티타늄이 일반적이다. 중요한 클럽인 만큼 퍼터나 퍼팅에 관한 논의도 다양하다.

3. 클럽의 구조

골프클럽의 구조는 크게 그립(grip), 샤프트(shaft), 클럽헤드(club head) 3가지 부분으로 나눌 수 있다. 그립은 클럽과 골퍼가 하나가 될 수 있도록 연결해 주는 가장 기본적 요소이며, 클럽의 느낌이나 클럽의 기능성에 상당한 영향을 미치는 매우 중요한 요소이다. 샤프트는 사람의 허리역할을 하여 볼의 구질에 막대한 영향을 미치게 되고, 클럽헤드는 비거리, 방향성, 초기의 발사각에 영향을 준다.

(1) 그립(grip)

그립은 클럽의 손잡이 부분으로 고무재질이 일반적이다. 가죽그립도 있지만 가격이 비싸고 미끄러워 별로 추천하지 않는다. 재질에 따라 그립은 고무 그립(rubber grip), 실 그립(cord grip) 그리고 이들의 중간 형태인 반실그립이 있다. 고무 그립은

물기에 약하고, 마모가 빠른 것이 흠이나 타구감이 좋고 안정감이 있어 최근에는 대부분의 골퍼들이 고무 그립을 선호하고 있다. 반실그립은 고무에 실을 넣어 미끄러움을 방지할 뿐만 아니라 마모가 적고, 타구감이 딱딱하다. 그립의 무게는 초경량(30g)부터 무거운 그립(54g)까지 있다. 그립무게는 클럽전체무게와 스윙 웨이트의 무게를 변화시킬 수 있기 때문에 개개인의 스윙형태와 볼의 구질까지도 영향을 미친다. 그립사이즈는 그립의 내경사이즈를 표기하는 것으로 그립의 외경은 동일하고, 숫자가 작은 것이 더 굵은 그립을 의미한다. 그립은 재질, 사이즈, 무게, 형태에 따라 구분하고, 대상에 따라 여성용 또는 남성용으로 구분한다.

(2) 샤프트(shaft)

클럽의 샤프트는 클럽헤드와 그립을 연결해주는 부분으로서 인체에 비교하면 허리에 해당하는 부분으로 클럽성능의 70% 이상을 좌우하는 중요한 부분이다. 샤프트의 역할은 스윙시에 발생하는 에너지를 볼에 최대한 전달해주며 임팩트시에 일어나는 타구감을 골퍼에게 전달해준다. 샤프트는 재질에 따라 스틸샤프트와 그라파이트 샤프트로 나누어진다. 스틸샤프트는 다소 무겁고 충격흡수가 큰 단점이 있지만 가격이 그라파이트에 비해 싸고, 샤프트의 비틀림 즉 토크(torque)가 적어 클럽페이스에 볼을 맞추기가 용이하다. 또한 보관도 편리하고 성능의 변화가 작다. 그라파이트보다 방향성이 좋고 비거리가 일정하여 샷의 일관성을 높여준다. 보통 프로골퍼나 구력이 있는 골퍼들은 스틸샤프트를 사용하고 있다. 그라파이트는 스틸에 비해 가격이 비싸고, 샤프트의 비틀림이 크기 때문에 정확하게 스위트 스팟(sweet spot)에 임팩트하기 어렵다. 그러나 가볍고 탄성이 강해 스윙스피드를 빠르게 하며 비거리를 많이 낼 수가 있다. 그러므로 여성과 초보자, 시니어골퍼들은 그라파이트를 사용하는 것이 좋다.

(3) 클럽헤드(head)

1) 우드헤드

우드헤드는 초기에는 가시나무, 감나무계통 등의 나무소재로 만든 말렛형이 주종을 이루었으며, 헤드의 디자인 변화나 크기에도 제한적이었다. 그러나 1979년 테일러메이드사의 설립자 게리 아담스가 세계최초의 스틸(metal)우드를 출시함으로써 골프장비는 그야말로 혁명적 전환점을 이루게 되었다. 이후 우드는 관리적 측면이나, 디자인 또는 소재의 다양화가 시작되었다. 그러나 스틸우드는 재질 자체가 무거워 헤드를 대형화하는 데는 걸림돌이 되었다. 그 다음으로 보다 소재가 가볍고 경도가 강한 티타늄소재의 개발로 인해 우드의 기존 문제점들이 다소 해소되었을 뿐만 아니라 헤드의 대형화가 이루어지기 시작하였다. 헤드 대형화의 장점은 우선 클럽의 무게중심을 헤드페이스의 뒷면으로 최대한 이동시켜 탄도를 높이면서 볼의 스핀량을 감소시키는 데에 있다. 또한 헤드디자인의 대형화는 스위트 스팟을 넓혀주고 관성을 크게 해 주며, 골퍼에게 안정된 방향성을 유지할 수 있도록 심리적 안정감을 주는 계기가 되었다. 최근 헤드제작기술의 발전으로 400cc이상의 대형헤드가 전체시장을 주도하고 있다. 지금까지 메탈우드가 등장한 이래 수많은 회사에서 다양한 디자인의 헤드가 무수히 개발되어 출시되어 오고 있다. 그러나 이와 같은 기술의 비약적인 발전에도 불구하고 분명한 것은 비거리를 더 나게 해주는 절대적인 클럽은 아직 없다는 사실이다.

2) 아이언헤드
가. 단조헤드

단조헤드는 1970년대 초까지 쇠를 두들겨 만드는 방식으로 생산하였으나 그 후 틀(mold)이용 주물방식이 도입되어 대량생산이 가능해졌다. 이에 따라 클럽의 가격도 상대적으로 저렴하게 공급할 수 있게 되었다. 단조헤드는 연철을 사용하여 타구감이 좋고, 컨트롤 샷을 구사하기 용이하며, 볼의 스핀량이 많아 볼을 세우기가 좋다. 로프트 각이나 라이 각 조절 또한 용이하다. 그러나 주조에 비해 가격이 고가이며, 쇠를 두들겨 만들기 때문에 제조하기가 어려운 점이 있으며, 도금은 하지만 연철이기 때문에 녹슬기 쉽고, 반발력이 약해 비거리는 감소하는 경향이 있다.

나. 주조헤드

주조헤드는 경도 높은 쇳물을 사용하여 주조하기 때문에 반발력이 좋으나 타구감이 딱딱하며, 금형제작을 해야 하는 등 초기투자비용이 높다. 그러나 제조단가는 단조에 비해 가격이 저렴하고 대량생산이 용이하다. 또한 헤드의 디자인이 비교적 자유로운 편이며 소량생산에는 적합하지 않다. 그러나 로프트나 라이 각 조정이 어려우며, 컨트롤 샷이 어렵고, 볼의 스핀량이 작아 런(run)이 많은 단점이 있다.

다. 헤드의 디자인(design)

아이언헤드는 모양과 스타일에 따라 골퍼에게 직·간접으로 영향을 미친다. 아이언헤드의 디자인형태는 일반적으로 헤드 뒷부분의 모양에 따라 블레이드(blade) 형, 캐비티(cavity) 형, 머슬백(muscle back) 형 세 가지로 나누어진다. 첫째, 블레이드 형은 아이언헤드의 전통적 스타일로 단조형태의 헤드가 주종을 이룬다. 블레이드 형의 특징은 헤드중심에 무게중심이 있고 스위트 스팟이 작아 조금이라도 비껴 맞으면 비거리나 방향에 큰 영향을 준다. 그러나 스위트 스팟에 정확하게 맞기만 하면 타구감은 매우 좋다. 그러므로 블레이드 형은 초보자나 중급자 등 아마추어에게는 적합하지 않고, 주로 상급자나 프로가 사용하기에 적합하다. 둘째, 캐비티 형은 현재 가장 많이 사용되는 디자인으로 과거에는 기술상의 이유로 생산되지 못했으나 최근 CNC 밀링제조기법의 발달로 아이언헤드의 주종을 이루고 있다. 캐비티 형의 특징은 무게중심부분을 넓혀 스위트 스팟을 극대화시킴으로써 실력에 관계없이 쉽게 칠 수 있어 누구나 선호하는 모델이 되었다. 머슬백 형은 블레이드와 캐비티의 중간 형태라고 볼 수 있다. 일반적으로 누구나 사용하기 쉽고, 미스 샷을 최소화 시킬 수 있는 제품이 캐비티 형의 디자인이고, 블레이드나 머슬백은 중·상급자 골퍼들에게 적합한 디자인이라고 할 수 있다.

4. 클럽의 선택요령

골프를 시작하는 초보자들이 자신에게 맞는 골프클럽을 선택하는 것은 매우 어렵다. 대개 초보자들은 브랜드의 이미지나 디자인, 가격, 일반적인 평가만을 가지고 선택하는 경향이 있다. 골프클럽은 한번 구입하면 상당히 오랫동안 사용하게 되므로 처음 구입하려는 사람은 전문가와 상담한 후 자신에게 적합한 것을 선택하는 것이 좋다.

(1) 그립(Grip)

그립은 자신의 손 크기에 맞는 그립의 굵기를 선택하고 손바닥에 잘 밀착될 수 있는 소재로 만들어진 것을 선택하는 것이 좋다. 즉 일반 골퍼들은 타구감이 부드럽고, 안정감을 주는 고무그립을, 손이 크고 땀이 많은 골퍼는 실 그립을 사용하는 것이 좋다.

그립의 굵기는 일반적으로 오른손잡이일 경우 왼손으로 그립을 잡았을 때 3번, 4번 손가락 끝이 손바닥에 닿는 정도가 좋다. 그립이 너무 크면 정상적인 손목동작을 방해하기 때문에 푸쉬(push) 샷을 발생시키고, 그립이 작으면 손목동작이 지나치게 유연해져서 훅(hook)구질의 샷을 유발시키는 원인이 되기도 한다. 골퍼는 그립의 재질, 무게, 그립사이즈 등을 고려하여 자신에게 가장 잘 맞는 그립을 선택하여야 한다.

그립 크기가
가장 적당한 그립

손의 크기에 비해
그립 굵기가 큰 그립으로
푸시(push)나
슬라이스(slice)의
원인이 된다.

손에 비하여
그립의 굵기가
작은 형태로
풀(pull)이나 훅(hook)의
원인이 된다.

(2) 샤프트(shaft)

1) 샤프트 종류와 길이

샤프트는 재질에 따라 스틸(steel)과 그라파이트(graphite) 2가지 종류가 있다. 일반적으로 그라파이트는 스틸에 비해 가격은 비싸지만 가볍고 다루기 쉬워 초보자가 사용하는 데 적합하다. 샤프트의 강도는 타구 시 샤프트가 휘어지는 정도를 의미하는 것으로서 약칭 X, S, SR, R, L 등의 용어를 사용하고 있다. 신체적인 조건이 좋고, 헤드스피드가 빠른 사람은 샤프트강도가 강한 것이 좋으며, 방향성이 매우 좋다. 그러나 일반적으로 샤프트는 너무 딱딱하지 않은 것을 선택하는 것이 좋다. 샤프트의 길이는 길수록 비거리에는 유리하나 임팩트의 정확성이 떨어진다. 샤프트의 길이는 일반성인 남자의 경우 우드 1번의 경우 45인치를, 아이언 3번의 경우 39인치를 기준으로 하고, 여성골퍼의 경우 이보다 평균 1인치 짧은 것으로 결정하는 것이 일반적이다. 따라서 샤프트의 강도와 길이는 자신의 신체조건과 스윙습관, 체력수준, 스윙템포, 헤드스피드를 고려하여 선택하여야 한다. 샤프트의 선택은 방향성과 비거리, 타구감과 심리적 안정까지 영향을 주기 때문에 골퍼의 신체적 특성과 스윙특성을 고려하여 자신에게 맞는 샤프트를 선택하는 것이 중요하다. 최근에는 경량 스틸샤프트가 인기가 있고 전체클럽중량을 줄여 줌으로써 헤드속도를 높혀 비거리를 향상시키는 데 도움이 된다.

2) 샤프트의 강도와 특징

강도	명칭	특 징
X(extra stiff)	엑스트라 스티프	강도가 가장 강함. 주로 프로용
S(stiff)	스티프	강도가 강함. 프로나 상급자용
S.R(regular)	스티프 레귤러	중급자용, 일반 남성용
R(regular)	레귤러	부드러움. 초급자용, 힘이 약한 남성
L(ladies)	레이디스	가장 부드러움. 주니어나 일반 여성용

(3) 라이(lie) 각

라이 각이란 클럽페이스 중앙을 땅에 놓았을 때, 솔과 호젤의 중심선과 이루는 각이다. 정확한 스윙을 하기 위해서는 스윙 플레인(Swing plane)이 일정해야 하는데 그 전제조건이 어드레스 때의 이 각이다. 라이 각은 개인의 신장이나 팔 길이에 따라 다르나, 정상적인 어드레스를 한 자세에서 클럽을 지면에 내려놓았을 경우 토우, 솔, 힐이 지면에 닿는 것이 좋다. 라이 각이 지나치게 작은 경우에는 볼을 푸시(push)하게 되고, 라이 각이 지나치게 큰 경우에는 볼을 풀(pull)하게 된다. 어드레

스 때 토우나 힐의 어느 한쪽이 들
리면 방향과 거리에 상당한 영향을
미친다.

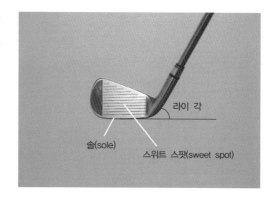

 우드와 아이언의 표준 라이 각

우드	1	2	3	4	5	6	7	8	9	PW	SW	LW
남자	55	55.5	56	56.5	57	57.5	58	58.5	59			
여자	53	53.5	54	54.5	55	55.5	56	56.5	57			
아이언												
남자	58.5	59	59.5	60	60.5	61	61.5	62	62.5	63	63	63
여자	59	59.5	60	60.5	61	61.5	62	62.5	63	63.5	63.5	63.5

(4) 헤드스피드(head speed)

클럽을 선택할 경우에는 자신의 헤드스피드에 맞는 클럽을 선택하는 것이 좋
다. 초보자는 무거운 것보다 가벼운 것이 다루기 쉽지만 단순히 중량이 가볍다고
해도 스윙웨이트(swing weight)가 무거우면 의미가 없다. 스윙웨이트란 스윙을 할
때 느끼는 균형감 또는 무게감을 말하는 것으로 클럽헤드와 그립 사이의 무게분배
를 의미한다. 즉 클럽헤드 쪽이 무거우면 스윙웨이트가 높고, 그립 쪽이 높으면 스
윙웨이트가 낮다. 스윙웨이트는 자신의 근력, 스윙스타일 등 여러 가지 요소에 따
라 다르므로 클럽을 선택할 경우에는 자신의 스윙스피드를 측정해보고 선택하는
것이 좋다.

5. 골프장비의 구성

골프 룰(rule)이 규정한 골프채의 수는 14개이다. 즉 골프 가방 속에는 최대한 14개까지 클럽을 넣을 수 있다. 이 숫자 내에서 자신의 스코어가 최대로 잘 나오게 하는 것이 현명한 클럽구성이다. 클럽구성은 개인의 성향과 기술능력에 따라 구성되는 특성이 있다. 기본적으로 골프를 시작할 때에는 어려운 클럽보다는 쉬운 클럽을 선택하는 것이 좋다. 첫째, 드라이버는 가볍고, 샤프트가 유연하며, 로프트 각이 큰 것으로 한다. 둘째, 롱 아이언은 가급적 피하고 페어웨이 우드로 교체하는 것이 좋다. 셋째, 그린 주변의 짧은 거리에서 샷을 하기 위해 웨지를 보충한다. 넷째, 벙커에서 사용할 수 있는 솔의 넓이와 각도가 적당한 샌드웨지를 보완한다.

II. 골프 볼

1. 볼의 발달과 공인규격

(1) 볼의 변천

볼의 변천과정을 보면 1550년대 초기에 나무 볼을 사용하였다는 기록이 남아 있고, 아마도 1600년대 초까지는 나무 볼들이 사용된 것으로 추정된다. 1618년에는 영국에서 가죽 볼로 소나 말가죽 속에 깃털을 넣고 봉합하여 만든 페더 볼(Feather ball)이 제조 되었다. 이후 가죽 볼을 대신하여 1845년에는 영국인 로버트 퍼터슨의 고무액을 형틀에 넣어 만든 구타 페르카볼(Gutta-Percha ball)이라는 고무 볼이 등장하여 원피스 볼의 원형이 되었다. 이 볼은 페더 볼에 비해 내구성, 비거리, 수명이 길었으며, 대량생산을 통해 저렴한 가격으로 보급되었다. 1890년대 후반 들어 미국에서 자전거를 만드는 일을 하던 코반하스켈(Coburn Haskell)과 오하이오에 있는 고무회사의 버트램 워크(Bertram Work)가 합세하여 고무 코어에 탄성 고무줄을 감고 표면에 Gutta-Percha 고무커버를 입힌 새로운 형태의 하스켈 볼을 개발하였다. 이를 모체로 1910년에 영국의 던롭(Dunlop)사가 표면에 원형의 딤플(Dimple)을 넣은 것을 개발하였는데 이것이 근대 볼의 시초라고 볼 수 있다. 1971년에 이르러 보다

경제적인 생산방식으로 Spalding사에 의해 2-piece볼을 생산하기 시작하였으며, 이것이 오늘날 3piece, 4piece, 5piece볼을 생산하는 계기가 되었다.

(2) 볼의 공인규격

볼은 그 크기에 따라 직경 41.15㎜인 스몰사이즈(small size)와 42.67㎜인 라지 사이즈(large size)의 두 종류가 있다. 볼의 모양은 좌우대칭이 완벽한 구형태 이어야 한다. 임팩트 직후의 속도는 R&A의 측정 장비로 초속 76.2미터를 초과하지 않아야 한다. 현재 1931년 개정된 미국골프협회(USGA)규정에 따라 직경 42.67㎜ 이상, 중량 45.93 g 이하로 공인규격을 정하여 공인구로 사용하고 있다.

2. 볼의 종류

(1) 공인여부에 따른 분류

골프 볼은 공인여부에 따라 3종류로 나누어지는데 USGA나 R&A의 공인을 얻어 시합용으로 사용되는 공인구, 일반 골프연습장에서 사용되는 연습용 볼, 그리고 시합용으로 불가한 비공인구가 있다.

(2) 구조여부에 따른 분류

우리가 사용하는 골프 볼은 내부에는 고무재질의 코어가 있고, 겉 표면은 합성수지로 된 우레탄 등의 소재로 이루어져 있다. 골프 볼은 구조여부에 따라 초기에는 소나 말가죽에 깃털을 넣어 만든 페더 볼, 볼이 고무로만 된 연습용으로 사용되는 1piece볼, 1970년대 스팔딩(Spalding)사가 처음으로 개발한 내구성과 비거리가 좋은 내부구조가 2겹으로 된 2piece볼, 상급자나 시합용으로 사용되고 있는 3piece볼, 4piece볼, 5piece볼로 나누어진다.

1) 1piece볼

원피스볼은 전체가 고무와 합성
수지의 복합 고탄성체로 형성되어 타
구 감각이나 비거리, 스핀 량이 떨어
지지만 값이 저렴하다. 골프연습장이
나 초보자들이 주로 사용한다.

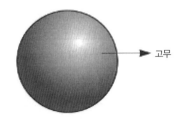
고무

2) 2piece볼

합성고무와 강화커버의 두 부
분으로 이루어졌으며, 런이 많아 비
거리를 내는 데 적합하다. 타구시 느
낌이 딱딱하다.

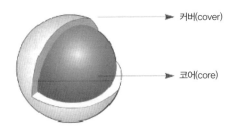
커버(cover)

코어(core)

3) 3piece볼

볼의 코어부분에 고무실을 감아
그 위에 커버를 씌운 것이다. 방향성
이 좋고 스핀량이 많아 프로골퍼나
싱글골퍼들이 많이 사용하고 있다.

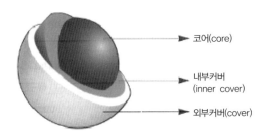
코어(core)

내부커버
(inner cover)

외부커버(cover)

4) 4piece볼

코어에 이너커버, 미드커버, 외
부커버의 4부분으로 이루어졌으며,
드라이버의 스핀량은 줄이고, 어프
로치의 스핀량은 높여 클럽별로 고
난도 컨트롤 샷을 가능하게 하는 것
이 특징이다.

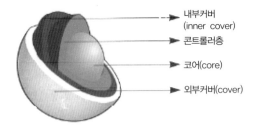
내부커버
(inner cover)

콘트롤러층

코어(core)

외부커버(cover)

3. 볼의 딤플(Dimple)

(1) 딤플(dimple)의 기능

골프공의 표면에는 원형으로 움푹 패인 자국이 여러 개 있는데 이것을 딤플(dimple)이라고 한다. 골프 볼에 딤플이 적용되기 시작한 것은 딤플의 물리적 증명이 먼저 이루어진 다음에 된 것이 아니고, 우연히 표면에 상처가 난 볼이 안

정되고 더 멀리 나간다는 사실을 발견하고, 과학적인 입증까지 마쳐 오늘날 골프 볼의 필수적인 기능으로 정착되었다. 딤플의 기능은 볼이 공기 속을 통과할 때 윗부분의 기압을 낮춰 공이 더 잘 뜨게 하고, 비거리를 획기적으로 증가시키는 역할을 하는 것이다. 딤플에는 볼의 속도를 감소시키는 항력과 동시에 이 저항과 직각을 이루며 볼을 위로 올려주는 힘인 양력이 작용한다. 표면이 매끄러운 골프 볼은 주변의 기압을 높이면서 옆으로 날아가는 동시에 항력이 크다. 그러나 딤플이 있는 골프 볼은 날아가면서 표면에 닿는 기류를 교란시켜 항력을 감소시켜준다. 실제로 딤플이 있는 볼이 받는 공기저항의 크기는 볼 표면이 매끄러운 볼보다 훨씬 작다. 연구실험결과에 의하면 딤플이 있는 볼의 양력이 매끄러운 볼보다 2~5배 정도 크고, 공기저항은 3/5 정도 작아 비거리가 큰 것으로 나타났다. 딤플을 설계할 때는 딤플의 숫자, 차지하는 면적, 크기, 깊이, 패턴 등을 고려하며, 이와 같은 요소들의 변형과 다양한 조합이 볼의 탄도와 안정성, 그리고 비거리에 영향을 미치게 한다. 딤플의 개수는 보통 350, 392, 432, 442, 492개이며, 구도는 8면체, 12면체, 20면체로 되어 있다.

(2) 딤플(dimple)과 마구누스 효과(Magnus effect)

축구선수가 프리킥을 할 때 볼을 휘어 차서 수비벽을 피하는 것이나, 야구, 테니스, 골프의 경기 중 볼에 스핀이 많이 걸리게 되면 볼이 커브를 그리며 비행하는 현상을 볼 수가 있다. 이렇게 회전하는 물체가 공기 중에 비행할 때 회전하는 투사체가 회전하는 방향으로 점진적으로 진로가 변하는 것을 '마구누스 효과'라고 한다. 즉 볼의 회전과 공기의 마찰에 의해 발생하는 현상이다.

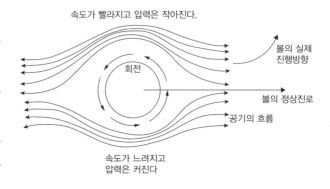

마구누스 효과(magnus effect)

공중에서 날아가는 볼이 역회전을 하게 되면 볼의 윗부분과 아랫부분에 속도차이가 생겨 볼의 상하부분에 압력의 차이가 생긴다. 이 때문에 공기의 흐름과 회전방향이 동일한 윗부분에서는 볼의 속도가 빨라지고, 반대로 공기와 볼의 방향이 반대인 아랫부분에서는 속도가 느려진다.[3] 이런 경우 압력과 속도는 서로 반비례하기 때문에 윗부분의 압력이 아랫부분의 압력보다 상대적으로 작아져서[4] 볼의 진로는 위쪽으로 휘어지게 되는 것이다. 골프 샷에는 볼에 백스핀이 걸리게 되고 그 결과 볼의 아랫부분은 윗부분보다 공기의 마찰로 기압이 높게 된다. 그러므로 기압이 높은 아랫부분으로부터 기압이 낮은 윗부분으로 밀어 올리는 힘이 작용하게 되어 볼은 정상궤도보다 위쪽으로 비행하게 되는 것이다. 따라서 골프 볼의 딤플은 볼과 클럽페이스의 마찰력을 증가시켜 볼에 백스핀이 많이 걸리게 하고, 마그누스 효과를 향상시켜 비거리를 증가시키는 역할을 한다.

4. 볼의 압축강도(Compression)

골프 볼에는 일정한 힘을 가했을 때 변형되어지는 정도를 표시하는 압축강도가 표시되어 있다. 압축강도는 대개 볼의 표면에 인쇄되어 있는 숫자에 의해 구분되는데 80, 90, 100의 3가지로 구분된다. 숫자가 클수록 압축강도가 강하고 숫자

---

3 박성순외 15인 공저, 운동역학, 대경북스 2010. 390면 참조.
4 베르누이정리(Bernoulli principle).

가 낮을수록 압축강도가 약하므로 80은 여성, 90은 일반남성, 100은 프로나 힘이 강한 골퍼에게 적합한 것으로 알려져 있다. 볼이 단단할수록 임팩트시 반발력이 커져서 비거리가 많이 나오며, 강한 반발력을 살리기 위해서는 그에 상당하는 헤드스피드가 필요하다고 한다. 그러나 현재 생산되고 있는 볼은 90을 넘는 경우는 거의 없고 65~85로 제조하고 있는 경우가 대부분이다. 이러한 추세는 아마도 경도가 낮은 볼은 임팩트시 클럽과의 접촉시간이 길어서 백스핀이 많이 증가하고, 힘이 약한 사람이 쳐도 볼이 잘 맞고 방향성도 좋기 때문이다.

5. 비행탄도와 볼의 체공시간

볼의 비행탄도는 볼이 비행하는 체공시간을 결정하게 되고, 볼의 비행탄도는 클럽의 로프 각, 샤프트의 강도, 스윙의 특성에 따라 결정된다. 진공상태에서는 45도의 탄도가 최대의 비거리를 내는 데 이상적이다. 그러나 실제적으로는 딤플이 있는 볼과 공기사이의 마그누스 효과 때문에 그 각도유지가 어려워진다.

6. 볼의 선택요령

골프를 하는 사람은 누구나 볼을 잘 치기 원하고 장타를 소망한다. 그래서 좋은 클럽과 프로로부터 레슨을 받는 데는 집중하지만 정작 골프 볼에 대해서는 별 생각 없이 선택하는 경우가 많다. 골프 볼의 선택은 비거리를 결정하는 중요한 요소 가운데 하나이므로 신중을 기하여야 한다. 그렇다고 무조건 프로들이 가장 많이 쓰는 볼을 써야 하는 것은 아니다. 무엇보다 자신에게 맞는 골프 볼을 찾는 것이 중요하다. 여러 종류의 볼을 가지고 필드나 연습장에서 연습을 많이 하다 보면 자신에게 좋은 볼을 식별할 수가 있다. 물론 남성용인지 여성용인지, 자신의 헤드스피드에 맞는지, 초급자, 중급자, 상급자용인지 매뉴얼을 잘 살펴보고 볼을 선택해야 한다. 일반적으로 핸디캡이 높은 사람들과 초보자들, 여성은 2piece볼이 이상적이고, 보다 숙달된 중·상급자나 선수에게는 3piece볼, 4piece볼의 선택이 무리가 없을 것이다.

Ⅲ. 기타 골프용품

1. 골프복장

골프코스는 단순히 플레이만 하는 것이 아니라 사람들 간의 사교의 장이기도 하므로 복장은 동반자에게 실례가 되지 않도록 품격 있게 입는 것이 좋다. 골프복장은 스윙을 할 때나 이동을 할 때 몸을 움직이기 편안하고 활동적인 옷을 선택하는 것이 좋다. 신축성이 좋고 습기를 잘 흡수하는 것이면 더욱 좋다. 요즈음 시장에서는 기능성 복장들이 다양하게 출시되고 있다. 엄격하게 규정한 복장은 없지만 피해야 할 복장은 있다. 즉 청바지나 짧은 반바지, 트레이닝복, 속이 비치는 옷 등은 제재를 받는다. 보통의 경우 긴바지를 착용하는 것이 일반적이기는 하나 여름의 경우 반바지에 긴 양말착용을 허용하는 골프장들도 최근 늘어나고 있다.

2. 골프화

요즈음 골프화는 맵시도 있고 보호기능도 뛰어나다. 골프화의 바닥에는 스파이크가 달려 있어, 지면에 밀착력을 강화시켜 줄 뿐만 아니라 발의 비틀림을 최소화시켜 준다. 골프화는 골퍼가 샷에만 집중할 수 있도록 도와준다. 골프화는 방수나 통풍기능이 잘되어야 안정감이 있고, 긴 시간 걷는 데 일어

골프화

날 수 있는 발의 피로감을 완화시켜 준다. 발보다 큰 신발은 스윙에 불리한 영향을 주므로 잘 맞는 신발이 좋다. 골프화를 선택할 경우에는 편안하고 튼튼하며 방수가 잘되는 신발을 고르는 것이 좋다.

3. 골프장갑

골프장갑은 얇은 가죽으로 만들 어져 그립이 미끄러지지 않고, 손을 보호하는 기능을 가지고 있다. 장갑 에는 천연가죽제품과 인조섬유제품이 있다. 가죽제품은 부드러운 촉감으로 착용감이 좋으나 인조섬유제품은 그 렇지 못하다. 좋은 장갑은 골프클럽 의 그립을 악지할 때 손과 그립을 강

골프장갑

하게 밀착시켜 클럽과의 일체감을 높여 주며, 효과적인 스윙을 할 수 있도록 도움 을 준다. 남자는 왼손에 착용을 하고, 여성들은 양손에 착용하는 것이 일반적이나 장갑 착용이 의무적인 것은 아니다. 골프장갑은 손에 꼭 맞는 것이 좋다.

4. 캐디백

골프클럽을 보관하고 이동할 때 쓰이는 가방을 캐 디백이라고 한다. 캐디백은 골프에 필요한 여러 가지 용 품들을 수납하는 다양한 공간으로 구성되어 있으며 아름 답게 디자인된 여러 형태가 있다. 크기는 거의 일정하나 가격과 디자인은 다양하다. 캐디백을 선택할 경우에는 골퍼의 취향에 따라 가격과 무게, 수납공간, 입구의 직 경, 방수, 내구성을 고려해서 구입하는 것이 좋다.

캐디백(caddiebag)

5. 기타 준비물

기타 골프경기를 할 때는 옷을 보관하는 옷 가방(보스턴백), 골프모자, 티, 볼 마커, 우산, 선크림, 양말 등이 필요하다. 장갑이나 볼 등을 충분하게 준비해두고 비 옷이나 겨울철의 찬바람을 막기 위한 옷도 예비적으로 준비해두는 것이 좋다.

옷가방

티(tee)

Ⅳ. 클럽 피팅(club fitting)

1. 피팅의 개념

　　클럽 피팅이란 "나에게 맞는 가장 편안한 클럽"이 최고라는 인식하에 개인적 특성에 맞춰 클럽을 제작하는 것을 말한다. 다시 말해 골퍼의 나이, 구력, 신장, 스윙습관 및 고유의 선호도 등을 종합하여 클럽의 무게, 길이, 헤드 디자인, 샤프트 모델, 강도 등을 설정하고, 드라이버에서부터 웨지에 이르기까지 자유롭고 편안한 스윙을 할 수 있도록 개인의 특성을 고려하여 골퍼에 잘 맞게 튜닝(tuning)해 주는 것이다. 골프채도 오래 사용하게 되면 금속의 피로도로 인해서 헤드, 샤프트 등이 낡고 쉽게 고장이 나기 때문에 교체해 주어야 한다. 보통 클럽피팅은 프로들이나 하는 것으로 오해를 하고 있는데 그렇지 않다. 골프를 좀 더 쉽게 배우고 좀 더 잘 하기 위해서는 자신에게 맞는 클럽으로 만드는 것도 중요하다. 처음부터 신체조건에 맞는 클럽을 구입해서 연습한다면 실력향상에도 지름길이 된다. 클럽에 자신을 맞추지 말고, 자신에게 클럽을 맞추는 것이 좋다.

2. 피팅(fitting) 요소

　　클럽 피팅은 골퍼의 신체조건이나 성향에 따라 차이가 있을 수 있지만 일반적으로 클럽헤드의 종류 또는 디자인, 클럽헤드의 로프트 각도, 라이 각, 샤프트의 길이. 무게, 그립 사이즈, 샤프트의 강도 및 소재 등을 고려하여야 한다.

3. 피팅(fitting) 유형[5]

(1) 골퍼 대상에 따른 피팅 유형

골퍼 대상에 따른 피팅 유형은 대상에 따라 주니어, 초급자, 중상급자, 프로로 분류할 수 있다. 주니어나 학생이 처음 골프를 시작할 때는 장난감 형태의 가벼운 도구로 하며, 어느 정도 골프에 대한 관심도와 재능이 보이면 그때부터 무리가 생기지 않도록 정교한 피팅 기법으로 다음과 같은 사항을 고려하여 클럽을 제작해 주어야 한다.

- 어린이의 신장을 고려하여 클럽의 길이와 무게를 결정한다.
- 어린이의 체중과 운동감각을 고려하여 샤프트 강도와 스윙웨이트를 결정한다.
- 그립은 손의 크기에 맞추고, 가벼운 헤드가 좋으며, 로프트 각은 큰 것이 좋다.
- 세트구성에 있어 롱 아이언은 빼는 것이 좋다.

초급자에게는 보통 골퍼의 신체적 조건, 운동감각, 골프에 대한 열정 등을 고려하여 피팅 제작 방향을 설정한다. 초급자의 경우에는 단조헤드보다 주조헤드가 바람직하다. 중·상급자는 이미 스윙 형태는 굳어졌다고 판단하고 골퍼의 신체적 조건보다는 스윙 형태와 취향, 선호도 등을 고려하여 제작방향을 설정한다. 주조보다는 정확성, 타구감과 스핀량이 뛰어난 단조헤드로 하는 것이 좋다. 프로선수들은 개인의 신체적 조건과 반응상태, 스윙형태, 운동감각등을 고려하여 제작하며, 프로선수들은 수시로 피팅을 실시하고 샤프트를 교환한다. 중상급자의 피팅시 고려해야 할 사항은 다음과 같다.

---

5 박영진, 전재홍, 「골프클럽제작과 피팅」, 대한미디어, 2009, 170면 이하 참조.

- 스윙웨이트와 전체무게는 선수의 감각에 의해 결정하는 것이 좋다.
- 샤프트 강도를 잘 고려해야 한다.
- 라이 각은 대단히 중요한 요소이다.
- 자신에게 맞는 로프트 각을 결정해야 한다.

(2) 피팅시장에서 적용되는 피팅 유형

피팅시장에서 적용되는 피팅 유형은 초보단계, 중간단계, 고급단계로 분류한다. 초보단계는 골퍼의 스윙 등을 분석하여 기성제품 중에서 가장 적합한 형태의 클럽을 선정해주는 단계이다. 중간단계는 골퍼개인이 자기의 스윙과 신체적 특성을 스스로 자가진단을 하여 헤드, 샤프트, 그립 등을 직접 선정하여 제작하는 단계를 말한다. 고급단계는 피팅 전문가가 골퍼의 신체적 특징과 스윙의 특성을 분석하여 클럽제작방향을 선정하고 제작해주는 최고 높은 단계의 피팅을 의미한다.

골프코스 및
경기방식

제3장

골프코스 및 경기방식

클럽하우스(club house)

I. 골프코스(golf course)

1. 골프코스(golf course)의 개념

홀(hole)

골프코스는 거리가 각기 다른 18홀의 집합체로서 골프 경기가 이루어지는 경기장을 말한다. 골프 코스는 보통 1번부터 18번까지 18 개 홀로 구성되어 있고, 27홀, 36

홀 또는 54홀 등 넓은 코스도 있다. 골프코스는 도심지 가까운 교외에 경관이 수려하고 아름다운 약 20~30만평의 광활한 지역에 위치하고 있으며, 18홀을 기준으로 자연지형과 조형공간 그리고 여러 가지 복합적 경기시설로 구성되어 있다. 18홀 전체 거리의 평균 합계는 약 6,000야드~7,500야드(1야드＝0.912미터) 정도로 구성되어 있다. 코스를 구성하는 18홀 중 1~9번 홀을 아웃코스(out course), 10~18번 홀까지를 인코스(in course)라고 한다. 이와 같은 구별은 클럽하우스를 나와 1번 홀에서 플레이를 시작한 후 9번 홀까지 플레이를 하고, 유턴하여 다시 10~18번 홀을 돌아 클럽하우스로 돌아가게 만든 스코틀랜드의 링크스 코스에서 시작된 것으로 현재 골프장에서 불리는 아웃코스, 인코스라는 용어는 이때부터 사용된 going out과 coming in에서 유래된 개념이다.

2. 홀(hole)의 구성

일반적으로 골프코스는 18개 홀로 구성되어 있으며, 티잉 구역에서 그린까지 거리상 차이를 기준으로 par3, par4, par5의 3개 형태로 구성되어 있다. 일반적으로 18홀 거리의 합계는 평균 6000야드~7500야드에 이른다. 각 홀의 거리는 티잉 구역에서 그린중심까지의 수평거리를 나타내는 것으로 티 마커나 홀 컵의 위치가 변해도 표시 자체는 변하지 않는다. 다만 그날 핀 위치에 따라 각 홀의 거리가 약간씩 달라질 수는 있다. 이와 같은 골프코스는 아래 표와 같이 남·녀로 구분해서 18홀로 구성되어 있다.

 홀의 구성

코스/성별	남자	여자
Par3홀	229m이하	192m이하
Par4홀	230~430m	193~366m
Par5홀	431m이상	367~526m

3. 홀(hole)의 구조

골프코스는 18홀로 구성되어 있고, 18홀은 par3, par4, par5로 되어 있다. 홀의 거리는 각각 차이가 있지만 한 홀의 구조는 거의 유사하다. 골프코스는 보통 par3홀 4개, par4홀 10개, par5홀 4개로 18홀로 이루어져 있다. 통상 par3홀은 1샷과 2퍼터, par4홀은 2샷 2퍼터, par5홀은 3샷과 2퍼터로 공략할 수 있도록 만들어져 있다. 각 홀은 티잉 구역(Teeing Ground), 일반 구역, 페널티 구역, OB(Out of Bounds)지역으로 구성되어 있다. 거의 모든 골프코스마다 페널티 구역(벙커나 해저드)이 만들어져 있는데 각 홀마다 몇 개가 있어야 한다고 정해진 규칙은 없다.

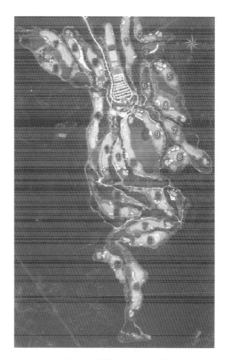

골프코스(Golf course)

(1) 티잉 구역(Teeing ground)

티잉 구역은 각 홀마다 제1타를 칠 수 있도록 티 마커를 양쪽에 꽂아 두어 티샷 하는 장소를 말한다. 티샷은 반드시 티 박스(Tee box)안에서 하여야 하며, 티 박스는 티잉 구역내의 2개의 티 마커를 연결한

티마커(tee marker)

티잉 구역(teeing ground)

선과 목표 반대 방향 쪽으로 두 클럽 이내의 직사각형 범위의 지역을 의미한다. 티박스 지역 안에서 티를 꽂는 위치선정은 자유롭게 할 수 있으며, 골퍼의 신체가 티

박스 바깥으로 나가도 규칙에 위배되지 않는다. 티잉 구역은 거리별로 챔피언(백) 티, 레귤러 티, 프론트 티, 레이디 티로 구분되며, 보통 챔피언 티(Champion tee)는 가장 뒤쪽에 위치한 티잉 구역으로 티 마커는 통상 파란색이다. 레귤러 티

티샷준비

(Regular tee)는 일반적으로 남자 아마추어들이 사용하는 곳으로 흰색이고, 프론트 티는 레귤러 티보다 앞쪽에 설치되어 있으며 시니어 골퍼나 여성들이 사용한다. 레이디 티는 여성전용으로 통상 붉은색 마커로 표시되고 우먼(woman) 티라고도 한다. 티잉 구역 주변에는 홀 전체의 모양을 나타낸 그림과 홀의 전체 길이, 그린 위의 홀 컵 위치를 표시한 표지판을 두어 플레이어가 티잉 구역에서 코스 공략을 할 수 있도록 도움을 준다.

(2) 일반 구역

1) 스루더그린(Through the green)

스루더그린은 현재 플레이하고 있는 홀의 티잉 구역(teeing ground), 해저드(hazard), 그린(green)을 제외한 코스내의 모든 지역을 말하며, 일반적으로 페어웨이, 러프, 숲, 17개 다른 홀의 티잉 구역과 그린 모두가 스루더그린이 된다.

2) 페어웨이(fairway)

페어웨이란 홀의 티잉 구역에서 골프 볼을 정상적으로 쳤을 때 낙하되는 넓은 지역으로 티잉 구역에서 그린까지의 잔디를 짧게 깎아 놓은 구역을 말한다. 보통 잔디의 길이를 17~23㎜로 잘 깎아 놓은 지역으로 잔디를 높게 깎아 놓은 러프지역과는 구별된다.

페어웨이(fairway)

(3) 페널티(penalty) 구역

페널티 구역은 조경 및 코스구성의 전략적 측면에서 골프 코스 내에 설치하는 장애물로 벙커와 워터 해저드(바다, 연못, 수로), 나무 등의 자연장애물을 말한다.

그린과 해저드(green and hazard)

1) 벙커(bunker)

벙커란 코스 내에 있는 인공 장애물로서 잔디나 흙이 아닌 직경 0.25mm~1.00mm 정도의 모래를 넣어둔 곳을 말한다. 벙커는 해저드로서의 역할만 하는 것이 아니라 홀의 액센트로서 길이, 위치, 넓이, 홀의 모양 등에 따라 생동감을

벙커(bunker)

부여하는 중요한 요소로 기능하고 있다. 때로는 위치에 따라 플레이어의 볼을 OB 등으로부터 구제해주는 역할을 하기도 한다. 벙커는 벙커재료에 따라 샌드 벙커(sand bunker)와 그래스 벙커(grass bunker)로 구분하고, 위치에 따라 페어웨이와 평행하게 좌우에 있는 사이드벙커, 페어웨이를 파고드는 중앙에 위치한 크로스벙커, 그린 주위에 위치한 가드벙커(그린 사이드 벙커)가 있다. 벙커 안이 풀로 덮여 있으면 벙커가 아니다. 볼의 일부가 벙커 안에 닿아 있는 경우 그 볼은 벙커 안에 있는 것으로 간주한다. 벙커의 한계는 아래쪽이며 위쪽은 해당되지 않는다.

2) 워터 해저드(water hazard)

홀을 따라 주위에 만들어진 연못 및 수로를 워터 해저드라 하는데 이 주위에는 빨간 말뚝이나 노란 말뚝을 꽂아 놓는다. 플레이어의 볼이 이곳으로 들어가면 골프 규칙에 따라 놓여 있는 대로 치거나 벌타를 받고 리플레이를 해야 한다.

워터 해저드(water hazard)

(4) 러프(rough)

러프는 골프코스의 페어웨이 양쪽 바깥부분으로 페어웨이, 해저드, 그린을 제외한 잔디나 나무가 무성한 부분을 말하며, A러프지역, B러프지역, C러프지역으로 구분된다. 미스샷을 유도하고, 공략을 어렵게 하는 목적 외에도 홀과 홀을 구분하기 위해서 설계되어 있는 지역이다.

러프(rough)

(5) 퍼팅그린(putting green)

그린은 각 홀마다 홀 컵과 깃대가 있는 곳으로 퍼팅을 하기 위해 잔디를 짧게 깎아 잘 정비해 둔 장소를 말한다. 볼의 일부가 퍼팅그린에 닿아 있다면 그 볼은 온그린 볼이 된다. 그린은 골프장에 따라 한 개의 홀에 그린이 한 개 있는 원(one) 그

퍼팅그린(putting green)

린 시스템과 두 개가 있는 투(two) 그린 시스템이 있다. 보통 골프경기에서는 한 개의 그린만을 사용한다. 이때 사용하지 않는 그린은 서브그린 또는 예비그린이라고 한다. 이렇게 한 코스 안에 두 개의 그린이 있는 것은 경기를 할 때마다 다른 그린을 사용하게 함으로써 보다 생동감 있는 경기를 할 수 있을 뿐만 아니라 그린을 보호하기 위한 차원에서도 필요하다고 할 수 있다.

(6) 홀(hole)

홀이란 각 코스의 플레이에 있어 최종적으로 볼을 넣는 그린 위의 구멍을 의미하며, 홀의 규격은 직경 4.25인치(108㎜), 깊이는 4인치(100㎜) 이상으로 규정되어 있다. 그린 위에서의 홀의 위치는 항상 고정된 것이 아니라 매일 매일 계속 변동한다. 또한 홀에는 멀리서도 이 홀을 식별할 수 있도록 약 2.4m 정도 크기의 깃발이 꽂혀 있으며, 과거에는 볼이 그린 위에 올라가면 반드시 깃발을 홀 컵에서 빼고 퍼팅을 하였으나 2019년 룰 개정으로 깃발을 빼고 스트로크하든 그대로 스트로크하든 플레이어의 의사에 따라 결정한다.

홀 컵(hole cup)

(7) 깃대(Flagstick)

그린 위 홀의 위치를 식별하기 위해 홀의 중심에 수직으로 세워놓은 표식이다. 깃발이 있고 없음은 상관이 없으며 길이에 관한 규정도 없다. 일반적으로 골프장에서는 깃대에 기를 달고 깃발의 색깔을 기준으로 홀의 위치를 구별하기도 한다.

깃대(flagstick)

(8) O.B(out of bounds)구역

아웃 오브 바운드(out of bounds)의 약칭으로 정해진 골프코스 이외의 경기가 허용되지 않은 지역을 말한다. OB의 경계는 통상 흰 말뚝이나 울타리, 또는 하얀 선으로 표시되어 있으며, 하얀 말뚝은 움직일 수 없는 고정물이다. 그러므로 볼이 OB

OB 표시목

말뚝 근처에 멈춰있어서 스탠스에 방해가 되더라도 OB말뚝을 뽑아서는 안 된다. 플레이한 골프 볼이 OB목을 연결한 선에 일부가 걸쳐 있으면 OB가 아니며, 볼 전체가 OB구역에 들어가 있을 때 OB의 볼이 된다. 이곳에 들어간 볼은 플레이할 수 없으며 1벌타를 부여받고 직전 위치로 돌아가서 다시 쳐야 한다.

그늘집

※ 그늘집

- 레이아웃(lay out) : 골프코스설계나 코스구조
- 레이 업(lay up) : 전략적 플레이를 하기 위해 코스공략에 따라
  끊어 가는 샷
- 티 업(tee up) : 볼을 티 위에 올려놓는 것
- 티 오프(tee off) : 티잉 구역에서 볼을 치고 나가는 것
- 라인(line) : 볼이 지나가는 길
- 라이(lie) : 볼이 놓여 있는 곳의 상태
- 브레이크(break) : 볼이 휘는 정도
- 에이프런(apron) : 그린주변을 의미, 프린지(fringe)라고도 함.
  그린 엣지는 공식적 용어 아님
- 테이크 어웨이(take away) : 백스윙을 시작하는 구간.
  테이크 백은 정확한 용어가 아님
- 라운드(round) : 골프장에서 플레이하는 것을 의미.
  라운딩은 공식적인 용어 아님

Ⅱ. 골프경기방식

1. 경기 스코어 계산방법

골프코스 18홀[1]을 구성하고 있는 각 홀마다 규정된 기준 타수를 파(par)라고 한다. 개인경기는 물론 단체 경기, 프로나 아마추어경기에서도 스코어 계산 방법은 동일하게 적용된다. 플레이어가 총 18홀 72타인 코스에서 플레이어가 각 홀마다 친 타수를 모두 합한 것이 본인의 스코어다. 총 타수계산 방법에는 언더(Under), 이븐(Even), 오버(Over)가 있는데, 정규 18홀 기준타수인 72타를 기준으로 언더파

---

1 18홀은 파3, 파4, 파5로 구성되어 있다.

는 기준타수보다 적게 쳤을 경우, 이븐파는 기준타수와 총합이 같은 경우, 오버파
는 기준타수인 72타보다 더 많이 친 경우를 말한다. 각 홀이 끝난 후 그 홀에서 친
타수를 합산하여 계산하는 스코어 방식은 아래와 같다.

(1) 타수계산방법

- 파(par) : 각 홀 기준타수로 홀 아웃을 한 경우.
  (파3홀에서 3번, 파4홀에서 4번, 파5홀에서 5번)
- 버디(birdie) : 각 홀 기준타수보다 1타 적게 홀 아웃했을 경우.
- 이글(eagle) : 기준타수보다 2타 적게 쳤을 경우.
- 알바트로스(albatross) : 기준타수보다 3타 적게 홀 아웃을 한 경우.
- 홀인원(hole in one) : 파3홀에서 한 번에 친 볼이 홀 컵에 들어간 경우.
  파4홀에서 한번에 넣었을 때는 '홀인원'이며 동시에 알바트로스라고 한다.
- 보기(bogey) : 기준타수보다 1타 많은 타수로 홀 아웃 했을 경우.
- 더블 보기(double bogey) : 기준타수보다 2타 많은 타수로 홀 아웃 했을
  경우.
- 트리플 보기(triple bogey) : 기준타수보다 3타 많은 타수로 홀 아웃 했을
  경우.
- 쿼드로플 보기(quadruple bogey) : 파5홀에서 기준타수인 5타보다 4타 많
  이 쳤을 경우. 5오버파는 퀸튜플 보기라고 한다.
- 더블 파(double par) : 기준타수보다 2배로 쳤을 경우. 예를 들어 파 3홀에
  서 6타, 파4홀에서 8타를 쳤을 때 사용. 일반 주말골퍼들은 양파라고 부르
  며, 공식용어는 아니다.

(2) 스코어카드 작성법

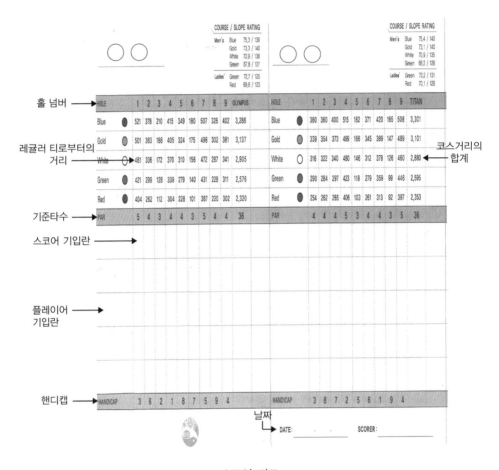

스코어 카드

2. 골프경기방식

골프 경기는 총 14개 이내의 골프클럽을 사용하여 티잉 구역에서 볼을 쳐서 그린 위의 홀 컵에 넣을 때까지 최소 타수로 승부를 결정하는 경기이다. 즉 티잉 구역에서 티샷을 한 후 그린 위의 홀 컵에 볼을 넣은 후에 다시 볼을 꺼냄으로써 한 홀의 플레이가 끝나게 되는 것이다. 골프코스는 18개 홀로 배치되어 있으며 par

3홀, par 4홀, par 5홀로 이루어져 있다. 참가하는 인원수는 1조에 4명 이내로 구성된다. 골프 경기방식에는 플레이어들의 재미와 흥미를 유발시키기 위해 스트로크 플레이(stroke play), 매치 플레이(match play), 스킨스 게임(skins game), 포섬(four somes), 포볼(four ball), 스테이블 포드(stable ford), 어게인스트 파(against par), 스크램블(scramble) 등 다양한 경기 방식이 있다.

(1) 스트로크 플레이(stroke play)

스트로크 플레이는 가장 일반적인 경기방식으로 각 홀에서 실제로 친 타수를 합한 전체 스코어가 가장 적은 플레이어가 승리하는 경기방식이다. 이 경기방식은 여러 사람을 동시에 상대하며 경기할 수 있는 장점이 있다. 공식 아마추어경기나 프로경기의 토너먼트 대부분이 스트로크 플레이로 진행된다.

(2) 매치 플레이(match play)

매치 플레이는 각 홀마다 승부를 결정하는 방식으로 18홀의 경기가 모두 끝났을 때 승리한 홀의 수가 많은 플레이어가 승자가 되는 것이다. 따라서 이 경기방식은 각 홀마다 이기고(up), 지고(down), 비기는(even) 승부가 계속 결정된다. 승리한 홀과 패한 홀이 동수인 경우를 올 스퀘어(all square)라고 한다. 동시에 많은 사람들이 경쟁할 수 없는 단점이 있어 국가 대항전이나 클럽 챔피언을 선발할 경우에 제한적으로 활용하고 있다.

(3) 스킨스 게임(skins game)

매치 플레이의 일종으로 각 홀마다 상금을 걸어놓고 홀마다 승부를 가리는 경기이다. 즉 각 홀에서 가장 잘 친 한 사람만이 상금을 획득할 수 있는 게임이다. 그러나 승부가 나지 않는 경우에는 그 홀의 상금은 다음 홀로 넘어가게 되며 다음 홀에서 이긴 사람이 상금을 가져가게 된다. 이 게임 방식은 인디언들이 사냥한 동물의 가죽을 걸고 게임을 한 것에서 유래되어 붙은 이름이라고 한다.

(4) 포섬(four somes)

포섬(four somes)이란 2인 1조로 2팀이 벌이는 매치게임으로 각 편이 1개의 볼을 서로 번갈아가며 쳐서 승패를 겨루는 경기방식이다. 각 조 2명씩 3팀이 경기하는 쓰리 섬 경기도 가능하다.

(5) 포볼(four ball)

2인 1조로 2팀이 벌이는 매치게임형식으로 각 자가 자기의 볼을 가지고 플레이하며, 그 중 가장 좋은 타수를 자기 팀의 스코어로 정하여 승패를 가리는 경기방법이다.

(6) 스테이블 포드(stable ford)

어게인스트 파와 거의 비슷한 경기 방식이며 더블보기 이하 −3, 보기를 −1, 파를 0, 버디를 2, 이글, 홀인원 5, 알바트로스를 8점으로 계산하여 종합점수를 가지고 승패를 결정짓는 방법으로 획득 점수가 많은 사람이나 팀이 이기는 경기방법이다.

(7) 어게인스트 파(against par)

각 홀의 파에 도전하는 방식으로 형식은 매치 플레이의 일종이다. 파를 0으로 하고 보기는 -1, 더블보기는 −2처럼 오버파를 마이너스로 계산하고, 반대로 버디를 +1, 이글은 +2와 같이 파보다 적은 타수는 플러스로 나타내어 경기 종료 후 각 홀의 플러스와 마이너스를 총 집계하여 플러스가 많은 골퍼가 승자가 되는 방식을 말한다.

(8) 스크램블(scramble)

2인 1조로 2팀을 구성하여 각자 자기 볼로 티샷을 한 다음 팀별로 두 사람이 판단하기에 더 좋은 위치에 있는 공을 선택하여 두 사람 모두 그 자리에서 샷을 하는 방식이다. 세 컨 샷, 퍼팅도 마찬가지이다. 스코어가 매우 좋은 편으로 주로 친선경기에서 이 방법을 사용한다.

(9) 샷 건(shot gun) 방식

18홀에 각각 1조씩 대기시킨 후 동시에 플레이하는 방식으로 보통 악천후 또는 시간단축을 위해 많은 팀이 동시다발로 진행할 때 사용하는 방식이다.

(10) 베스트 볼 방식

1인이 다른 2인 또는 3인과 대항하여 벌이는 매치게임으로 각자 자기 볼을 가지고 하는 경기이다. 포볼과 비슷한 방식이나 1 : 다수로 팀을 구성하여 경기하는 것이 다른 점이다.

3. 핸디캡(handicap)

(1) 개념

골퍼의 평균스코어 수준을 나타내는 지표로 한 라운드를 할 때 예상되는 스코어를 말한다. 즉 골퍼들의 기량수준을 평가하는 라운드스코어에 관한 매뉴얼을 제공한다. 예를 들어 핸디캡이 8인 골퍼는 파 72코스에서 평균 80타를 친다는 의미이다. 핸디캡 0인 72타의 골퍼는 스크래치플레이어(scrach player)라고 하고, 10타 이내의 플레이어를 로우 핸디 캐퍼라고 한다. 일반적으로 싱글 플레이어라 함은 한 자리 수의 핸디캡을 가진 골퍼를 말한다. 핸디캡을 감안하지 않은 스코어를 그로스(gross)스코어, 그로스(gross)스코어에서 핸디캡을 뺀 것을 넷(net)스코어라고 한다.

(2) 핸디캡 산정방법

영국왕립골프협회(R&A)와 미국골프협회(USGA)가 주도하여 만든 공식핸디캡 방식으로 코스난이도(course rating)와 슬로프난이도(slope rating)를 적용하여 산출하는 방식이다. 이와 같은 공식적인 산정방식은 아마추어골퍼들에 적용하는 데는 번거롭고 어렵다. 따라서 아마추어골퍼들이 적용하는 간단한 방식은 최근 10라운드 중 상위 4라운드 스코어(또는 15라운드 중 6라운드 스코어)를 평균하여 산출한 스코어를 보통 핸디캡으로 산정한다.

(3) 약식 핸디캡 산정방법

1) 페리오방식

파의 합계가 24가 되도록 6홀의 숨긴 홀을 선택하여 경기 종료 후 그 6홀에 해당하는 스코어를 합하여 3배를 곱한 값에 그 코스에서의 파(72)를 뺀 80%를 핸디캡으로 한다.

> 예) 6홀의 합계가 32일 경우
>
> $(32 \times 3 - 72) \times 0.8 = 19.2$(핸디캡)

2) 신페리오방식

신페리오 방식은 당일 스코어로 핸디캡을 산출하여 이를 통해 최종스코어를 계산하는 방식이다. 초보자나 핸디캡이 명확하지 않은 골퍼들이 경기에 참여하여 순위를 결정할 때 주로 사용하는 방식으로 아마추어 경기에서 흔하게 사용한다.

산정방식은 임의로 12홀을 지정하고 12개 홀은 전,후반 각각 파4홀 4개, 파5홀 1개 파3홀 1개를 지정하여 12홀의 전체 스코어 합계를 48타로 한다. 12홀에 해당하는 스코어의 합계를 1.5배로 하고 거기에서 코스의 파(72)를 뺀 뒤 80%를 한 것이 그날의 핸디캡이다.

> 예) 12홀의 전체스코어 합계가 60일 경우
>
> $(60 \times 1.5 - 72) \times 0.8 = 14.4$(핸디캡)

4. 골프스코어에 영향을 주는 요인

골프는 숫자게임이다. 그러므로 누구나 스코어를 줄이고 싶은 욕망을 가지고 있다. 모든 스포츠에는 기본기가 있듯이 골프 역시 스코어를 줄이기 위해서는 스윙의 기본기술에 충실히 하여야 한다. 골프에서 실수를 하는 대부분 요인은 스윙의 기본자세에서부터 시작된다. 이밖에도 골프스코어를 줄일 수 있는 내용으로 골퍼의 신체적 조건, 기술적 능력, 심리적 요인에 대해 알아보면 다음과 같다.

(1) 신체적 요인

- 단단하고 건강한 체력, 악력, 근력, 근지구력, 유연성, 민첩성
- 하체 조인트를 고정하고 척추의 균형을 유지해야 상체가 안정된다.

- 상체 : 하체의 근육을 4 : 6의 비율로 강화.

(2) 기술적 요인

- 워밍업(warming up)을 충분히 해라.
- 목표를 가지고 연습하고, 기본스윙을 철저하게 해라.
- 스윙은 자연스럽고 간결하게 하는 것이 좋다.
- 자신만의 스윙을 존중하고 신뢰하라.
- 스윙의 모멘텀은 헤드, 양팔, 어깨의 추진력이다.
- 머리를 잡아라, 그러면 파워회전과 방향성까지 보장된다.
- 균형을 유지하라.
- 관절은 긴장감 있게 쪼여라.
- 몸이 기억하도록 시스템을 만들어라.
- 롱 게임은 하나의 스윙으로 완성시켜라.
- 숏 게임은 스윙크기에 따라 몇 개(3개 정도)로 패턴화시켜 놓아라.
- 퍼팅이든 어프로치든 주특기 하나를 만들어라. 승부는 퍼팅이다.
- 어프로치(approach)는 시간이나 경비가 절약되고, 단기간 동안에 쉽게 습득할 수 있다.
- 피니시를 즐겨라.

(3) 심리적 요인

골프는 순리에 역행해서는 좋은 스코어가 나오지 않는다. 자신의 샷에 순응을 해야 한다. 골퍼가 아무리 좋은 신체조건과 기술적 능력을 겸비해도 심리적으로 흔들리면 안정적 스윙이 이루어지지 않는다. 즉 골퍼의 감정과 사고의 변화는 신체근육의 경직을 유발하며, 주의의 분산을 가져와 경기력을 떨어뜨린다. 즉 내·외적 환경에 대한 사고와 감정조절능력이 경기수행능력을 좌우하는 것이다. 따라서 골프경기는 잘 할 수 있다는 자신감과 긍정적인 생각, 그리고 마음의 여유를 갖고 하여야 한다. 또한 상대방을 지나치게 의식하지 않고, 잘못된 샷은 빨리 잊으며, 타구 하나하나에 집중할 수 있는 강인한 정신력을 길러야 한다.

메이저대회

남자(PGA) : U.S open, Masters(마스터스), The open 챔피언십(전영오픈), PGA 챔피언십
여자(LPGA) : U.S 여자오픈(us.women's open), KPMG 위민스 PGA 챔피언십, AIG 여자 오픈(AIG Women's open), 셰브런 챔피언십(구 ANA 인스퍼레이션), 에비앙 챔피언십(Evian championship)

Ⅲ. 골프코스 공략방법

골퍼가 아무리 좋은 스윙을 가지고 있어도 코스를 잘 모르면 좋은 스코어를 낼 수가 없다. 일반적으로 골프코스는 쉬운 코스와 어려운 코스로 만들어져 있다. 코스의 거리가 짧으면 장애물이 많아서 스코어를 내기 힘들고, 반면 거리가 멀면 그리 어렵지 않게 구성되어 있다. 골프코스의 설계의 의도를 알면 코스를 이해하게 되며 골프가 한층 재미있게 된다. 또한 스코어카드에는 각 홀마다 핸디캡 순서가 표시되어 있다.

1. 기본 전략

골프코스는 보통 페어웨이 좌우에 수목이 위치한 임간코스, 페어웨이의 경사와 기복이 심한 구릉코스, 페어웨이가 평탄한 하상코스 3가지의 유형이 있다. 골프코스를 공략하기 위해서는 코스를 사전 답사하여 거리, 지형, 잔디 상태, 그린상태를 점검·분석하고 유형에 따라 공략방법을 찾는 것이 좋다. 기본적으로 홀을 공략할 때 항상 최상의 샷을 생각하지 말고, 최악의 상황을 피할 수 있도록 전략을 세워야 한다. 골프를 잘 치는 것도 좋지만 실수를 최대한 줄이는 것은 더욱 더 중요하다. 스윙은 항상 긍정적인 생각과 루틴화된 동작에 따라 수행되는 것이 좋고, 여유 있는 클럽선택, 무리한 스윙을 하지 않는 것이 좋다. 한편 평소의 연습과 실제 라운딩에서 자신의 경기 내용을 정확하게 기록하고, 분석하여 그 결과에 따라 구체적인 방법을 찾는 것도 방법이다. 골프코스 가운데 par5 홀, 도그렉(dogleg) 홀, 블

라인드(Blind) 홀 등에서 어떠한 샷을 어떻게 시도할 것인지를 스스로 명확하고, 단호하게 결정해 놓는 것이 좋다. 동절기의 경우 페어웨이는 대부분 잔디가 말라 있으며, 잔디 밑에는 대부분 얼어 있어 라이상태가 좋지 않으므로 풀 스윙(full swing)은 가급적 피하고 70%의 힘으로 헤드중량과 원심력을 이용한 펀치 샷을 구사하는 것이 좋다. 동절기 어프로치는 볼을 굴리는 러닝 어프로치가 좋다.

2. 기술적 전략

(1) 티샷(tee shot)

티잉 구역에서 티샷 전에는 충분한 준비운동으로 근육을 이완하여 주고, 티박스 전체를 활용하는 것이 좋다. 티 박스에 올라간 후에는 반드시 티 마커의 방향, 티잉 구역의 경사도를 면밀하게 파악한 후 자신의 비거리에 따라 정확한 착지지점을 선택하여 드라이버 또는 우드를 결정한다. 티를 꽂을 때에는 알맞은 높이로 꽂고, 목표지점과 연결된 일직선상에 가상의 목표지점을 티 앞에 설정하여 티업을 하는 것이 좋은 방법이다. 오르막 티샷에서는 티를 약간 높게 꽂아 높은 탄도로 치는 것이 좋고, 내리막 티샷에서는 낮게 꽂아 낮은 탄도로 치는 것이 좋다. 티샷을 할 때는 자신의 구질을 고려하고, 페어웨이의 형태를 감안하여 페어웨이를 넓게 활용한다. 즉 왼쪽에 OB나 해저드가 있고 자신의 샷이 약간 슬라이스가 나면 티잉 그라운드 왼쪽에서 티샷을 하는 것이다. 중요한 것은 티샷 할 때는 자신의 샷을 신뢰하고 주저함 없이 자신 있게 스윙을 해야 한다는 것이다.

(2) 도그렉 홀(dogleg hole)

도그렉 홀은 중간에 휘어지는 위치와 자신의 비거리를 명확하게 파악하여 공략한다. 도그렉 홀에서 샷이 자신 있을 때는 최단거리로 숲이나 러프를 가로질러 공격할 수도 있으나, 가급적 짧은 클럽을 선택해서 위험을 피하고 안전한 지역으로 샷을 하는 방법도 좋은 전략이다.

(3) 그린공략방법

그린을 공략할 때에는 그린 위의 깃발위치에 따라 무리하게 홀을 공격하지 말고 그린 중앙을 목표지점으로 해서 공략한다. 위험부담을 최소화시키기 때문이다. 또한 그린 주변의 공간 구조 상태, 전후, 좌우의 여유 공간, 그린전체의 경사도, 해저드의 위치와 유형, 바람, 양지, 음지 등을 고려하여 공략하는 것이 바람직하다.

(4) 기타

맞바람이나 경사지 등 트러블 상황에서는 보다 긴 클럽으로 간결하고 부드러운 스윙을 한다. 러프나 어려운 벙커에서는 온 그린보다는 우선적으로 "탈출"을 목적으로 레이 업을 하는 것이 좋다.

3. 심리적 전략

골프는 정신력, 집중력, 침착성의 경기이며 보통 70~90%가 정신적 능력에 달려 있다고 해도 과언이 아니다. 특히 초보자일수록 미스 샷에 연연하고, 불안감으로 인해 다음 샷을 망치는 경우가 흔하다. 골프 경기는 동반자인 상대방과의 경쟁이면서 곧 자신과의 경쟁이므로 무엇보다도 심리적 안정과 자신감, 그리고 타구 하나하나에 정신을 모을 수 있는 집중력이 요구된다. 그러므로 샷을 하기 전에는 반드시 잘 칠 수 있다는 긍정적 생각과 자신감, 위기 상황에서는 당황하지 않고 심호흡 하면서 안정을 취할 수 있는 마음의 여유가 필요하다.

Ⅳ. 골프경기분석

대부분의 스포츠 경기에서는 최근 확률의 개념을 도입하여 경기에 대한 전반적인 분석이 과학적으로 이루어지고 있다. 이러한 학문 분야를 경기 분석학(game statistics)이라고 하며 스포츠의 새로운 연구 및 개척분야로 발전하고 있다. 경기분석의 중요성은 개인의 주관적인 경험과 판단보다는 실증적인 객관적 자료에 근거하여 보다 가치 있는 정보와 자료를 찾을 수 있기 때문이다. 예를 들어 농구경기에서 3점 숏의 빈도나 성공률 등을 과학적 통계기법을 활용하여 분석하는 것처럼 골프경기에서도 자신의 경기를 체계적으로 분석하여 보다 과학적인 골프를 즐길 수 있는 것이다. 특히 요즈음은 다양한 정보나 골프기술 등 방대한 자료가 인터넷에 저장되어 있어 이를 통해 경기분석이 매우 용이해졌다.

골프경기에서 경기분석의 주요 내용은 클럽별 샷의 유형, 비거리, 정확성 등이 될 것이다. 예를 들어 드라이버의 경우 구질은 훅 형인가, 페이드 형인가? 페어웨이 안착률, 토핑 샷이나 뒤땅 샷 등 미스 샷이나 OB, 해저드에 빠지는 확률은 어느 정도인가? 드라이버의 샷의 캐리나 러닝의 거리는 얼마인가? 똑 같은 방식으로 우드나 아이언샷도 모두 분석할 수 있다. 어프로치의 경우에도 동일한 거리에서도 다양한 샷을 구사할 수 있기 때문에 볼이 놓인 형태, 어프로치 유형별 샷의 성공률, 스윙크기에 의한 거리분석 등이 가능하고, 벙커 샷의 경우에도 벙커의 형태나 모래의 종류에 따른 클럽별 거리, 클럽별 온 그린의 성공률, 클럽페이스의 오픈정도에 따른 비거리 등을 분석할 수 있다. 퍼팅의 경우에는 잔디의 종류, 길이, 오르막, 내리막의 경우, 사이드라인의 경우, 평지에서의 거리별 성공률, 라운드시간이나 계절, 골프장별, 홀별 성공률 등도 분석이 가능하다. 또한 자신의 경기리듬이나 퍼팅방식, 특성의 분석도 가능하다. 분석한 경기의 결과를 토대로 자신에게 적절한 훈련계획 목표와 방향을 설정하고 실제라운드에서 활용할 수 있는 기본 자료로 활용한다. 경기분석을 통해 도출된 자신의 단점과 부족한 점은 골프 전문가나 지도자를 통해 수정해 가면서, 필요하면 클럽피팅을 하는 것도 좋은 방법이다. 이러한 경기분석은 곧 자신의 골프실력을 객관적으로 평가하면서 실력향상을 위한 유용한 방법이 될 것이다.

골프스윙의 원리

제4장
골프스윙의 원리

Ⅰ. 골프스윙(Golf swing)

골퍼들은 누구나 자신만의 스윙 스타일을 가지고 있고 더 나아질 것이라는 희망과 파워 넘치는 멋진 스윙을 기대하며 연습을 한다. 누구에게나 완벽하게 적용되는 스윙은 없다. 스윙은 골퍼 자신에게 맞는 스윙을 최적화시키기 위해 끊임없이 노력하는 과정인 것이다.

1. 골프스윙의 본질

스윙은 우리말로 휘두르는 것을 의미하며, 사전적 의미로는 '앞뒤로 움직이는 규칙적인 동작'으로 표현되어 있다. 스윙은 척추를 축으로 손목과 팔, 어깨, 몸통을 좌우로 회전하는 운동으로 클럽이 움직이기 전의 동작과 움직임이 끝날 때까지의 동작을 모두 포함하는 개념이다. 우리는 야구투수의 던지기 동작, 농구에서 슛 하는 동작, 배구에서 스파이크 하는 동작, 축구에서 킥을 하는 동작 등 아주 자연스럽게 하나의 동작으로 이루어지는 것을 볼 수 있다. 이러한 동작은 관련된 인체의 분절기관들이 순차적으로 움직이지 않으면 안 되게 되어 있다. 우리 인체는 관절을 축으로, 뼈를 지렛대로 하는 역학시스템으로 조직되어 있으며, 이와 같은 역학시스템에 의한 근육의 활동으로 힘을 공급받아 인체동작이 이루어지는 것이다. 즉 인체분절의 움직임이 독립적인 경우는 거의 없고 각각의 분절과 협동을 통한 시스템에 의해 이루어지고 있다. 즉 골프스윙은 척추를 축으로 상체의 회전을 통해 이루어지는 운동이고, 지면반력과 다리, 엉덩이에서 생성되는 에너지를 손과 팔에 전달시켜 만들어지는 시스템운동인 것이다. 이처럼 골프스윙은 상체, 하체의 협응시스템으로 상·하체 분리된 동작으로 이원화시켜 연습하면서 동시에 하나의 일원화된 동작으로 만들어 가는 기본적인 과정이다. 따라서 스윙의 목적은 일관성있는 정확한 스윙 시스템을 형성하고, 리듬감 있게 휘둘러서 볼을 클럽헤드의 스위트 스팟(sweet spot)에 맞추는 과정을 말한다.

2. 골프스윙에 작용하는 역학

(1) 지면반력(ground reaction force)

뉴턴의 제3운동법칙인 작용·반작용의 법칙(law of action and reaction)에 의하면 인체가 외부물체에 힘을 가하게 되면 이 물체는 크기가 같고 방향이 반대인 힘을 인체에 가하게 되는데 이를 반작용력이라고 한다. 이때 외부물체가 지구인 경우를 지면반력이라고 한다.[1] 이처럼 반작용력(reaction force)은 외부적인 힘으로 인체를 움직이고 이동시키며, 지면반력이 없는 경우에는 무게중심의 이동이 전혀 발생하지 않는다. 우리가 걷기나 달리기를 할 경우 또는 높이뛰기 선수의 점프동작 등은 지면반력을 얻어 인체의 무게중심을 이동시켜 앞으로 전진하는 것이다. 인체에는 항상 중력이 작용하기 때문에 대부분의 운동은 지면을 지지한 상태에서 지면과의 상호작용에 의해 가능하다. 즉 인체의 중력이 지면에 작용하게 되면 이에 대한 반작용력인 지면반력이 생기게 되고, 이러한 힘들에 의해 운동이 수행되는 것이다.[2] 골프에서 지면반력을 얻는 방법은 무릎을 구부린 상태에서 백스윙을 하면 오른발이 지면을 누르면서 지면반력을 얻을 수 있다. 다운스윙시에도 백스윙 축으로부터 다운스윙의 축인 왼발로 무게중심을 이동시키기 위하여 지면반력이 필요하며, 이때에는 백스윙 때보다 더 큰 힘이 필요하므로 왼발이 지면을 누르는 지면반력을 증가시켜야 한다. 특히 벙커 샷을 할 때 양쪽 발을 묻지 않고 샷을 할 경우에는 모래를 누르는 힘이 약해져 지면반력이 감소한다. 따라서 벙커에서는 모래에 발을 깊

---

1 김성수, 골프스윙의 원리, 전원문화사, 2006. 67면 이하 참조.
2 정철수·신인식, 운동역학총론, 대한미디어, 2009. 202면 참조.

게 묻어 안정을 취해 주어야만 충분한 지면반력을 얻을 수 있고 자기가 원하는 스윙을 할 수 있다. 지면반력은 골프스윙시 인체를 자연스럽고 부드럽게 움직일 수 있도록 만들어주는 가장 기본적인 원리라고 말할 수 있다.

(2) 원심력과 구심력

원심력은 원을 그리며 회전하는 물체가 중심에서 떠나려고 하는 힘이다. 물체의 속도가 빠르면 빠를수록 원심력은 더욱 강해진다. 골프의 경우 원심력은 클럽헤드가 스윙궤도를 이탈하려는 힘으로서 클럽샤프트를 통해 양 손에 작용한다. 반면 구심력(centripetal force)은 중심방향으로 작용하는 힘으로 원심력에 저항하는 힘이다. 골프스윙에서 구심력은 원심력에 대항하여 클럽헤드를 스윙축인 인체의 중심으로 끌어당겨 클럽헤드를 가속시키며 회전운동을 유지하도록 하는 기능을 한다. 이처럼 골프스윙은 클럽헤드의 회전에 따른 원심력에 대항하여 구심력이 발휘되며, 원심력과 구심력은 작용과 반작용의 조화를 통하여 인체의 균형을 유지하고 클럽헤드를 가속시키는 힘으로 작용하는 것이다.[3] 우리가 골프스윙을 하는 데 있어서 반드시 극복해야 할 힘 중에 하나가 원심력이다.

(3) 마찰력

어떤 한 물체가 다른 물체와 접촉한 상태에서 운동이 되는 것을 마찰이라 하고, 마찰력이란 마찰에 의하여 두 물체 사이에서 작용하는 힘을 말한다. 마찰력은 추진력의 반대방향으로 작용하는 저항력으로 운동을 방해하거나 저지하는 힘이다.[4] 그러므로 마찰력이 0이라고 하는 것은 물체가 접촉하고 있을 뿐 어떤 운동도 일어나지 않는 상태를 의미하는 것이다. 스포츠의 경우 마찰력이 클 때가 유리할 때도 있지만 마찰력이 적어야만 유리할 때도 있다. 축구, 골프의 경우나 그리고 농구에서 드라이브 슛을 할 때처럼 방향을 빠르게 변화시키거나 속도를 증가하고자 할 때는 마찰력을 크게 하는 것이 유리하고, 스키나 스케이트의 경우는 활주속도가 감소하면 불리하기 때문에 마찰력이 작아야만 유리한 경우도 있다. 골프의 경우 마찰력을 크게 하기 위하여 골프화의 바닥을 특수한 소재로 제작하며, 볼이 지면에 착지

---

3 김성수, 앞의 책, 78면 참조.
4 박성순 외, 운동역학, 대경북스, 2010. 203면 참조.

한 후 발생하는 백스핀 역시도 클럽 페이스와의 마찰력에 의해 발생하는 현상이다.

(4) 어깨회전과 비거리

일반적으로 어깨 회전을 크게 하면 비거리를 증가시킬 수 있다는 생각에 대부분의 골퍼들이 어깨의 회전에 큰 관심을 가지고 있다. 골프스윙은 인체분절에 의한 일련의 순차적인 움직임에 의해서 수행되는데 어깨회전은 골프스윙에 있어서 중간 단계에 해당한다. 골프에 있어 비거리의 제1조건은 헤드스피드이다. 클럽헤드의 속도를 높이려면 몸통의 꼬임이 극대화되어야 한다. 파워는 팔의 힘으로만 나오는 것이 아니라 기본적으로 몸통의 꼬임에서 비롯된다. 어깨회전과 비거리와 관련해서 미국의 골프교습가 짐매클린의 X-factor 스윙이론이 있다. X-factor 이론이란[5] 스윙에 있어 하체의 회전각과 어깨 회전각의 차이를 말한다. 그는 미국투어프로선수들을 대상으로 X-factor를 조사한 결과 '골프스윙에 있어서 헤드스피드와 파워는 어깨와 히프가 회전하는 각도의 차이가 크면 클수록 증가하고, 비거리도 늘어난다는 사실'을 발견하였다. 즉 어깨와 하체의 회전비율에 의해 다양한 조합이 형성되고, 장타자의 경우 하체보다 어깨의 회전비율이 크다는 사실이다. 얼마나 많이 회전하는가보다 어떻게 회전하느냐 하는 것이 더욱 중요하다는 사실도 나타났다. 또한 물리적으로 어깨회전을 많이 한다고 해서 반드시 비거리가 늘어나는 것은 아니며, 파워의 비결은 결국 스윙동작이 얼마나 정확하게 인체분절의 순차적 움직임에 따라 이루어지느냐에 달려 있다는 것이다. 따라서 백스윙시 어깨를 충분히 회전시켜주면 상, 하체 근육이 꼬여 다운스윙 때 강력한 힘을 만들어 줄 수 있을 뿐만 아니라 헤드스피드를 증가시켜 최대 비거리를 만들어 내는 데 매우 효과적이라는 사실이다.

---

5 김성수, 앞의 책, 158면 참조.

(5) 균형(balance)

균형(balance)은 특정동작을 수행하는 데 있어서 인체의 평형상태를 조절하는 과정으로 일정한 시간 동안 인체의 움직임을 제어하는 것을 말한다.6 인체의 밸런스기능은 운동역학적으로 작용과 반작용의 형태로 나타나는 경우가 많고, 골프에서는 주로 어드레스자세나 스윙동작의 경우에서 볼 수 있다. 골프에서 발생하는 균형문제는 제일 먼저 어드레스(address)자세를 취할 때 머리, 팔, 손 및 클럽 등 상체가 몸 앞으로 나오고, 몸 전체의 균형을 유지하기 위해 엉덩이가 몸의 뒤쪽으로 빠지는 경우 나타난다. 이러한 전·후 밸런스 기능에 의해 어드레스시 무릎의 굽힘, 척추의 각도 등이 의식적 노력 없이도 자연스럽게 이루어지는 것이다. 그 다음 나타나는 균형문제는 백스윙을 할 경우 왼쪽어깨가 오른쪽으로 회전함에 따라 하체는 상체의 움직임에 저항하면서 반대방향으로 움직이고, 동시에 오른쪽 다리 안쪽에 힘이 축적된다. 반대로 다운스윙의 경우에는 상체가 왼쪽목표방향으로 회전함에 따라 하체는 반대방향으로 저항하면서 왼쪽다리가 축을 형성하여 균형을 잡게 되는 것이다. 스윙동작에서 균형이 잘 이루어지면 몸이 균형을 잃거나 좌우로 움직이는 슬라이딩(sliding), 스웨이(sway)현상은 발생할 여지가 없다. 따라서 스윙에 있어 불필요한 동작, 부자연스러운 동작은 밸런스상실에 따른 반작용 현상이며, 자연스럽고 균형 잡힌 스윙은 인체분절의 협응시스템에 의한 밸런스가 최적화되어 움직이는 것으로 귀착된다고 볼 수 있다.

(6) 왼팔과 오른팔의 기능

골프스윙은 특별한 사정이 없는 한 양팔로 하며, 각자 고유의 기능을 수행하면서 전체 스윙 완성에 협력을 한다. 골프는 오른손잡이의 경우 어드레스(address)자세를 취한 후 몸의 왼쪽방향에 위치한 목표방향으로 볼을 보내는 경기이다. 우리는 이러한 상황에서 스윙을 해보면 비교적 왼팔이 오른팔보다는 운동량이 크고, 동작이 자연스럽게 연결되는 것을 알 수 있다. 골프스윙은 목표방향과 인체구조의 특수성으로 말미암아 왼팔이 주도할 수밖에 없고, 왼팔의 움직임에 따라 각종 스윙오류를 예방하며 올바른 스윙 리듬, 플레인, 타이밍을 형성할 뿐 아니라 강한 임팩트

---

6 김성수, 앞의 책, 105면 참조.

를 유도할 수가 있다. 한편 오른손은 왼손에 비해 비교적 강력한 파워, 뛰어난 감각과 운동능력이 발달되어 있기 때문에 틈만 나면 항상 스윙에 개입하려는 경향이 있다. 오른팔은 백스윙 때 왼팔이 정상적으로 스윙궤도를 유지할 수 있도록 받침대 기능을 하고, 다운스윙 할 때는 클럽에 힘을 실어 뻗어주는 역할을 한다.7 그러므로 좋은 스윙의 기본은 왼팔을 주도적으로 사용하고, 다운스윙시 오른팔을 보완적으로 사용하는 것이 효과적인 스윙은 물론 강력한 파워스윙에 부합된다고 할 수 있다.

(7) 코킹(cocking)

골프스윙에서 파워의 원천은 코킹이다. 코킹이란 테이크 백을 할 때 손목을 꺾는 동작으로서 지렛대 기능을 말한다. 즉 코킹은 팔과 손으로 잡은 클럽과의 관계인 것이다. 우리는 배드민턴에서 손목을 꺾는 동작, 배구에서의 스파이크 동작, 낚시의 던지기 동작, 그리고 망치질을 할 때 손목을 꺾어서 벽에 있는 못을 때리는 동작을 실행해 보면 손목을 꺾지 않았을 때와 힘의 전달이라는 측면에서 큰 차이가 있음을 알게 될 것이다. 이와 같은 원리에 따라 코킹은 백스윙 탑에서 다운스윙 할 때 헤드스피드를 증가시켜 강한 힘을 전달하고 비거리를 확보하는 가장 중요한 요소로 작용하고 있다. 코킹을 하지 않는 스윙은 볼을 목표지점에 정확하게 보내는데는 유리할 수 있지만 멀리 보낼 수는 없다. 골프스윙은 우리 몸을 구성하는 각 신체근육, 뼈, 관절의 움직임이 철저하게 인과 관계로 연결되어 있다. 그러므로 신체의 각 요소가 협응시스템에 의해 최대한 활용되었을 때 역학적으로 큰 힘을 발휘할 수 있게 되는 것이다. 따라서 볼을 멀리 보내기 위해서는 코킹동작을 통해 더 큰 원심력을 만들어 클럽헤드의 스피드를 증가시키면 된다. 즉 각속도를 증가시키는 방법이다. 각속도란 축을 중심으로 회전하는 물체는 각속도를 갖게 되는데 각속도는 축을 중심으로 한 각도의 변화를 시간으로 나눈 값이다. 즉 단위 시간당 60도를 회전한 경우와 120도를 회전한 경우에 120도를 회전한 경우가 속도는 2배가 빠른 것이다.8 그러면 코킹은 언제 시작되고 언제 완성되느냐 하는 것은 매우 중요한

---

7 김성수, 앞의 책, 170면 참조.
8 김성수, 앞의 책, 54면 참조.

문제이다. 골퍼마다 코킹시점이 조금씩 차이가 있고 견해도 분분하지만 코킹은 테이크 백을 시작하는 순간 클럽헤드부터 모멘텀에 따라 조금씩 시작되며 왼팔과 지면이 평행을 이루었을 때 샤프트와 왼팔이 90도의 각도를 형성하면서 완성되는 것이 좋다. 스윙에서 코킹을 하는 경우의 헤드스피드는 코킹을 하지 않은 경우의 헤드스피드에 비해 1.8배 정도가 된다고 한다. 따라서 골프스윙에서는 코킹이 정확하게 이루어진 후 다운스윙의 일정시점까지 지속적으로 유지되어야 강력한 헤드스피드를 낼 수 있다. 그러므로 다운스윙시 코킹의 풀림현상인 캐스팅을 하게 되면 그만큼 헤드스피드가 줄어들고 볼은 높이 뜨며, 비거리 손실도 발생한다. 일반적으로 초급자와 상급자의 가장 큰 차이 중 하나를 코킹동작에서 찾아 볼 수 있다.

3. 스윙패쓰(swing path)

다운스윙을 할 경우 클럽헤드가 최저점을 지나면서 볼을 임팩트 할 때 이루어지는 클럽헤드의 궤적을 말한다. 클럽헤드의 궤적에 따라 볼의 방향이 다양하게 나타나며, 일정한 궤적을 유지하는 것이 올바른 볼의 방향을 결정하는 중요한 요소가 된다. 특히 그립상태가 좋으면 스윙패스가 매우 좋다.

(1) 인 투 인(in to in)

인 투 인의 궤도는 클럽헤드가 타깃라인 안쪽에서 내려와 임팩트가 이루어진 후 다시 타깃라인 안쪽으로 빠져나가는 궤적을 말한다. 즉 시계를 정면으로 바라 볼 경우 클럽헤드가 4시 방향으로 내

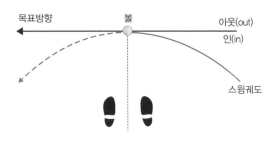

려와 임팩트 후에 다시 8시 방향으로 스윙이 이루어져 클럽헤드가 타깃라인 밖으로 나가지 않는다. 가장 이상적인 스윙궤도의 형태로 볼은 정확하게 중앙으로 날아간다.

(2) 인 투 아웃(in to out)

인 투 아웃의 궤도는 클럽헤드가 타깃라인 안쪽에서 내려와 임팩트 후 바깥쪽으로 빠져나가는 궤적을 말한다. 시계를 정면으로 볼 경우 4시 방향에서 내려와 10시 방향으로 스윙이 이루어지며, 기본적으로 볼은 목표물보다 오른쪽으로 날아간다.

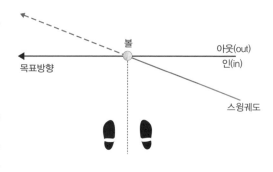

(3) 아웃 투 인(out to in)

아웃 투 인의 궤도는 클럽헤드가 타깃라인 밖에서 내려와 임팩트 후 안쪽으로 빠져나가는 궤적을 의미한다. 시계를 정면으로 볼 경우 2시 방향에서 클럽이 내려와 8시 방향으로 스윙이 이루어지며, 기본적으로 볼은 목표물보다 왼쪽으로 날아간다.

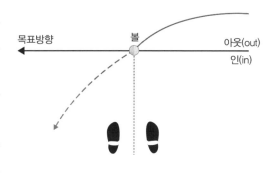

4. 스윙 플레인(swing plane)

스윙 플레인은 테이크백을 할 경우 클럽 샤프트가 이루고 있는 가상적인 하나의 경사면을 말한다. 스윙 플레인에는 플랫 스윙(flat swing)과 업라이트 스윙(upright swing)이 있다. 플랫 스윙(flat swing)은 스윙궤도의 경사면이 지면과 평행에 가까운 스윙으로 드라이버 스윙을 구사할 때 나타나며, 업라이트 스윙(upright swing)은 스윙궤도의 경사면이 지면과 수직에 가까운 가파른 스윙으로 주로 숏 아이언과 웨지 샷을 구사할 때 나타난다.

5. 타이밍(timing)

골프스윙은 상체, 하체, 팔 등 전신을 사용하는 운동이다. 스윙시 올바른 백스윙과 코킹, 탑스윙, 다운스윙, 임팩트, 릴리즈가 이루어진다 해도 정확한 타이밍이 맞아야 볼이 정확하게 멀리 날아간다. 타이밍은 스윙동작의 순서로 스윙에 필요한 신체의 모든 구성요소가 정확한 순서에 따라 진행되는 것을 말한다. 일반적으로 백스윙은 클럽헤드, 손, 팔, 어깨, 허리, 무릎, 발의 순서로 연속되어지며, 다운스윙은 반대로 왼발과 왼 무릎, 엉덩이 쪽으로 체중 이동하여 동작을 주도하고, 뒤를 이어 몸통과 어깨, 팔과 손의 순서대로 움직인다. 이렇게 순서에 따라 진행됨으로써 각각의 동작들이 지니는 힘의 총합이 생성된다. 힘의 총합이란 여러 개의 신체분절이 적절한 시기에 동원됨으로써 각 분절들에 의해 발휘되는 힘이 점차적으로 늘어나는 현상을 말한다. 효과적인 힘의 총합이 놀라운 스윙속도를 내며, 분절에서 분절로 이어지는 타이밍이 좋을 때 최대가 된다. 힘의 총합을 최대화하기 위해서는 스윙연습을 부드럽게 천천히 하는 것이 좋다. 타이밍은 인체의 역학구조에 따라 인체의 근육과 분절이 순서에 입각하여 움직이기만 하면 저절로 맞게 되어 있다. 일반적으로 타이밍이 잘 맞지 않는 경우는 스윙동작이 인체분절의 움직임 순서에 의해 일어나지 않고, 또한 수동적이어야 할 팔이나 손이 불필요하게 스윙에 관여할 때 나타난다. 임팩트 타이밍이야말로 단시일에 이루어지지 않으며 꾸준한 연습을 필요로 한다.

6. 템포(tempo)

골퍼들마다 스윙이 빠른 경우도 있고 느리게 하는 경우도 있다. 스윙을 시작해서 끝날 때까지 소요되는 시간을 템포라고 한다. 즉 템포는 속도가 빠르고 느린 것을 말하는 것이지 스윙의 동작순서와는 관련이 없다. 스윙의 템포는 그 사람의 성격과 밀접한 관련이 있다. 스윙은 보통 골퍼의 성격과도 조화를 이루고 있다. 보통 성격이 급한 사람들은 대부분 스윙이 빠르고, 반면 정적이고 침착한 성격의 소유자는 스윙이 느린 편이다. 스윙을 느리게 한다는 것은 손과 팔의 작은 근육이 아니라 왼쪽어깨의 턴을 시작으로 이루어지는 큰 근육의 스윙을 의미하는 것이다. 스윙이 빠르면 무엇 때문에 실수가 일어났는지 이른바 피드백이 잘 되지 않는다. 스윙이 빨라서 결과가 좋을 확률은 매우 낮고 스윙을 느리게 해서 굿 샷을 할 수 있는 확률은 훨씬 더 높다. 좋은 스윙템포는 좋은 타이밍을 만드는 데 최고의 요소이다. 좋은 스윙은 흐르는 강물처럼 일정하다.

7. 리듬(rhythm)

리듬이란 풀 스윙전체가 하나의 동작으로 부드럽게 이루어지는 일련의 연속적인 동작, 움직임을 말한다. 전체적인 스윙 완성을 위해 구분동작 하나하나를 습득하는 것은 매우 중요하다. 이러한 구분동작이 전체동작으로 리드미컬하게 이루어져야 적절한 타이밍에 임팩트를 할 수 있게 된다. 일관된 스윙 리듬감을 만들기 위한 연습방법으로는 테이크 백을 하면서 어깨높이까지 가는 동안에는 "하나", 어깨위를 지나 탑 스윙 정점에서 "둘", 두 박자로, 잠시 정지된 느낌을 갖고 난 후 "셋"을 하면서 다운스윙을 시작, 팔과 어깨, 허리를 회전시켜 1박자로 피니시까지 진행하여 스윙을 완성하는 것이 좋다. 이와 같은 방식으로 연습을 하면 좋은 리듬감을 살릴 뿐만 아니라 일관된 스윙을 지속적으로 유지할 수 있다. 좋은 리듬감이 좋은 스윙을 만든다.

8. 헤드업(head-up)

골프를 시작하면서 머리를 들지 말라는 소리를 한 번도 듣지 않은 골퍼는 없을 것이다. 모든 미스 샷의 근본을 헤드업으로 돌리는 것이 보편화되어 있다. 헤드업은 스윙 시 상체가 상·하, 좌·우로 움직이는 현상에 대한 포괄적인 의미로 사용되며, 골프현장에서 가장 빈번하게 일어나는 고질적인 문제 중의 하나이다. 헤드업은 골퍼의 스윙동작이 인체분절운동의 순서를 지키지 못하고 순차적인 움직임에 위배해서 나타나는 현상이다. 헤드업은 스윙을 할 때 운동 역학적으로 인체의 무게 중심이 위로 움직이는 현상이다. 상체가 움직이면 머리는 반드시 움직인다. 보통 헤드업은 볼이 어디로 날아갔는지 궁금해서 머리를 드는 것이라고 하나 실상은 다운스윙시 클럽과 상체가 목표방향으로 진행하려는 동작 때문에 상체와 머리가 움직이는 것이다. 헤드업의 원인은 다양하며 치유방법이 쉽지가 않다. 일반적으로 헤드업 교정을 하기 위해서는 어드레스 때 만든 척추각도를 팔로스루 때까지 지속적으로 유지시켜 주고, 왼 팔과 왼 손목이 주도적으로 백스윙, 다운스윙을 리드하고 임팩트 후에 왼팔과 손목의 로테이션, 릴리즈가 자연스럽게 이루어지도록 연습 하는 것이 좋다.

II. 골프스윙의 기본자세(set up)

모든 스포츠에는 고유의 행위양식이 있다. 이는 매우 중요한 요소이다. 골프 역시도 스윙을 하기 위한 기본적인 행동양식이 있다. 골프스윙의 기본자세는 그립, 스탠스, 몸의 정렬, 볼의 위치 등 4가지 동작으로 구성되어 있으며, 볼을 정확하게 타격하고, 스윙동작의 효율성과 일관성을 확보하기 위해서는 골프에서 선행되어야 할 가장 중요한 기본요소이다.

1. 그립(grip)

좋은 골프는 '좋은 그립에서 시작된다'는 벤 호건의 유명한 말이 있다. 클럽과 손을 연결시켜주는 그립은 스윙의 시작이며 끝이다. 그립은 클럽의 손잡이 부분을 의미하기도 하나, 골프 스윙에서 그립은 손잡이 잡는 방법을 말한다. 그립은 몸과 클럽을 연결시키는 유일한 접점이다. 그립은 임팩트 순간에 비거리와 방향을 결정하는 클럽페이스의 각도에 큰 영향을 준다. 클럽은 볼을 다루고, 손은 클럽을 컨트롤하기 때문에 클럽을 정확하게 잡고 클럽과 손을 일체화시켜 하나처럼 느끼게 해야 좋은 스윙과 임팩트가 가능하다. 골프채를 잡을 때 틈이 생기면 골프클럽이 놀기 때문에 손과 그립 사이에 틈이 없이 부드럽고 견고하게 잡아야 한다. 좋은 그립은 손가락과 손목의 움직임이 좋아야 하며, 그러기 위해서는 잡는 연습을 많이 하는 것이 좋다. 그립 악지의 강도는 왼손 새끼손가락, 약지, 중지순서로 강하게 잡고, 다운스윙시 파워를 내기 위해서는 오른손 중지, 약지를 강하게 잡는 것이 좋다. 왼손 3개의 단단한 그립은 백스윙 탑에서 샤프트를 안정되게 지탱해주는 역할을 하고, 오른손 엄지와 검지는 백스윙 탑에서 샤프트의 기울기와 방향을 잡아준다. 그립방식에는 양손의 결합 형태에 따라 인터로킹(interlocking)그립, 오버래핑(overlapping)그립, 베이스볼(baseball)그립으로 나누고, 양손의 방향에 따라 스트롱(strong)그립, 뉴트럴(neutral)그립, 위크(weak)그립으로 나누어진다. 이러한 그립의 형태에 따라 백스윙 탑에서 손목의 위치가 다르게 나타난다. 양 손바닥과 클럽의 위치에 따라 핑거(finger)그립, 팜(palm)그립으로 나누어진다. 그립은 자신에게 가장 적합한 그립을 선택하는 것이 좋다.

(1) 양손의 결합형태

1) 오버래핑(overlapping)그립

오른손 새끼손가락을 왼손 검지와 중지사이에 올려놓는 방식으로 양손의 균형 감각이 좋으며, 가장 일반적으로 사용되는 방법이다. 해리 바든(Harry vardon) 선수가 이 그립법을 사용하기 시작하여 "바든 그립"이라고도 한다. 그렉 노먼이나 톰 왓슨 선수가 사용하는 그립이며, 많은 투어 프로선수들이 선호하는 그립이다.

2) 인터로킹(interlocking)그립

오른손 새끼손가락을 왼손 검지와 중지사이에 끼워 잡는 방식이다. 양손의 일체감을 느낄 수 있어 좋은 방법이나 오른손 새끼손가락과 왼손검지를 너무 가깝게 끼워잡으면 손목관절의 유연성이 떨어질 수 있다. 타이거우즈 등

프로선수들 사이에서도 종종 볼 수 있다.

3) 베이스볼(baseball)그립

내추럴그립(natural grip)이라
고도 하며, 대부분의 초보자나 손
이 작은 주니어, 여성이나 노인골
퍼들에게 유용한 그립이다. 야구
배트를 잡는 것처럼 왼손과 오른
손을 분리하여 잡는 그립방식으
로 오른손과 팔의 힘을 살리기
쉬운 방법이다. 그러나 오른손의 역할 때문에 방향성이 다소 나빠지는 단점이 있다.

이 3가지 종류의 방법 중 어느 것이 좋다고 할 수는 없으며, 일반적으로 오버
래핑그립과 인터로킹그립을 선호하지만, 자신에게 가장 잘 맞는 그립을 선택하는
것이 좋다.

(2) 양손의 방향

그립을 잡는 양손의 엄지·검지 위치에 따라 스트롱 그립, 뉴트럴 그립, 위크
그립으로 나누어진다.

1) 스트롱(strong)그립

훅 그립이라고도 하며,
왼손엄지와 검지의 V자 위
치가 오른쪽 어깨 쪽을 향
해 쥐는 방법이다. 앞에서
보면 왼손 손등에 손가락 2
마디 정도가 보일 수 있도
록 왼손을 돌려잡아 주는
방식으로 강한 임팩트를 만

들기 위해 힘 있는 골퍼들이 주로 잡는 그립이다. 스트롱 그립은 강력한 샷을 할 수 있는 장점이 있으나 혹 샷의 원인이 되기도 한다.

2) 뉴트럴(neutral)그립

스퀘어 그립이라고도 하며, 양손이 서로 마주보는 형태로 골프클럽을 잡는 방법이다. 왼손엄지와 검지의 V자 위치가 몸 정면 중앙의 턱 방향에 오도록 그립을 쥐는 방법으로 스트레이트 볼을 치기에 적합한 그립이다. 왼손을 강하게 잡고 오른손을 보완적으로 잡으면 좋다.

3) 위크(weak)그립

왼손엄지와 검지의 V자 위치가 왼쪽어깨방향으로 오도록 그립을 쥐는 방식으로 슬라이스그립이라고 한다. 임팩트시 클럽페이스가 열려 슬라이스 샷의 원인이 되기도 한다.

(3) 양 손바닥과 클럽위치

손의 어느 부분으로 클럽을 잡느냐에 따라 핑거(finger)그립과 팜(palm)그립으로 분류된다. 핑거그립은 손가락으로 그립을 쥐는 방법이고, 팜그립은 손바닥으로 그립을 잡는 방법이다.

팜(palm)그립   핑거(finger)그립

(4) 일반적인 그립방법

- 왼손의 새끼, 약지, 중지손가락 순서대로 걸어서 강하게 쥐고, 엄지아래 두툼한 부분으로 밀착시켜 잡아 클럽의 무게를 느끼도록 한다.
- 오른손은 중지와 약지 첫째 마디부분을 그립에 밀착시키고 그립을 감아준다.
- 오른손바닥으로 왼손엄지를 감싸듯이 쥐며, 왼손 엄지를 오른손 생명선과 일치시킨다. 또한 엄지와 검지 사이는 Ｖ자형의 모양을 만들어 오른쪽 어깨 방향으로 향하게 하고 견고하게 잡는다.
- 손바닥이 서로 마주보며, 왼손 등과 오른손 바닥이 같은 방향으로 일치시켜 양손이 일체감을 느끼게 한다.
- 그립은 부드럽고 견고하게 잡고, 양 어깨나 왼팔, 오른팔이 지나치게 경직되지 않도록 한다.

2. 스탠스(stance)

스탠스란 어드레스를 취했을 때 양발이 놓인 간격을 말한다. 스탠스의 폭은 어깨 넓이 정도가 적당하다. 여기서 어깨넓이란 양 어깨 끝과 양발 바깥선과 수직을 이루도록 하는 것을 의미한다. 스탠스 폭은 스윙 중에 균형 잡기 좋도록 체중은 양발에 5 : 5로 균등하게 싣는 것이 좋다. 클럽을 부드럽게 휘두르기 위해서는 안정된 자세로 하체를 단단하게 고정해 놓아야 균형 잡힌 스윙을 할 수 있다. 클럽의 종류, 볼의 라이상태, 스윙의 크기에 따라 스탠스의 폭을 넓히거나 좁힐 수 있다. 스탠스의 폭이 넓으면 스윙의 안정감은 있으나 체중이동이 어려워 팔과 손에 의한 미스 샷을 유발하게 된다. 반면 좁은 스탠스는 인체의 동작을 제한하므로 큰 힘을 필요로 하는 드라이버나 롱 아이언의 경우에는 부적합하다.

(1) 스퀘어 스탠스(square stance)

스퀘어 스탠스는 어깨, 엉덩이, 허리, 무릎, 발끝이 볼을 보내고자 하는 방향과 평행을 이루는 정렬방법을 말한다.

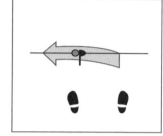

스퀘어 스탠스(square stance)

(2) 오픈 스탠스(open stance)

오픈 스탠스는 어드레스 시에 왼발과 어깨를 목표방향으로 조금 열어놓은 상태로 백스윙은 제한되지만 목표방향으로의 운동은 자유롭다. 볼은 슬라이스 경향이 나타난다. 일반적으로 페이드 샷, 어프로치 샷, 그린 사이드벙커에서 샷을 할 경우에 오픈 스탠스를 취한다. 보통 100미터 이내의 웨지로 하는 숏 게임은 어깨와 팔의 회전에 의존하여 백스윙을 하며 왼발을 오픈시킨다. 최대한 하체의 움직임을 최소화시킴으로써 백스윙이 절 제되고 목표방향으로 몸통의 회전을 용이하게 해주기 때문이다. 한편 어프로치

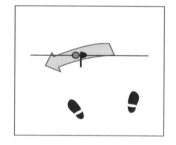

오픈 스탠스(open stance)

샷이나 벙커 샷의 경우에는 왼발 스탠스를 많이 열수록 그에 비례해서 클럽페이스도 열어주어야 방향성이 일치한다.

(3) 클로즈드 스탠스(closed stance)

클로즈드 스탠스는 오픈 스탠스와 반대로 어드레스시 왼발이 스퀘어로 있는 상태를 말한다. 이와 같은 경우 목표방향으로의 내보내는 동작은 제한되나 백스윙의 회전량은 증가한다. 볼은 훅 경향이 나타난다.

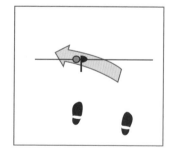

클로우즈드 스탠스
(closed stance)

(4) 나와 볼과의 거리

볼과 내 몸과의 거리도 중요하다. 볼과 몸과의 간격은 골퍼의 신체구조, 자세, 클럽의 길이 그리고 스윙스타일에 따라 달라진다. 볼의 위치가 나와 멀리 떨어져 있으면 팔 근육이 긴장되어 스윙초기에 힘이 많이 들어간다. 이럴 경우 다운스윙시 상체가 볼을 쫓아 움직이기 쉬우므로 정확한 타격을 하기가 어렵다. 드라이버의 경우에는 몸과 볼의 거리가 가깝지 않도록 일정한 간격이 유지되어야 스윙아크와 원심력이 커서 파워풀한 스윙이 이루어진다. 볼의 위치가 너무 가까워도 스윙동작이 부자유스러울 뿐만 아니라 임팩트도 부정확하여 생크 등의 미스 샷을 유발하게 된다. 드라이버는 조금 멀리, 아이언은 중간정도, 짧은 클럽은 몸 쪽으로 가깝게 붙이는 것이 스윙하기에 적합하다.

3. 몸의 정렬(alignment)

골프는 타겟(target) 게임이다. 정확한 거리에 볼을 보냈다 할지라도 방향이 맞지 않으면 목표지점에 보낼 수 없다. 몸의 정렬(alignment)이란 준비 자세에서 몸을 목표방향과 평행하게 정렬하는 것으로 클럽페이스, 엉덩이, 어깨, 무릎, 양발 끝 등을 목표선과 일치시키는 것을 말한다. 골퍼들이 골프스윙에는 문제가 없음에도 불구하고 볼이 정확하게 목표방향으로 날아가지 않는 경우를 종종 볼 수 있다. 이런 경우 보통 목표를 향한 몸의 정렬이 잘못된 것이다. 즉 에이밍(aiming)이 잘못 된 것이다. 그러므로 스윙 메커니즘이 아무리 정확하게 수행되었더라도 에이밍을 바르게 하지 않으면 좋은 결과를 기대할 수 없다. 몸을 정렬하는 방법은 우선 클럽페이스의 리딩에지를 목표방향에 수직으로 놓고, 볼과 목표물을 연결하는 가상의 선과 양발 끝을 연결하는 가상의 선이 평행하게 되도록 맞추어 준다. 몸의 올바른 정렬은 정확한 방향성과 효과적인 스윙을 구현하는 데 있어 매우 중요한 요소이다.

4. 볼의 위치(ball position)

볼의 위치는 누구에게나 일률적으로 한 지점을 선정할 수 없다. 골프를 처음 배우기 시작하는 단계에서는 인체의 회전과 스윙이 제대로 되지 않기 때문에 보통 볼을 중앙에 놓고 연습을 한다. 이론적으로도 볼은 스윙 궤적의 최저점인 스탠스의 중앙에 위치하고 있어야 한다. 그러나 드라이버나 롱 아이언 등 긴 클럽은 볼이 중앙보다 약간 앞쪽에 위치해야 클럽페이스와 목표방향이 스퀘어를 형성하고, 하체를 이용한 자연스러운 스윙이 이루어지면서 정확한 임팩트가 이루어진다. 이와 반대로 숏 아이언, 웨지의 경우에는 길이가 짧아 클럽페이스의 스퀘어 상태가 중앙보다는 오른쪽에서 빨리 이루어지므로 볼이 오른발 쪽에 위치해야 샷의 정확도가 높아진다. 그렇지 않으면 클럽페이스가 닫힌 상태에서 볼이 임팩트 되어 왼쪽 방향으로 날아가거나 뒤땅을 치는 샷이 자주 나온다. 한편 볼의 위치를 일정한 위치에 놓는다 하더라도 클럽의 종류, 스탠스의 형태, 볼의 탄도, 바람 부는 경우, 페어웨이 벙커 등 특수한 경우에 따라 또는 플레이어의 스윙특성에 따라서도 조금씩 달라질 수 있다.

Ⅲ. 골프스윙의 종류

1. 1/4 스윙

골프스윙의 가장 기초가 되는 동작이다. 스탠스 폭은 어깨너비보다 좁게, 팔과 상체, 몸통을 사용하여 스윙을 하고, 왼팔의 위치는 4시부터 8시 방향까지의 크기로 한다. 머리위치를 고정하고 시선은 볼을 주시한다. 체중

은 좌우 균등하게 유지하고 몸의 중심축을 중심으로 클럽을 좌우대칭으로 휘두른다. 멀리치는 것이 아니므로 어깨와 팔, 몸통이 이루는 삼각형을 유지하면서 볼을 친다.

2. 하프 스윙(half swing)

하프스윙은 1/2 스윙으로 L to L스윙을 말한다. 스탠스 폭은 어깨너비만큼 벌리고, 그림처럼 클럽을 코킹하여 클럽과 팔의 각도는 직각을 유지하면서 왼팔의 위치가 9시 방향까지, 피니시는 3시 방향까지의 크기로 양팔을 나란히 펴서 휘두른다.

3. 3/4 스윙(three quarter swing)

백스윙은 왼팔의 위치가 9시 방향, 피니시는 2시 방향까지의 크기로 하고, 임팩트 후 오른발 뒤꿈치가 약간 들리면서 체중은 왼발 쪽으로 이동한다.

4. 풀 스윙(full swing)

풀 스윙은 어드레스, 테이크 백, 코킹, 탑 어브스윙, 다운스윙, 임팩트, 릴리즈, 피니시까지 이루어지는 일련의 연속된 동작을 말한다.

Ⅳ. 골프스윙방법

모든 골프클럽의 스윙에 적용되는 원리는 기본적으로 동일하다. 스윙의 기본이 같아야 일관성 있는 스윙동작을 할 수가 있기 때문이다. 그러나 선택한 클럽의 종류, 볼의 라이, 코스환경에 따라 셋업 형태나 스윙동작을 구성하는 데는 조금씩 다를 수가 있다. 스윙은 왼손 새끼손가락부터 3개의 손가락을 중심으로 그립을 단단히 잡고, 테이크 백부터 다운스윙전환까지 왼팔이 스윙의 주도적 역할을 하고, 오른팔은 다운스윙부터 보완적으로 적용되는 것이 전체 스윙에 효과적이다. 또한 상체의 회전과 견고한 하체의 균형을 유지하면서 일정한 리듬과 템포로 자신의 80% 정도 힘을 사용하여 스윙을 한다. 백스윙부터 피니시까지 몸과 볼의 간격, 양팔의 간격은 일정하게 유지하고 임팩트 할 때는 볼을 주시하여야 한다. 골프스윙은 볼을 때리는 것이 아니라 클럽 헤드가 자연스럽게 지나가는 듯한 느낌으로 이루어질 때 좋은 스윙이 이루어지는 것이다.

1. 풀 스윙(full swing)

(1) 어드레스(address)

모든 스포츠에는 본 동작을 하기 위한 준비자세가 있다. 골프에서는 이 준비자세를 어드레스라고 한다. 그립, 스탠스, 얼라인먼트, 볼포지션을 요소로 하는 어드레스는 스윙 궤도는 물론 탄도와 구질에도 영향을 주기 때문에 매우 중요한 동작이다.

어드레스(address)

어드레스는 스탠스 폭과 몸을 정렬하고, 볼을 치기 위해 클럽헤드의 리딩 에지를 목표방향과 수직이 되도록 볼 뒤에 정렬하는 것을 말한다. 양팔은 어깨로부터 자연스럽게 내려뜨려 어깨와 함께 삼각형을 이루고, 스탠스 폭, 얼라인먼트, 척추

의 각도, 무릎의 굽힘 동작, 머리의 위치, 볼과 몸과의 간격 등 스윙하기에 최적의
상태로 만들어야 한다. 방법은 다음과 같다.

- 먼저 양손으로 그립을 잡고 차려 자세를 한 다음 클럽페이스의 리딩 에지를
  볼과 목표를 연결하는 가상적인 선과 직각이 되도록 놓는다.
- 왼발, 오른발의 순서로 양발을 어깨너비로 벌려 체중은 양발에 5 : 5로 놓
  는다. 허리는 펴고 고개는 등과 일직선을 이루며 턱을 몸 쪽으로 살짝 당
  겨준다.
- 팔은 수직으로 발 끝부분에 맞추어 내려뜨리고 클럽헤드는 볼 뒤에 놓는다.
- 양 무릎은 약간 구부리고 엉덩이는 뒤로 조금 뺀 다음 무게중심이 발바닥
  중앙보다 조금 앞쪽에 실리도록 한다.

(2) 백스윙(back swing)

백스윙(back swing)은 볼
을 치기 위해 어드레스 상태에
서 클럽, 손과 팔을 목표선의
후방으로 가져가는 동작을 말
한다. 백스윙 후 30㎝ 사이에
전체 스윙의 질이 결정된다.
백스윙은 왼팔을 펴서 아크를
크게 하고, 클럽헤드, 손과 팔,

테이크 백(take back)

어깨, 하체 순서로 일체감을 갖고 해야 타이밍, 리듬이 좋아 스윙 효과를 극대화시
킬 수 있다. 손목의 코킹과 오른쪽 팔꿈치의 굽힘도 자연스럽게 이루어진다. 특히
왼쪽 어깨가 움직이는 속도로 백스윙을 하면 안정되고 일관성 있는 백스윙을 만드
는 데 매우 좋다. 방법은 다음과 같다.

- 백스윙은 왼손과 팔로 밀면서 천천히 시작하는 것이 좋다.
- 그립은 왼손 새끼, 약지, 중지 세 손가락중심으로 단단히 잡고 헤드, 손,

팔, 어깨(상체), 하체 순서로 스윙을 시작, 골반이 오른쪽으로 밀리는 슬라이딩(sliding) 동작이 발생하지 않도록 오른쪽 발에 체중을 실어 두고, 상체의 꼬임을 최대화한다.

- 상체는 90도 이상, 하체는 45도 정도 우측으로 회전된다. 이때 왼팔은 겨드랑이에 붙혀 회전해야 몸과 팔의 일정한 간격이 유지되고, 스윙궤도가 일정해진다.
- 1/4 스윙시 그립 끝과 샤프트는 목표방향. 이때 클럽헤드 페이스는 약간 닫혀있거나 정면을 향한다.
- 왼쪽 어깨는 턱을 감고 회전하며, 오른쪽 어깨보다 낮아야 한다.
- 어드레스 때 굽힌 오른 무릎은 다운스윙 때 절대 펴지 말아야 한다.
- 역체중 현상(reverse pivot)을 조심해야 한다. 역체중 현상은 머리를 고정하고 백스윙을 할 경우 오른쪽으로 체중이 이동하지 않고 왼발에 남아있는 형태로 미스 샷의 원인이 된다. 백스윙을 할 때는 척추 축 중심으로 머리를 오른쪽으로 약간 이동시켜 주는 것이 백스윙을 자연스럽게 해주며, 올바른 스윙궤도를 만들어 준다.
- 플라잉 엘보(flying elbow)를 주의해야 한다. 백스윙시 오른쪽 팔꿈치가 벌어져 바깥쪽으로 향하는 현상으로 슬라이스의 원인이 된다. 왼손 그립을 견고하게 잡고 왼팔로 백스윙을 주도하며, 어깨 회전을 충분히 해 준다. 오른손 그립과 팔의 과도한 힘은 빼고 스윙하는 동안 양팔의 간격은 일정하게 유지한다.
- 왼팔과 이루는 코킹 각이 직각을 유지한 채 왼 어깨의 충분한 회전과 오른발로 체중이동이 되면 백스윙은 마무리가 된다.
- 백스윙 탑에서 정지한 후 다운스윙으로 전환한다.

(3) 코킹(cocking)

코킹(cocking)은 백스윙하면서 손목을 엄지방향으로 꺾는 동작으로 헤드스피드와 원심력을 크게 하기 위한 것이다. 코킹은 백스윙을 하면서 동시에 시작되고 왼팔이 지면과 수평이 된 상태에서 직각으로 완성된다. 이때 손목을 꺾는 동작이

육안으로 보이면 좋은 동작이
아니다. 쥐도 새도 모르게 이루
어져야 한다. 오른 팔꿈치는 지
면 쪽을 향하고, 오른 손목은 45
도 엄지손가락 방향으로 비스듬
히 구부려져 있어야 좋은 동작
으로 볼 수 있다. 코킹이 지나치
게 늦거나 빠르면 리듬과 타이

코킹(cocking)

밍을 놓쳐 미스 샷을 유발하는 원인이 되기도 한다. 일반 아마추어들이나 여성, 노
약자들은 코킹을 일찍 하는 것이 클럽을 안정적으로 컨트롤하기 쉽고 다운스윙으
로 전환하기가 쉽다. 주의할 점은 백스윙 톱(top)에서 견고한 그립과 코킹이 유지
되지 못하면 캐스팅, 오버더 탑 등 여러 가지 미스 샷의 원인이 된다는 것이다.

(4) 탑 오브스윙(top of swing)

탑 오브스윙(top of swing)은 백스윙의 마지막
동작으로 클럽샤프트가 머리 뒤에서 지면과 수평이
되고, 클럽헤드는 목표를 향하고 있는 상태이다. 이
때 왼손 세 손가락의 강한 악지와 코킹상태의 유지
가 매우 중요한 역할을 한다. 오른손바닥은 접시를
받쳐 들듯 하늘을 향한다. 이러한 오른손목 동작을
힌지라고 한다. 백스윙 탑 정점에서는 일시 정지상
태가 되어 운동량이 0이 된다. 운동량이 없다는 것
은 외부로부터 약간의 힘만 작용해도 쉽게 변화될
수 있는 취약한 상태로서 여러 가지 잘못된 동작이

탑 오브스윙(top of swing)

개입할 여지가 크다. 이때 다운스윙으로 부드럽게 연결되는 안정된 동작이 요구되
는 중요한 순간이다. 왜냐하면 다운스윙으로 전환되는 동작이 안정되어야 일관성
있는 강한 스윙이 이루어지기 때문이다. 이후 왼 손목스냅을 활용해서 다운스윙하
면 된다. 오른손을 지나치게 강하게 치면 다운스윙 중에 정상적인 스윙궤도를 벗어

나 덮어 치는 샷의 원인이 되기도 한다.

(5) 다운스윙(downswing)

다운스윙은 테이크 백의 역
순으로 백스윙 탑에서 클럽헤드
를 끌고 내려와 볼을 맞추기까지
일련의 동작이다. 즉 백스윙의 역
동작으로 왼 발바닥을 디딤축으
로 하여 왼 무릎, 히프, 몸통, 어
깨, 샤프트, 헤드로 이어지는
순차적인 연속동작에 의해 수행

다운스윙(downswing)

된다. 구체적으로 다운스윙은 왼 발바닥을 디딤축으로 하여 왼쪽무릎이 원운동으
로 회전하고, 체중이동과 함께 왼쪽 어깨와 턱이 분리되면서 이루어지기 시작한다.
주변에서 보면 다운스윙시 필요 이상의 힘이 들어가서 미스 샷을 하는 경우를 흔
히 볼 수 있다

다운스윙을 할 때 두 가지 유의 할 사항이 있다. 첫째는 다운스윙을 왼팔이 주
도해야 하는지 오른팔로 주도해야 하는지의 문제이다. 논쟁이 분분하나 결론적으
로 말하면 백스윙 탑에서 왼 손목의 스냅을 이용하여 왼팔로 다운스윙을 주도하면
오른쪽 팔꿈치는 오른쪽 호주머니 방향을 향하고 오른쪽 옆구리에서부터 손목이
풀리면서 강한 임팩트를 한 후 릴리즈가 이루어지는 것이다. 타깃이 왼쪽방향에 있
으므로 왼팔로 스윙을 리드(lead)하는 것이 인체분절의 동작 원리에 적합할 뿐만
아니라, 운동량도 크고 스윙궤도의 일관성을 유지하기가 쉽다. 오른팔로 다운스윙
을 하면 위와 같은 동작들이 매우 제한적으로 적용될 수밖에 없어 부정확한 임팩
트가 나올 수밖에 없다.

두 번째로는 다운스윙을 할 때 손목코킹을 어디까지 어떻게 유지해야 하는가
의 문제이다. 일반적으로 다운스윙시 하체가 목표방향으로 지나치게 쏠린다든가,
오른팔에 강한 힘이 작용하면 손목이 빨리 풀려 클럽헤드가 먼저 내려오는 캐스팅
(casting)현상이 나타나게 된다. 이를 방지하기 위해서는 왼손의 그립과 손목을 견

고하게 유지한 상태로 백스윙 탑에서 왼 손목스냅을 활용하여 다운스윙을 주도하고 샤프트와 그립 끝이 볼과 일직선을 이루는 순간 손목이 풀려야 한다. 다운스윙은 불과 0.2초 내외의 빠른 속도로 진행되기 때문에 의식적으로 통제할 수 있는 여지는 없다.

(6) 임팩트(impact)

임팩트는 스윙의 직접적인 결과물로 스윙 전체에서 가장 중요한 부분이다. 임팩트는 구심력과 원심력의 기능적 융합에 의해 골퍼가 가지고 있는 에너지를 클럽헤드를 통해 볼에 전달하는 순간이다. 5/10000초의 짧은 시간에 이루어지며 이때 볼에 접촉되는 클럽페이스 면의 각도에 따라 볼의 구질과 방향이 결정된다. 임팩트는 체중이 이미 왼발로 이동되어 왼 무릎을 구부린 상태로 임팩트 하는 것이 일반적이나, 펴진 상태에서 임팩트를 하는 경우에는 원심력을 더욱 극대화시켜 파워를 증가시킬 수 있다. 아마추어 골퍼들 가운데 프로선수들 못지 않게 볼을 똑바로 보내는 경우를 볼 수 있는데, 나름대로 정확한 임팩트를 만들어낼 수 있는 능력을 갖고 있기 때문이다. 일반적으로 선수들의 임팩트 순간을 보면 반복적으로 나타나는 공통된 자세가 있다. 예시하면 다음과 같다.

오픈(open)

스퀘어(square)

클로즈드(closed)

- 임팩트시에는 클럽헤드로 볼을 때린다는 기분보다는 지나간다는 생각으로 하는 것이 좋다.
- 임팩트 순간에는 왼팔과 왼손목이 완전히 펴져 있고, 오른 팔꿈치는 약간

굽혀져 있다.

- 엉덩이는 45도 정도 목표방향으로 회전되어 있고, 체중은 90% 이상 왼발에 와 있다.
- 왼팔과 샤프트는 볼보다는 앞쪽에 와 있어야 한다.
- 오른쪽 팔꿈치는 오른쪽 바지 주머니를 향한다.
- 탑 핑이나 뒤땅이 난다면 체중이동을 체크한다.
- 척추각도는 어드레스 때와 같게 유지해야 한다.

(7) 릴리즈(release)

릴리즈는 양팔과 손목이 로테이션(rotation)하면서 임팩트를 한 후에 양팔을 낮고 길게 뻗어주는 동작을 의미한다. 다시 말해 릴리즈는 백스윙할 때 이루어졌던 코킹과 상체의 비틀림을 임팩트와 동시에 헤드의 원심력과 중력에 의해 손목과 팔이 자연스럽

릴리즈(release)

게 풀어져 나가는 동작을 의미한다. 백스윙 동작이 반동(counter-movement)을 통해서 근육의 에너지를 축적하는 과정이라고 한다면 릴리즈는 축적된 에너지를 발현하는 과정이라고 볼 수 있다.

(8) 피니시(finish)

피니시는 스윙의 완성이자 마무리동작이다. 올바른 피니시는 체중을 왼발에 완전히 싣고, 오른쪽 허벅지는 왼쪽 허벅지에 붙이며, 머리와 상체는 똑 바로 편 상태로 몸 전체의 균형을 유

피니시(finish)

지하는 것이다. 이때 오른발 뒤꿈치는 지면과 직각이 되도록 들어준다. 피니시가 좋다는 것은 백스윙, 체중이동 등 모든 스윙 과정이 잘 이루어졌다는 것을 의미한다.

골프스윙을 할 때 머리를 움직이지 말아야 하는가?

골프스윙에 대해 가장 대표적으로 잘못 알려진 상식이다. 골프스윙은 자연스럽게 이루어져야 한다. 현대골프스윙은 신체의 역학적 관점에서 자연스럽고 일관성이 있으며 힘 있는 스윙을 추구하고 있다. 머리를 움직이지 않고 고정하면 첫째, 허리가 회전하는 역 체중현상(reverse pivot)이 생기므로 체중이 왼쪽으로 쏠리고, 둘째, 양어깨의 회전하는 경사가 급하게 이루어져 미스 샷을 유발하는 원인이 된다. 백스윙에서 척추와 머리의 이동이 전혀 없으면 다운스윙에서 왼쪽으로 힘의 전달이 부족해서 파워가 발생할 수 없다. 이처럼 백스윙을 할 경우 머리가 오른쪽으로 움직이는 것은 자연스럽고 본능적이며, 이를 고정하려는 움직임은 오히려 스윙에 무리를 가져오며 부자연스럽다. 스윙 중에 머리를 고정하여야 할 시점이 따로 있다. 바로 골프클럽이 다운스윙에서 임팩트를 지나 팔로스루의 동작으로 이어질 때까지이다. 이때 원심력이 최대한 발휘되며 강력한 파워와 방향성이 보장되기 때문이다.

2. 클럽별 스윙방법

모든 클럽의 스윙원리는 기본적으로 같다. 다만 클럽의 구조와 길이, 골프장의 여건이나 환경, 볼이 놓여 있는 라이에 따라 자세와 스윙형태가 조금씩 달라질 뿐이다.

(1) 드라이버 샷

드라이버 샷은 골프경기에서 최대의 공격무기이자 일반 골퍼가 다루기 힘든 클럽이다. 가장 어려운 샷으로써 티를 꽂고 치는 이유이기도 하다. 한편 골퍼들에게 가장 큰 감동을 주는 샷이기도 하다. 드라이버는 14개의 클럽 중에서 가장 가볍고 로프트 각도 제일 작다. 또한 다른 클럽보다 길이가 길고 원심력이 크게 작용하여 볼을 가장 멀리 보낼 수 있는 클럽이다. 비거리와 정확성 사이에서 늘 갈등하고

고민하게 하는 샷이다. 드라
이버 샷은 비교적 플랫하게
백스윙을 하며 다운스윙시
왼쪽 발, 다리가 고정축을 형
성한 다음 머리를 잡고 양팔
을 뻗어 임팩트 한 후 릴리
즈를 충분히 해주면서 피니
시를 하는 것이 관건이다. 드
라이버 장타는 모든 골퍼의

티샷(tee shot) 준비

로망이다. 드라이버가 주는 호쾌한 장타는 큰 기쁨을 주기도 하지만 종종 발생하는
미스 샷은 전체적인 스윙리듬과 자신감, 스코어에 나쁜 영향을 준다. 일반적으로
장타 비결은 스탠스를 조금 넓게 하고 클럽과 몸의 간격, 스윙아크, 코킹과 충분한
어깨 회전으로 파워를 만들고, 임팩트시 하체를 단단히 고정하고 왼발로 디딤축을
형성, 체중이동, 지면반력, 릴리즈, 피니시를 통해 헤드스피드를 증가시키는 것이
다. 샷의 요령은 다음과 같다.

- 티잉 구역에서 티는 목표 방향과 일치되는 선상의 30㎝~1m 정도 앞에
  낙엽이나 디봇 등 식별 가능한 표지를 타깃과 정렬 후 그 후방에 티를 꽂
  는다.
- 어드레스는 숨을 크게 들이마신 후 내쉰 다음 루틴대로 동작을 취하고, 클
  럽페이스는 볼과 볼 앞 가상의 목표와 일치시켜 스퀘어로 맞춘다.
- 볼은 왼발 뒤꿈치 안쪽선상에 일치시켜 위치시킨다.
- 스탠스의 폭을 넓게 취한다. 임팩트 존이 길어지고 비거리가 늘어난다.
- 등은 곧게 펴서 목과 척추라인이 일직선이 되도록 하고, 오른쪽 어깨는 조
  금 낮춰 볼을 후방에서 보는 느낌을 갖도록 한다.
- 오른발에 체중을 60% 정도를 둔다. 백스윙도 용이할 뿐만 아니라 클럽헤
  드가 최저점을 지나 어퍼 블로(upper blow)[9]로 타격하기 쉽다.

---

9 상향타격.

- 티 높이는 클럽헤드의 윗부분이 볼의 1/2 위치에 놓이도록 꽂는다. 앞바람일 때는 그립은 내려 잡고 티는 낮게 꽂는다.
- 그립 악력의 강도는 약간 강하게 잡고 어드레스부터 피니시까지 일정하게 유지한다.
- 백스윙은 비교적 낮게(flat) 가져가며, 임팩트 후 팔로우도 낮게 뻗어준다. 2박자로 백스윙하고 1박자로 다운스윙을 한다.
- 스윙은 왼팔 주도적으로 해야 리듬이 좋아지며, 충분한 어깨회전과 임팩트, 릴리즈가 이루어지며 힘 전달에 매우 효과적이다.
- 백스윙은 양손이 오른 무릎 높이에서 자연스럽게 코킹, 힌지가 시작되며, 머리는 오른쪽으로 약간 이동, 백스윙 탑에서 정지한 후 다운스윙으로 전환, 이때 머리는 고정, 왼 어깨와 턱은 분리되고 왼쪽 골반이 열리면서 양 팔을 나란히 뻗으며 피니시를 한다.
- 백 스윙, 다운스윙 할 때는 중심축이 움직이지 않도록 한다.
- 다운스윙은 왼발바닥을 디딤 축으로 하여, 왼 무릎, 허리, 상체, 팔, 클럽 순으로 내려온다.
- 머리가 목표방향으로 나가든가 상하로 움직이는 것은 절대 금물이다.
- 스윙하는 동안 척추각도와 무릎의 각도가 변하지 않도록 한다.
- 임팩트시 체중은 왼발에 두고, 머리는 볼의 뒤쪽에 위치시킨 상태로 상향 타격한다.
- 다운스윙시 오른 팔꿈치는 오른쪽 호주머니 방향에 위치해야 한다.
- 무엇보다도 티샷은 티잉 구역에 올라가자마자 심호흡을 한후 주저하지 말고 곧바로 스윙을 한다.

(2) 페어웨이 우드 샷

우드는 드라이버 다음으로 긴 채로 볼을 멀리 보내기 위해 사용되는 클럽이다. 일반 아이언 스윙과 크게 다르지 않다. 아이언에 비해 솔 부분이 넓어서 롱 아이언보다 치기 쉬우나, 정확성이 떨어지는 단점 때문에 실패에 대한 두려움이 크다. 우드는 자신감을 갖고 스윙하는 것이 무엇보다 중요하다. 페어웨이 우드는 주로 페어웨이가 좁고 정확한 티샷이 요구되는 홀에서 드라이버 대신 사용하거나, 파 5홀 세컨 샷에서 사용한다. 우드는 헤드스피드가 조금 느린 사람도 볼을 잘 칠수 있다는 장점이 있을 뿐만 아니라 비거리 확보를 위해 여성들이 자주 사용하기도 한다. 샷의 방식은 다음과 같다.

- 스탠스의 폭은 드라이버보다 작게 한다.
- 체중은 좌우 균등하게 한다.
- 볼과 몸의 간격은 좁지 않게 적절히 유지한다.
- 스윙궤도는 낮고 크고, 완만하게 뻗어준다.
- 스윙은 서두르지 말고, 어깨회전은 충분히, 평소 리듬을 유지한다.
- 평지에서는 볼을 중앙보다 약간 왼쪽에 위치시키고, 트러블상황에서는 볼을 중앙에 위치시켜 상체를 중심으로 스윙한다.
- 어퍼 블로가 아닌 옆으로 쓸어 치는 사이드 블로 타법으로 한다.
- 척추각도를 최대한 유지해야 정확도를 높일 수 있다.
- 볼을 의도적으로 띄워 보내려고 하면 다운스윙 때 오른쪽 어깨가 아래로 떨어져 뒤땅 샷(fat shot)이 발생하게 된다.

(3) 아이언(iron) 샷

아이언은 거리보다는 정확성을 확보하기 위한 클럽으로 그린이나 홀컵을 향해 직접 공략 할 때 사용한다.

- 롱(long) 아이언은 로프트가 작고 가벼우며 슬라이스를 유발하는 경향이 있어 다루기가 까다로운 클럽이다. 스탠스는 조금 넓게 하고, 때리는 샷이 아니라 스윙 궤적상에 놓여 있는 볼을 스쳐 지나가는 느낌으로 스윙을 한다.
- 미들(middle) 아이언은 중거리용 클럽으로 거리와 방향의 오차를 최소화하는 것이 목적으로 샷을 할 때는 핀의 위치, 그린 주변의 상황을 확인하고,

벙커 등 장애물을 피하면서 그린 중앙을 공략하는 것이 좋다.

- 숏(short) 아이언은 길이가 짧고, 로프트가 크기 때문에 비교적 가까운 거리에서 정확한 샷을 구사하는 클럽이다. 남은 거리가 짧아질수록 스탠스는 좁게, 체중은 왼발 쪽에, 볼은 중앙에서 약간 오른발 쪽에 위치시킨다. 업라이트, 얼리 코킹을 하며 다운블로로 임팩트한다. 비거리보다 정확성이 중요하므로 클럽별로 일정한 거리를 파악하여 반복적으로 연습을 한다.
- 왼팔과 클럽샤프트를 일치시킨 상태에서 코킹은 부드럽게, 양팔 로테이션을 자연스럽게 활용하여 스윙을 간결하게 한다.

(4) 웨지(wedge) 샷

웨지 샷(approach shot)은 그린 주변에서 핀이나 홀 컵을 향해 직접 공략하는 샷으로 익히기 쉬운 기술이며 점수를 낮추는 데 매우 중요하다. 일반적으로 스윙방식은 다음과 같다.

- 스탠스 폭은 가까운 거리는 좁게, 멀수록 넓게 벌린다.
- 체중을 왼발에 둔다(6 : 4).
- 왼발은 오픈한다.
- 그립은 중간쯤 단단하게 잡는다.
- 얼리(early) 코킹, 업라이트 스윙을 한다.
- 스윙시 손목움직임을 최소화 하고 스윙크기로 거리를 조절한다.
- 다운스윙시 감속하지 말고 가속을 한다.
- 클럽 헤드무게를 이용하여 임팩트를 하고, 팔로스루(follow through)는 헤드가 목표 방향을 향하도록 자연스럽게 뻗어주는 것이 좋다.

3. 효과적인 연습방법

골프는 '샷이 망가지는데 하루, 샷을 만드는데 일주일', '하루 연습을 하지 않으면 자신이 알고, 3일 안하면 세상 사람들이 안다.'라는 속설이 있다. 연습이 중요하다는 사실이다. 효과적인 연습이란 일관된 스윙리듬을 만들기 위해 반복된 동작을 하는 의지의 표현이다. 연습의 요체는 반복을 통한 일관성의 확보이다. 일관성을 얻기 위해서는 스윙의 기본부터 철저히 점검되고 실행되어야 한다. 연습은 클럽별 구분동작으로 스윙의 다양한 기술들을 패턴화시켜 연습하되 지나치게 부분 동작에 집중하지 말고, 풀스윙 동작과 연계하여 균형감 있게 반복하는 것이 효과적이다. 스윙은 부분보다 전체가 좋으면 되고, 작은 스윙부터 시작하여 큰 스윙으로 마무리하는 것이 좋다. 실외 골프 연습장을 이용할 때는 구조물이나 지형지물 등을 입체적으로 활용하여 연습하는 것도 좋은 방식이다. 연습 전에는 반드시 준비운동(warming up), 운동을 마친 다음에는 정리운동(cool down)을 한다.

(1) 프리 샷 루틴(pre-shot routines)

프리 샷 루틴이란 어드레스 동작을 전후해서 샷을 하기 직전까지 이루어지는 일련의 습관화된 동작을 말한다. 습관화된 동작은 사람마다 차이가 있고 모양도 다양하다. 농구선수가 자유투를 던지기에 앞서 볼을 바닥에 몇 번 튀긴 후에 골대를 보며 슛을 준비하는 것이나 배구선수들이 서브하기 전에 볼을 튀기는 등 일련의 습관화된 동작들과 같이 골프의 경우에 있어서도 스윙하기 전에 똑같은 일련의 반복된 과정을 거친다. 프리 샷 루틴은 변화하는 다양한 골프 환경에서 주의를 집중시켜 주고 일관된 스윙을 유지해주는 중요한 역할을 한다. 스윙 전, 후 루틴화된 동작에 따라 행동을 함으로써 생각, 느낌, 행동의 일관성을 높여줄 뿐만 아니라 긴장감을 완화시켜주고 자신감도 높여준다. 주의해야 할 점은 프리 샷 루틴이 지나치게 길면 독이 될 수도 있다는 사실이다.

(2) 목표방향과 평행하게 정렬한다.

셋 업(set up)을 할 때에는 무릎과 어깨라인, 그리고 발끝라인이 목표물과 평행하도록 한다. 특히 긴 클럽을 이용하는 경우에는 더욱 그렇다. 거울을 이용하여 준비자세를 체크하는 것도 좋은 방법이다.

(3) 클럽을 손가락으로 잡고 왼팔 주도적 스윙연습을 한다.

그립은 왼손가락 새끼, 약지, 중지로 단단히 걸어 쥐고, 왼팔 주도적으로 휘두르는 연습을 하면 헤드무게감을 쉽게 느낄 수 있고 손목의 유연성을 얻는데 효과적이다. 클럽헤드의 원심력과 중력에 의해 손목이 자연스럽게 로테이션 되기 때문이다. 그립은 클럽이 새끼 손가락의 아래 부분부터 검지 손가락 구부러진 마디까지 대각선으로 흐르도록 잡고, 기회 있을 때마다 그립을 잡았다, 풀었다 하는 연습을 꾸준히 한다. 클럽을 손바닥으로 잡으면 처음에는 안정적일지 모르지만 실제로는 긴장을 유발시키며, 손목의 유연성과 움직임을 둔화시키는 가장 큰 원인이 된다.

(4) 백스윙 탑 정점에서 잠시 정지하는 습관을 기른다.

스윙의 안정성과 일관성을 가져다주는 중요한 방법 중 하나는 백스윙 탑에서 일시 정지하는 것이다. 백스윙의 탑은 백스윙에서 다운스윙으로 방향을 전환하는 순간으로 다양한 변수가 개입할 개연성이 높기 때문에 이를 매끄럽게 연결하기 위해서 정지된 동작확보가 필수적이다. 정지된 동작은 급격한 방향전환으로 인해 유발되는 여러 부작용을 방지하고, 강력한 힘을 모아 줄 뿐만 아니라 스윙리듬과 밸런스를 좋게 해준다. 시각적으로는 정지 순간이 잘 보이지 않지만, 마음속으로는 정지된 순간을 느낀 후 다운스윙으로 전환하는 것이다.

(5) 척추의 각도를 최대한 유지한다.

스윙을 하는 동안에는 어드레스 때의 척추 각도를 최대한 유지하고 스윙을 한다. 척추가 상하, 좌우로 움직인 상태에서 스윙할 경우에는 슬라이스, 훅, 토핑, 뒤땅 샷 등 미스 샷의 주 원인이 된다. 척추 각도가 유지된 상태에서 스윙하여야 미스 샷을 줄이고, 리듬, 스윙궤도, 다운 블로우 샷이 좋아질 뿐만 아니라 정확한 타격 확률이 높아진다.

(6) 왼 손목은 견고하게 하고, 왼팔은 펴서 스윙을 주도한다.

풀스윙에서 퍼팅에 이르기까지 기량이 미숙한 선수나 고도의 실력을 갖춘 선수들에게 나타나는 일반적인 실수는 왼쪽 손목의 붕괴이다. 손목이 붕괴되면 풀스윙시 파워의 손실을 가져오고, 숏 게임에서는 토핑, 뒤땅 샷 등 미스 샷을 유발하는 원인이 된다. 스윙의 주도적인 역할은 왼팔이 하며, 왼팔이 펴진 상태에서 양손목의 로테이션과 릴리즈가 이루어졌을 때 헤드 스피드가 증가할 뿐만 아니라 임팩트를 극대화시켜 스윙의 효율성을 극대화한다.

(7) 이미지 스윙연습을 한다.

간결하고 정확한 스윙은 반복연습과 실전을 통해 물 흐르듯 자연스럽게 이루어져야 한다. 이론은 어디까지나 이해의 차원이지 곧바로 쉽게 몸으로 전달되지 않는다는 사실을 잊어서는 안 된다. 따라서 복잡한 이론을 단순동작으로 전환시킬 수 있는 사고의 단순화가 필요하다. 볼이 잘 맞았을 때, 스윙이 잘되었을 때의 느낌을 상기하면서 이미지 스윙을 되풀이 하는 것도 좋은 방법이다. 과거에 좋았던 스윙의 결과를 이미지화 하면서 연습하면 샷에 대한 집중력과 정확성, 심리적 압박감을 극복하는 효과도 수반된다. 스윙의 열쇠는 몸으로 푸는 것이지 머리로 푸는 것이 아니다. 연구하지 말고 연습을 해라.

(8) 백스윙을 빠르게 하지 말고 부드럽게 스윙을 한다.

골프 스윙은 어느 정도 골퍼의 체형, 기질과 관계가 있다. 백스윙이 급해서 미스 샷을 날리는 골퍼들이 많다. 완급을 조절하면서 연습하는 습관을 길러야 한다. 골프 스윙은 자신의 근력과 유연성을 바탕으로 양팔과 어깨가 이루는 시스템, 일정한 간격, 상체회전과 하체를 이원화시켜 상호 유기적으로 이루어져야 한다. 부드럽게 스윙하면서 자신만의 스윙을 신뢰하는 것은 자신감을 얻는 데 있어 매우 중요한 요소가 된다.

볼의 비행원리

제5장
볼의 비행원리

골프는 정직한 운동이다. 날아가는 볼은 거짓말을 하지 않는다. 클럽헤드에 임팩트 된 볼은 일정한 거리와 방향성을 갖게 되며, 볼의 거리와 방향성에 영향을 주는 요소를 볼의 비행원리라고 한다. 일반적으로 볼의 비행에 영향을 주는 요소에는 외부적인 요소와 물리적인 요소가 있다. 외부적인 요소로는 장비나 볼, 기후, 습도, 지형 등이 있고, 물리적 요소로는 스윙궤도와 임팩트순간의 클럽페이스의 위치, 헤드 스피드, 클럽페이스의 중심타격, 볼 접근각도 등이 있다.

Ⅰ. 볼의 비행법칙

1. 볼의 방향요소

볼의 방향은 임팩트시 클럽헤드가 움직이는 클럽의 스윙궤도, 클럽페이스 각도의 상관관계에 따라 결정된다. 구체적으로 설명하면 스윙궤도 3가지(인사이드 투인, 아웃사이드 투 인, 인사이드 투 아웃)에 클럽페이스 위치 3가지(클로즈드, 스퀘어, 오픈)를 곱하면 9가지 조합이 생긴다. 그러므로 볼의 방향은 임팩트 때의 클럽의 궤적과 볼에 접촉한 클럽페이스의 각도에 따라 9가지 방향이 만들어진다. 볼을 똑바로 보내는 것이 이상적이긴 하지만 골프에서는 늘 다양한 조건과 환경이 주어지기 때문에 상급 골퍼가 되려면 9개의 방향을 자유롭게 구사할 줄 알아야 한다.

(1) 인사이드 투 인(inside to in) 궤도

다운스윙을 할 경우 볼을 향해 안쪽에서 클럽이 들어오고, 임팩트가 된 후 다시 비구선 안쪽으로 팔로우가 되는 클럽의 움직임을 말한다. 이때 볼과 클럽페이스의 각도에 따라 3종류의 방향으로 날아간다.

(2) 인사이드 투 아웃(inside to out) 궤도

다운스윙시 클럽이 비구선의 안쪽으로 들어왔다가 임팩트가 된 후 비구선 바깥쪽으로 빠져 나가는 스윙궤도이다. 이때 볼과 클럽페이스의 각도에 따라 3종류의 방향으로 날아간다.

(3) 아웃사이드 투 인(outside to in) 궤도

다운스윙을 할 경우에 클럽이 비구선의 바깥쪽으로 들어왔다가 임팩트가 된 후에는 비구선 안쪽으로 나가는 스윙궤도이다. 이때 볼과 클럽페이스의 각도에 따라 3종류의 방향으로 날아간다.

2. 볼의 비행종류

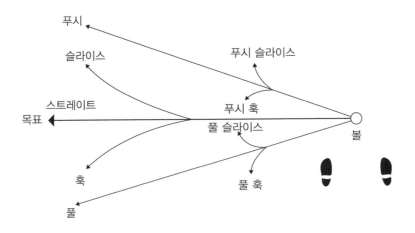

한편, 각각의 경우에 임팩트 때 클럽페이스가 눕힌 정도에 따라 볼은 낮은

탄도, 중간 탄도, 높은 탄도로 날아갈 수도 있다. 이와 같은 경우를 고려하면 골프에서 나타날 수 있는 볼의 방향은 총 27개로 분류할 수 있다.

3. 페이드 샷과 드로우 샷

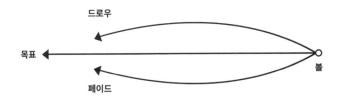

(1) 페이드 샷(fade shot)

페이드 샷은 볼이 목표방향보다 왼쪽으로 날아가다 낙하직전에 목표방향쪽인 오른쪽으로 휘는 샷을 말한다. 홀 컵이 그린 오른쪽에 있거나 그린 오른쪽에 페널티구역(벙커, 워터 해저드)이 있는 경우에는 볼이 왼쪽에서 오른쪽방향으로 휘는 페이드 샷이 유리하다. 우측 도그랙 홀에서도 효과적이다. 페이드 샷의 경우 비교적 런이 적어 비거리에서는 손해를 볼 수 있으나 방향성이 좋다. 스윙요령은 다음과 같다.

- 클럽페이스는 스퀘어로 정렬한다.
- 왼발을 뒤로 빼는 오픈 스탠스로 취한다.
- 몸은 홀 컵의 왼쪽을 향하여 정렬시킨다.
- 스윙궤도는 아웃 투 인이 되게 한다.
- 볼은 중앙에서 약간 왼쪽에 위치시킨다.
- 하이(high) 피니시를 한다.

(2) 드로우 샷(draw shot)

드로우 샷은 페이드 샷과는 반대로 볼이 오른쪽으로 날아가다 낙하직전에 목표방향인 왼쪽으로 휘는 샷을 말한다. 앞바람이 있는 경우, 홀컵이 그린 왼쪽에 있고, 그린 왼쪽에 페널티구역(벙커, 워터 해저드)이 있을 경우에는 드로우 샷을 하는 것이 유리하다. 좌측 도그랙 홀에서도 효과적이다. 드로우 샷은 비교적 런이 많아 비거리는 좋으나 방향성이 떨어지는 경향이 있다. 스윙요령은 다음과 같다.

- 클럽페이스를 스퀘어로 정렬한다.
- 오른발을 약간 뒤로 빼는 클로즈드스탠스를 취한다.
- 몸은 홀 컵의 오른쪽을 향하여 정렬시킨 후 인 투 아웃으로 스윙한다.
- 볼은 중앙에서 약간 오른쪽에 위치시킨다.
- 임팩트시 클럽이 닫히도록 한다.
- 피니시를 페이드보다는 낮게 로우(low) 피니시로 구사한다.

4. 기어효과(gear effect)

드라이버나 우드의 페이스를 보면 아이언과 달리 중심부분이 볼록하게 나와 있다. 일반적으로 생각하면 클럽의 바깥쪽에 볼이 맞으면 슬라이스가 나지 않을까 고민을 하게 된다. 그러나 볼은 일정한 방향성을 가지고 똑바로 날아간다. 기어효과 때문이다. 기어효과란 임팩트 직후에는 페이스가 열린 각도에 따라 오른쪽으로 날아가다가 스핀효과에 의하여 왼쪽으로 다시 방향을 바꾸어 날아가는 현상을 말한다. 이는 마치 두 개의 기어가 맞물려 회전하는 형태와 같아 '기어효과'라고 하는 것이다. 이러한 기어효과를 이용하여 볼을 타겟 방향으로 멀리 보내기 위해서 드라이버페이스의 중심부분을 약간 볼록하게 만드는 것이다.

Ⅱ. 볼의 비거리 결정요인

1. 클럽헤드의 속도(head speed)

볼의 비행거리를 결정하는 가장 중요한 요소는 클럽헤드의 스피드이다. 헤드

스피드에 영향을 주는 요소는 일반적으로 체력, 유연성, 지렛대효과, 셋업, 타고난 운동신경 등을 들 수 있다. 헤드스피드는 인체의 올바른 순서에 의한 움직임과 각 속도의 증가에 의해 극대화된다. 그리고 인체의 순차적인 움직임은 근육의 수축작용에 의하므로 근육이 튼튼하고 유연하면 강한 힘을 생성할 수 있다.

2. 임팩트의 정확성

스윙을 할 때 아무리 헤드스피드가 빨라도 헤드의 중심부분(sweet spot)에 볼이 정확하게 맞지 않으면 거리의 손실이 생긴다. 다시 말해서 헤드 중심에 얼마나 정확하게 맞추느냐에 따라 비거리 차이가 난다는 것을 의미한다. 클럽 헤드의 중심부분에 맞지 않는 다는 것은 정확하고 일관성 있는 스윙이 구축되지 않았기 때문이다.

3. 볼 접근각도

볼 접근각도란 클럽페이스가 볼에 접근하는 경사 각도를 말한다. 모든 클럽에는 고유의 볼 접근각도가 있다. 드라이버는 그 경사가 완만하게 내려오며, 웨지는 가파르게 내려온다. 접근 각이 가파르면 백스핀이 많아져서 볼이 높이 뜨며, 거리는 감소한다. 즉 클럽의 회전축은 같은데 클럽의 길이가 짧을수록 헤드가 몸 안쪽으로 접근하고, 반지름이 작아지므로 접근각도는 커지는 것이다. 볼 접근 각에 영향을 미치는 요소에는 스윙궤도, 스탠스, 볼 포지션, 무게중심의 위치, 코킹 등이 있다.

Ⅲ. 장타의 일반적 조건

장타는 모든 골퍼의 로망이다. 장타를 치기 위해서는 신체적 조건, 기술적 조건, 심리적 조건이 최적으로 조합이 이루어져야 한다. 무엇보다 중요한 사실은 장타를 치는 데는 힘보다 스윙스피드와 리듬이 더 큰 작용을 한다는 사실이다. 일반적 조건은 다음과 같다.

1. 신체적 조건

- 손의 악력과 손목의 힘을 키워라. 파워와 컨트롤의 근원이 된다.
- 하체근육을 단단하게 하라.
- 하복근도 강화해라. 그렇지 않으면 다운스윙시 상체가 무너지는 경향이 있다.
- 몸의 유연성을 키워라.

2. 기술적 요건

- 스탠스를 약간 넓혀 밸런스를 유지해라. 너무 넓으면 독이 될 수 있다.
- 스트롱그립을 취하고, 스윙아크를 극대화하여, 임팩트 직전까지 코킹이 유지되도록 손목코킹을 최대한 늦게 풀어라.
- 등이 목표를 향하도록 어깨의 회전을 극대화하라. 그래야 다운스윙 때 최고의 파괴력을 발휘할 수 있는 탄력이 생성된다.
- 백스윙 탑 정점에서 반 박자 쉬고, 손목의 스냅을 활용하라.
- 다운스윙시 왼발의 디딤 축을 형성, 지면반력을 이용하라.
- 스위트 스팟에 정확하게 임팩트 한 후 양팔이 똑바로 펴질 때까지 릴리즈(release)해 주어라.
- 스윙리듬을 유지해라. 피니시는 장타의 마무리이다.
- 삼각형의 시스템과 클럽과 몸의 간격을 최대한 유지, 확보하라.
- 백 스윙이 급격하게 빨라지지 않도록 주의하라.

3. 심리적 조건

- 집중력과 침착성, 자신감을 가져야 한다.
- 긍정적인 생각을 가지고 샷에 집중하여야 한다.

숏 게임
(short game)

제6장

숏 게임(short game)

Ⅰ. 개념

골프는 마무리가 중요한 스포츠다. 마무리는 숏 게임(shorts game)에 의해 이루어지며 매우 감성적이다. 숏 게임이란 그린 주변에서 볼을 홀 컵에 접근시키기 위한 어프로치(approach) 샷과 퍼팅을 포함하는 포괄적 개념이다. 세컨 샷이 그린을 놓쳐 그린 주변에 있을 때는 볼을 홀 컵에 근접시켜 원 퍼팅으로 홀 아웃을 해야 한다. '숏 게임을 지배하는 자가 우승을 한다.'라는 말처럼 숏 게임은 점수 (score)에 큰 영향을 준다. 골프경기 전체에서 숏 게임이 차지하는 비중은 60%를 넘는다. 숏 게임은 이전에 실수한 샷을 회복해야 하기 때문에 그 만큼 심리적 압박을 받으며 샷을 하게 된다. 골퍼들이 숏 게임에 많은 시간과 노력을 기울이는 이유이다.

숏 게임은 비거리보다는 방향성이 중요하고, 비교적 감각에 의해 지배되는 샷이다. 그린 주변에서의 플레이는 볼의 위치, 그린의 모양, 그린의 경사도, 잔디 결과 길이 등 여러 가지 상황에 따라 창의적 상상력이 요구된다. 기술적으로 올바른 클럽선택과 볼의 체공거리와 굴러가는 거리를 잘 판단하여 낙하지점(landing area)을 정확하게 선정해서 적합한 샷을 하여야 한다. 따라서 그린 주변에서의 숏 게임은 볼의 라이, 환경 등 종합적인 상황판단을 한 후 집중력과 자신감을 갖고 수행해야 하며, 그렇지 않으면 실수할 확률이 높다. 숏 게임은 골프경기에서 비중 높게 사용되는 기술임에도 불구하고, 초보자나 아마추어 골퍼들은 숏 게임 연습을 가볍게 여기는 경향이 있다.

Ⅱ. 숏 게임의 종류

1. 칩샷(chip shot)

(1) 특징

칩샷이란 그린 주변에서 볼을 띄우는 거리(carry)보다 구르는 거리(run)를 더 길게 하는 어프로치 샷을 말한다. 그린 주변의 여러 가지 어프로치 샷 중에서 가장 기본이 되는 기술이다. 칩샷은 모든 클럽을 사용할 수 있으나 그린주변 30m 이내

어드레스(address)

의 거리에서는 보통 웨지클럽(P, A, S)을 사용한다. 그린 주변에서 웨지를 사용하는 롱 퍼팅이라고 생각하면 이해하기가 쉽다. 장점으로는 스트로크 크기가 작아 스윙 동작의 일관성이 좋을 뿐만 아니라 거리조절에도 용이하며, 특히 정확도가 높아 그린주변에서 가장 많이 사용되는 방식이다. 처음에는 작은 스트로크부터 시작해서 점차 멀리 나가는 방식으로 연습을 한다. 칩샷을 하기 전에는 반드시 볼의 라이, 잔디결의 방향, 그린의 경사도와 빠르기, 홀컵까지의 거리 등을 분석한 후 낙하지

점과 구르는 거리를 계산하여 목표지점에 정확하게 보낼 수 있도록 클럽선택을 한다. 그 다음에는 자신감 있는 스트로크를 하는 것이 중요하다. 볼을 띄우기 위해 손목 쓰는 것은 금물이다. 토핑이나 뒤땅 샷 등의 원인이 된다. 일반적으로 칩샷은 배우기 쉬운 단순한 동작이기는

칩샷(chip shot)

하나 골퍼들이 실수를 가장 많이 하는 샷 중 하나이다.

(2) 스윙 방법

1) 그린 주변 평지의 경우

* 체중은 왼발에 60~70% 두고, 왼발은 오픈한다.
* 그립은 중간쯤 내려서 견고하게 잡는다.
* 스탠스는 어깨너비보다 좁게, 스탠스 폭은 거리에 비례하여 넓이를 설정한다.
* 볼은 중앙 또는 오른발 안쪽에 놓는다.
* 그립을 잡은 양손의 위치는 볼보다 앞에 위치한다(핸드퍼스트).
* 체중 이동없이 백스윙부터 피니시까지 왼발 축을 유지한다.
* 왼쪽 어깨와 몸통은 목표보다 왼쪽을 향하도록 열어준다.
* 맨땅에서의 칩샷은 퍼팅하듯 스윙한다.
* 그린의 경사도나 빠르기, 홀컵의 위치를 고려하여 볼의 낙하지점(landing area)을 설정한 후 머릿속으로 상상하며 스윙한다.
* 손목움직임을 최대한 억제하고 어드레스 때의 소문자 y 손목앵글을 피니시까지 유지한다.
* 스윙은 일정한 템포를 유지하고 다운스윙 때는 가속을 한다.
* 볼을 끝까지 주시하고 헤드업을 피한다.
* 왼 무릎이 경직되지 않도록 유연하게 한다.
* 왼팔과 클럽헤드를 목표방향으로 뻗어주고, 피니시(finish) 때에 클럽페이스가 하늘을 향하게 한다.

2) 그린주변 오르막 라이(lie)의 경우

* 체중은 왼발에 싣는다.
* 볼의 위치는 중앙에 위치시킨다.
* 클럽페이스를 약간 닫아준다. 그래야 거리가 확보된다.
* 스윙은 인 투 아웃으로 하고, 헤드는 목표방향으로 향하게 하여 평소보다

릴리즈를 크게 해 준다.

- 손목앵글은 풀지 않고 견고하게 유지한 상태로 클럽페이스를 목표방향으로 감아가듯이 해야 한다.

3) 그린 주변 내리막 라이(lie)의 경우

내리막 경사가 심한 경우에서는 오르막 라이에서의 경우와 반대로 볼의 런이 많이 발생하거나 토핑 샷이 자주 발생한다. 요령은 다음과 같다.

- 체중은 중력에 따라 왼발에 두고, 어깨는 경사면 기울기와 일치시킨다.
- 볼의 위치는 오른발 쪽에 위치시킨다.
- 스탠스는 넓게, 그립은 중간 쯤 단단히 잡는다.
- 클럽페이스는 경사도에 맞춰 열고, 경사도에 맞게 백스윙한다.
- 손목앵글은 풀지 않고 견고하게 유지한 상태에서 아웃 투 인 스윙으로 깎아치는 느낌으로 스트로크 한다.
- 피니시를 크게 하지 말고 짧게 끊어 친다.
- 볼을 걷어 올리려고 손목을 쓰지 마라. 토핑, 뒤땅 샷의 원인이 된다.

2. 피치 샷(pitch shot)

(1) 특징

피치 샷은 굴리는 샷을 하기 곤란할 때 볼을 높은 탄도로 부드럽게 띄워서 그린을 공략하는 샷이다. 즉 볼을 부드럽게 안착시켜 구름을 작게 하기 위한 방식이다. 피치 샷은 높은 탄도로 스핀을 걸어 공략하기 때문에 칩샷보다는 정확성이 떨어진다. 피치 샷은 주로 볼과 그린 사이에 벙커나 나무, 해저드 등 장애물이 있을 때, 그린이 내리막 형태일 경우, 볼을 낙하지점에 바로 세우려 할 때 사용한다. 클럽은 주로 로프트각도가 큰 피칭웨지나 샌드웨지를 주로 사용한다. 피치 샷은 볼과 홀의 거리의 중간지점에 떨어뜨리는 것이 좋다. 그러므로 볼이 놓여 있는 위치, 핀이 꽂혀 있는 위치 등을 고려하여 적합한 클럽을 선택하고, 볼의 탄도로 거리를 맞추어야 하기 때문에 정확한 감각과 많은 실전연습이 필요한 기술이다.

(2) 스윙방법

- 목표방향을 향해 약간 오픈하여 어드레스 한다.
- 볼은 스탠스 중앙에 놓고, 체중은 왼발에 더 실어 준다.
- 그립은 짧고 부드럽게 잡는다.
- 클럽은 주로 피칭웨지나 샌드웨지를 선택한다.
- 얼리 코킹과 업라이트 스윙을 한다.
- 손목에 힘을 주지 말고, 최대한 헤드 무게를 이용하여 U자 형태의 스윙을 부드럽게 한다.

3. 로브 샷(lob shot)

(1) 특징

　로브 샷은 볼과 그린 사이 워터 해저드나 벙커, 나무 등 장애물을 넘길 때, 또는 핀의 위치가 그린 앞쪽에 있거나 그린스피드가 빠른 경우 볼을 최대한 높이 띄워 바로 멈추게 하는 샷이다. 볼의 라이가 좋을 때 구사하는 로브 샷은 높은 탄도로 짧은 거리를 보내는 어려운 기술로서 칩샷이나 런닝 어프로치로 핀에 붙일 수 없을 때 그린 위에 떨어뜨려 백스핀을 걸지 않고 속도를 줄이는 고난도 기술이다. 상급자들도 구사하기 매우 어려운 기술로서 페이스 각도가 지면과 거의 평행하게 들어가도록 구사하여야 한다. 로브 샷은 기본적으로 볼은 왼쪽에 놓고, 그립은 부드럽게, 스윙도 부드럽게 하면 된다. 자신감과 뛰어난 기술이 필요하다. 주로 샌드웨지보다 로프트 각이 큰 로브 웨지(lob wedge)를 사용한다.

(2) 스윙방법

- 클럽이 열린 만큼 어깨, 허리, 무릎, 스탠스를 왼쪽으로 오픈하고 무릎을 낮게 굽혀야 한다.
- 뉴트럴 그립이나 위크 그립 등 약한 그립이 좋다. 로브 샷은 클럽페이스

를 볼 아래로 깊숙이 넣어야 하기 때문에 그립은 헤드의 무게를 느낄 수 있도록 조금 내려잡는다.

- 볼은 스탠스 왼쪽에 놓으며 클럽페이스를 최대한 오픈시킨다. 볼의 위치에 따라 볼의 탄도가 결정되므로 높이 띄우고 싶은 만큼 왼쪽에 위치시킨다.
- 얼리 코킹(early cocking)을 하면서 강하고 빠른 스윙보다는 U자형의 완만하고 부드러운 스윙이 필요하다. 목표지점의 거리에 따라 백스윙의 크기를 조정하며, 볼을 띄우는 스윙을 하는 데는 몸의 역할이 매우 크므로, 스윙이 진행되는 동안 하체는 백스윙에 따라 자연스럽게 움직이고 머리는 고정시키며, 시선은 볼 뒤쪽에 두어야 한다. 피니시는 볼을 그린에 안착하게 하는 마지막 동작으로 클럽페이스가 자신의 얼굴을 향하도록 한다. 로브 샷의 스윙 시 가장 중요한 것은 클럽헤드의 무게를 얼마나 느끼며 볼 밑으로 깊숙이 넣느냐가 관건이다.

4. 플롭 샷(flop shot)

(1) 특징

그린 주변의 좁은 공간이나 라이가 좋지 않은 상황에서 볼이 아주 부드럽게 안착할 필요가 있을 때 손목을 이용한 피치 샷이다. 즉 그린주변 러프지역에서 핀을 향해 실행하는 샷으로 로브 샷과 유사하나 로브 샷은 좀 더 라이가 좋은 상황에서 실행된다는 점에 차이가 있다. 플롭 샷은 클럽헤드가 볼 밑으로 먼저 빠르게 빠져나가는 느낌이 드는 샷이다.

(2) 스윙방법

- 안정감 있는 스윙 축을 만드는 것이 매우 중요하므로 하체를 단단히 고정하고, 오픈스탠스를 취하며 클럽페이스는 최대한 오픈시킨다.
- 러프지역에서의 샷으로 그립은 견고하고, 짧게 내려잡는 것이 좋다.
- 체중 왼발, 볼 포지션은 중앙 쪽에 위치한다.
- 스윙은 가파른 V자 형태로 하며, 손목을 최대한 활용하여 헤드를 볼에 접

근시키면서 부드럽게 피니시를 한다.

5. 런닝 어프로치 샷(running approach)

(1) 특징

런닝 어프로치 샷은 캐리보다 볼을 길게 굴려서 홀 컵을 공략하는 기술로 칩 샷의 한 형태라고 보면 된다. 그린 주변에서 퍼터를 사용할 수 있는 경우에는 가급적 퍼팅을 하는 것이 가장 좋다. 그 다음으로 볼과 홀 컵 사이에 거리가 있거나 잔디, 러프 등으로 퍼팅을 하기가 곤란할 때는 런닝 어프로치로 공략하는 것이 좋다. 런닝 어프로치 샷은 스퀘어 상태로 어드레스하고 코킹을 하지 않으면서 자연스럽게 테이크 백을 한 후 퍼팅의 경우처럼 팔과 어깨만을 사용해서 볼을 타격하여 굴리는 기술이다. 런닝 어프로치는 스트로크의 스피드보다 나가는 볼의 스피드가 빨라지는 것이 특징으로 홀 컵의 위치가 오르막인 경우, 백핀, 겨울 그리고 그린 주변에 잔디가 없는 경우에 특히 유용하다. 주의할 것은 변수가 있긴 하지만 저탄도 구질에 구름이 크기 때문에 그린 앞쪽에 낙하지점을 설정하는 것이 좋다. 런닝 어프로치는 다른 어프로치 샷보다 정확성, 방향성이 뛰어나고, 기술이 간단하기 때문에 그린 주변에서 자주 사용되는 어프로치 샷이다.

(2) 스윙방법

- 체중 왼발, 볼의 위치는 오른 엄지발 앞쪽, 스탠스는 평소보다는 좁게 서며, 그립의 위치는 왼쪽 허벅지 안쪽에 위치하고(핸드퍼스트), 그립은 짧고 부드럽게 잡는 것이 좋다.
- 7~9번 아이언, 피칭웨지 등을 주로 사용한다.
- 낙하지점(landing area)과 공이 구르는 거리계산이 중요하다.
- 다운 스윙시 부드럽게 가속하고, 팔로스루는 클럽헤드를 낮고 길게 가져간다. 왜냐하면 클럽헤드를 낮고 길게 빼면 불필요한 백스핀이 걸리지 않고 볼 회전이 좋아져 원하는 위치로 볼을 보낼 수 있기 때문이다.

6. 범프 앤 런 샷(bump & run shot)

(1) 특징

범프 앤 런 샷은 그린이 작을 경우, 그린 앞턱이 낮거나 바람이 부는 경우, 빠른 그린, 피치 샷으로 홀 근처에 정지시키기 어려울 때 주로 이용되는 방법으로 칩 샷의 한 형태라고 보면 된다. 보통 피칭 웨지나 숏 아이언을 사용하며 볼을 그린 앞 중턱에 원 바운드시킨 다음 그린 위에 안착시킨다. 범프 앤 런 샷은 홀컵이 약 20~50야드의 거리에 있을 경우 주로 사용되고, 7~9번 아이언 같이 작은 로프트를 가진 클럽으로 정확한 임팩트와 최소한의 백스핀을 만들어 내는 샷이다. 칩샷과 같이 낮게 날아갈수록 좋고, 스핀이 적어 결과 예측이 쉽다.

(2) 스윙방법
- 클럽은 롱 아이언, 미들 아이언, 숏 아이언, 피칭웨지를 사용한다.
- 볼은 오른발 쪽에 위치시킨다.
- 클럽헤드로 쓸어치는 타법을 사용한다.
- 손목코킹을 가볍게 사용한다.
- 그린 앞턱이나 평탄한 지역에 착지시킨 후 굴러가도록 친다.

7. 러프에서의 어프로치 샷

그린을 향해 공략한 볼이 그린주변 러프에 잠겨 있을 경우 매우 어려운 상황에 놓이게 된다. 러프에서의 샷은 임팩트시 잔디의 저항으로 헤드가 잡혀 목표방향에 도달하지 못하는 경우가 자주 발생하고, 클럽헤드와 볼 사이에 풀이 끼여 볼이 미끄러지는 슬림현상으로 인해 런이 많은 특성을 가지고 있다. 그러므로 러프에서의 샷은 낙하지점을 정확하게 선정해서 공략을 하는 것이 중요하다. 그린 주변 깊은 러프

러프(rough)

는 클럽이 잘 빠져 나가지 않으므로 로프트가 큰 클럽을 사용한다. 러프가 긴 라이에서는 순간스피드가 필요하기 때문에 벙커에서 탈출하는 방법처럼 임팩트시에 클럽헤드가 볼 밑을 빠르게 빠져나가도록 샷을 구사해야 한다.

- 스탠스는 약간 넓게 하고, 체중은 왼발에 놓는다.
- 클럽페이스는 최대한 오픈시켜 목표방향 왼쪽으로 몸을 정렬한다.
- 백스윙은 얼리(early) 코킹, 업라이트 스윙을 한다.
- 다운스윙은 아웃 투 인의 궤도로 헤드가 볼 밑을 빠져나가듯 한다.
- 손목 로테이션 동작은 하지 않고 길게 뻗어 준다.
- 피니시 생략하고 간결하게 끊어 친다.
- 러프가 길수록 강하게 쳐 주고, 거리는 스윙크기로 조절한다.
- 헤드업은 토핑(topping)의 원인이 된다.
- 런이 많아 낙하 지점은 생각한 지점보다 앞에 설정하는 것이 좋다.

8. 콕 앤 팝(cock & pop) 샷

그린 주변 일반 러프지역에 볼이 놓여 있을 때 정상적인 칩샷이 어려운 경우, 기존의 칩샷 방식과는 다르게 주로 손목을 사용하는 콕 앤 팝 샷이 있다. 손목을 사용하는 것이 특징이며 플롭 샷과 유사하다. 스윙방법은 그립을 짧게 단단히 잡고, 스탠스는 좁게, 클럽페이스는 오픈시킨다. 체중은 왼발에 두고, 볼 포지션은 중앙에서 약간 오른쪽에 위치시킨다. 스탠스 폭은 좁게 하고, 스윙은 팔의 움직임은 작게, 손목의 코킹을 최대한 이용하여 샷을 구사한다.

9. 맨땅(hard pan)에서의 어프로치샷

골프를 하다보면 종종 잔디가 없는 맨땅에 볼이 놓여 있는 경우가 있다. 볼이 맨땅에 있을 때에는 샷을 하기가 어렵고, 불안한 마음으로 스윙이 빨라지는 경향이 있다. 맨땅에서는 흙의 상태와 볼의 라이를 잘 파악한 후 볼을 클럽 면과 지면 사이에서 깔끔하게 쳐내는 것이 중요하다. 종종 골퍼들이 피칭웨지나 샌드웨지로 토핑이나 뒤땅을 치는 것을 볼 수가 있는데, 여기서는 띄우는 샷보다 굴리는 샷이 안전하므로 로프트가 작은 클럽[1]을 선택해서 치핑이나 런닝 어프로치를 하는 것이 좋다.

- 그립은 약간 내려잡아 강하게 잡는다.
- 볼은 중앙에서 한 개 정도 오른쪽에 위치시킨다.
- 스탠스는 약간 좁게 하고 오픈 스탠스를 취한다.
- 체중은 왼발에 둔다.
- 러닝어프로치 하듯이 스트로크 한다.
- 스윙하는 동안 무릎과 머리의 높이를 일정하게 유지한 다음 다운블로로 볼을 임팩트를 하여야 한다.
- 볼을 띄우려 하지 말고, 피니시는 낮고 길게 가져간다.

---

1 7~9번 아이언, 피칭웨지. 퍼터

퍼팅
(putting)

제7장
퍼팅(putting)

Ⅰ. 개념

퍼팅(putting)이란 그린 위에 놓여있는 볼을 퍼터로 쳐서 직경 108㎜의 홀에 넣는 샷을 말한다. 퍼팅(putting)은 골프경기의 구성요소로 경기 전체의 약 43%를 차지한다. 퍼팅은 경기의 승패를 결정하는 주요한 요인으로서 실수했을 경우에는

퍼팅 자세

이를 만회할 길이 없다. 예를 들어 한 라운드의 타수가 72타인 선수가 각 홀에서 2번의 퍼팅을 한다고 가정하면 타수의 절반(36타)이 퍼팅에 의한 점수이다. 퍼팅은 골프경기 가운데 유일하게 볼을 띄우는 기술이 아니라 중력의 법칙, 그린 기울기, 거리감과 방향을 고려하여 지면 위를 굴려서 홀에 넣는 과정이다. 퍼팅 스트로크는 스윙과 같이 특별하게 정형화된 형식은 없으며, 골퍼마다 다양한 형태를 취한다. 퍼팅은 섬세한 기술로 중력을 이용하여 실현되기 때문에 과학과 기술의 조합이라고 할 수 있다. 퍼터의 종류도 다양하고 퍼팅기술도 사람마다 천차만별이다. 퍼팅은 프로선수가 아니더라도 신체조건, 남녀노소, 교육수준 등 구별 없이 누구나 잘 할 수 있는 특징을 가지고 있다.

II. 퍼터(putter)의 종류 및 명칭

퍼터는 로프트 각이 보통 4도 내외로 그린에서 사용하는 클럽이다. 퍼터의 종류와 형태는 모양에 따라 일자형인 블레이드(blade)형 퍼터, 클럽헤드의 뒷부분이 반달형인 말렛(mallet)형 퍼터가 있다. 블레이드형은 가벼워서 거리 감각이 좋으나 토우 쪽이 무거워 방향성에 예민하다. 반달형은 어드레스 때 심리적 안정감을 주고, 헤드 뒤쪽에 무게중심이 있어 직진성, 방향감이 좋으나 무거워서 거리감을 찾기가 까다롭다. 느린 그린에 효과가 좋다. L자형은 클럽헤드의 토우가 힐 쪽보다 무거워 양손의 악력이 같아야 효과적이다. 악력이 다를 경우에는 많이 흔들릴 수 있는 예민한 퍼터로서 최근에는 기피하는 경향이 있다. 샤프트 길이에 따라 일반형, 벨리퍼터(belly putter), 블룸핸들(bloomhandle putter)퍼터가 있다.

1. 퍼터(putter)의 종류

(1) 블레이드(blade)형 퍼터

블레이드형

(2) 말렛(mallet)형 퍼터

말렛형

(3) L자형 퍼터

L자형

(4) 벨리퍼터(belly putter)

벨리퍼터는 클럽의 끝 부분을 배꼽에 대고 친다고 하여 붙은 명칭이다. 벨리퍼터는 퍼터 끝을 신체에 고정시킬 수 있기 때문에 퍼터의 헤드를 안정적으로 움직일 수 있는 것이 강점이다. 벨리 퍼터는 그립 끝을 배꼽에 단단히 고정하고 퍼터 헤드를 시계추처럼 움직이게 하는 퍼터로서 편법이라 하여 끊임없이 논란의 대상이 되고 있다. 벨리퍼터의 특징으로 첫째, 퍼팅 스트로크를 할 경우 퍼터를 배에 고정시킴으로써 손목의 움직임을 최소화 한다. 둘째, 볼을 스트로크 할 경우 자동적으로 가속도가 붙는 특징이 있다. 그러나 이 퍼터는 배꼽에 퍼터를 대고 오른팔을 굽혀 5각형 형태로 스트로크를 하기 때문에 중심축을 고정하기가 매우 어려운 문제점을 가지고 있다. 2016년부터 규칙변경으로 사용 금지되었다.

(5) 블룸스틱퍼터(bloomstick putter)

블룸스틱퍼터(bloomstick putter)는 일반 퍼터나 벨리퍼터보다 샤프트가 길어서 클럽의 끝이 경기자의 턱까지 올라가는 긴 퍼터를 말한다. 일명 빗자루 퍼터라고도 한다. 이 퍼터는 두 개의 그립이 있는데 하나는 샤프트 끝에, 또 다른 하나의 그립은 중간부분에 붙어 있다. 위로 올라간 손으로 퍼터의 윗 부분을 잡고, 아래에서 잡은 오른손으로 퍼터 헤드를 부드럽게 진동하듯 흔들어서 스윙을 한다. 오른손이 퍼팅을 주도한다. 특징은 스트로크에서 손목의 역할을 배제 하고, 클럽의 무게감으로 퍼팅을 할 수 있게 만들어 주는 퍼터라고 보면 된다. 위 쪽에 놓인 손을 고정하는 방식으로 구사하기 때문에 몸의 움직임이나 손을 많이 안 쓰게 되고, 클럽페이스가 열리거나 닫히는 것을 방지하며, 방향성이 더욱 좋아 져 롱 퍼팅에 탁월한 효과를 얻을 수 있는 가능성이 높다.

2. 퍼터의 부위별 명칭

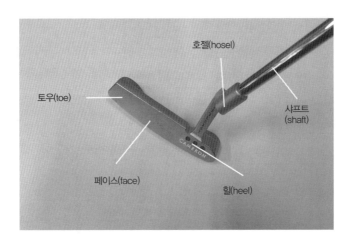

Ⅲ. 퍼터(putter)의 선택요령

벤 호간(Ben Hogan)은 "골프는 때리는 것과 퍼팅이라는 두 개의 게임으로 구 성되어 있다"고 했다. 우리가 18홀을 경기하는 동안 퍼터를 36번 사용하게 되어 있으며, 이는 파72인 골프코스에서 이븐(even)파를 칠 경우 스코어의 절반에 해당 하는 숫자이다. 퍼터의 선택은 매우 주관적이다. 퍼터는 제품을 출시하는 회사마다 종류가 다양하고 검증된 것이 없기 때문에 자신에게 맞는 퍼터를 선택하는 것이 어렵다. 좋은 퍼터를 선택하는 요령을 한마디로 단언하기는 어렵지만 다음과 같은 기준으로 선택하는 것이 좋다.

- 그립의 재질과 사이즈(size)를 고려해서 선택한다.
- 퍼터 샤프트의 종류, 길이가 자신에게 맞아야 하고, 스위트 스팟(sweet spot)이 넓은 퍼터를 선택하는 것이 좋다.
- 퍼터헤드 무게, 안정감을 주는 편안한 디자인을 선택한다.
- 퍼터는 4도 전후의 로프트 각과 72도 정도의 라이 각이 있다. 자신의 라이 각에 맞는 퍼터를 점검해보는 것도 좋은 방법이다.

Ⅳ. 퍼팅(putting)방법

골프는 감각운동이다. 퍼팅은 더욱 그렇다. 퍼팅을 할 때에는 그린의 오르막, 내리막 그리고 좌우의 경사, 그린스피드, 잔디의 종류와 형태, 잔디의 표면상태, 잔디의 결도 고려해야 한다. 퍼팅을 잘하기 위해서는 기본자세, 에이밍, 스트로크 방

어드레스(address)

법 등 기본기를 잘 갖추고 거리감각을 체득해야 한다. 퍼팅은 상체에 힘을 빼고 몸과 손목을 사용하지 않으며 양팔과 어깨를 동시에 추진하여 퍼팅을 하는 것이 안정적이고 효과적이다. 퍼팅거리는 동일거리 · 동일속도의 원리에 의하여 백스윙과 팔로우의 크기로 패턴화 하는 것도 좋은 방법이다. 일반적으로 숏 퍼팅과 롱 퍼팅 스트로크 차이점을 인정하고 있으며 자신의 체형이나 감성적 특성, 패턴(pattern)화 된 연습과 경험을 통해 퍼팅 감각을 극대화는 것이 좋은 방법이다.

1. 기본자세(set up)

(1) 그립(grip)

퍼팅 그립은 퍼터와 골퍼의 특성에 따라서 다양하다. 퍼팅을 성공하기 위해 어떻게 클럽을 잡느냐 하는 것은 매우 중요하며 자신에게 잘 맞는 좋은 그립은 훌륭한 퍼팅스트로크의 기본이 된다. 그립의 종류로는 첫째, 일반적인 오버래핑 그립이 있다. 이 그립은 준비 자세를 취했을 때 목표 라인을 보기 쉬우나 방향성에 문제점을 야기할 가능성이 있다. 둘째, 역 오버래핑그립(normal grip)으로 오른손 엄지로 샤프트의 가운데를 쥐고 오버랩그립에서 왼손의 검지만을 빼내 오른손 세 손가락을 감싸듯 겹쳐 잡는 그립이다. 셋째, 레프트 핸드 로우 크로스 그립(역그립)으로 일반적인 그립과는 달리 왼손이 오른손보다 아래에 위치한 그립 방법이다. 크로스핸드 그립은 왼손전체로 그립을 잡는 기분이 들어 손목을 고정할 수 있어 방향성이 좋아지는 강점이 있고, 습관적으로 손목을 쓰는 골퍼에게 권장할 만한 그립이다. 그러나 롱 퍼팅 때 거리감이 떨어지는 것이 단점이다. 넷째, 두 손을 분리시켜 잡는 스플리트 그립(split-handed grip)이 있다. 그립은 자기에게 가장 편안한 그립이 좋은 그립이며, 전통적인 그립을 고집하기보다는 자신에게 알맞은 그립을 선택하도록 한다. 기본방식은 다음과 같다.

- 퍼터를 부드럽게 견고하게 잡는다. 너무 세게 잡으면 긴장감으로 인해 근육이 경직되어 감각이 둔해지고 볼에 대한 터치감이 무뎌진다. 너무 약하게 잡으면 퍼터페이스가 돌아가고 퍼터페이스가 열리면서 스퀘어 한 상태에서의 정확한 퍼팅을 할 수가 없다.
- 오른손바닥과 왼손 등은 목표를 향한다. 어떤 방향으로 퍼팅을 하든 왼손등과 오른손바닥은 홀 쪽을 향해야 하고 양손이 하나된 것처럼 움직여야 한다.

(2) 볼 위치(ball position)

퍼팅을 할 때 볼 위치는 골퍼마다 다를 수 있다. 어떤 골퍼는 볼을 중앙에 놓는 것이 좋다고 하고, 또 다른 골퍼들은 오른발 앞, 왼발 앞에 놓는 것이 좋다고 말하는 등 정형화된 볼의 위치는 없다. 볼의 위치는 스탠스의 중앙에서 볼 한 개 정도 왼쪽에 놓는 것이 일반적이다. 어퍼블로우로 임팩트 되어 방향성과 직진성이 좋기 때문이다. 많은 사람들이 볼을 자신의 왼쪽 눈 아래 수직선상에 놓는 것이 좋다는 데 의견의 일치를 보이는 것 같다.

(3) 스탠스(stance)

퍼팅을 할 때 스탠스는 골퍼마다 다르다. 스탠스는 본인의 어깨넓이 정도의 편안한 스탠스 폭을 갖는 것이 좋다. 스탠스가 좁으면 퍼팅라인을 잘 볼 수 있는 장점이 있으나 중심이 흔들려 임팩트의 정확성이 떨어질 수 있으며, 스탠스가 넓으면 자세의 안정감을 줄 수 있으나 스윙이 자유롭지 않아 거리나 방향성이 문제 될 수 있다. 체중은 왼발에 두고 스트로크 하는 경우도 있고, 양발 균등하게 배분하는 것도 있으나 선택적이다. 왼발 쪽으로 체중을 두면 퍼터의 헤드가 너무 빨리 앞으로 나가게 되어 볼이 왼쪽으로 향하기 쉽고, 반대로 오른발 쪽에 두면 퍼터의 헤드가 빨리 들려 토핑 원인이 되기도 한다. 스탠스에는 발끝이 평행을 이루는 스퀘어(square) 스탠스, 오른발을 뒤로 빼는 클로즈드(closed) 스탠스, 왼발이 뒤로 빠지는 오픈(open) 스탠스가 있다.

(4) 몸의 정렬(alignment)

잘못된 정렬은 퍼팅을 놓치는 하나의 큰 원인이 되기도 한다. 퍼터페이스는 목표방향으로 똑바로 일치시켜야 하며, 몸은 목표라인과 평행하게 정렬되어야 한다. 즉 양팔은 어깨에 수직으로 매달린 듯한 자세를 취하며, 양 손목, 양팔, 양 어깨, 가슴, 허리가 목표선과 평행을 이루도록 한다.

2. 퍼팅의 기본원리

퍼팅을 잘하기 위해서는 먼저 머리와 하체는 고정시켜 움직임을 최소화하고, 양팔과 손, 어깨가 연결하는 삼각형을 유지하며 목표선에 따라 스트로크해야 한다. 퍼팅은 임팩트 할 때의 퍼터 페이스 방향, 백스윙과 팔로스루의 거리, 헤드의 속도, 경사와 잔디결 등을 고려하여 공략하며 볼을 스위트 스팟(sweet spot)에 정확하게 맞히는 것이 중요하다.

(1) 에이밍(aiming)

퍼팅할 때 무엇보다 중요한 것은 방향설정이다. 셋 업은 발끝 라인, 무릎, 엉덩이, 어깨, 눈이 목표방향과 평행하도록 정렬하고, 목표 라인과 헤드 페이스가 직각을 이루도록 한다. 볼과 홀컵 사이에 식별 가능한 가상의 목표를 볼과 가까운 거리에 설정한 후 에이밍(aiming)을 하고 그 방향으로 스트로크를 하는 것이 좋다.

(2) 그린경사읽기

코스에 평평한 그린은 없다. 그린읽기가 평지에서는 큰 어려움이 없으나 굴곡이 많은 그린에서는 읽기가 매우 까다롭다. 그러므로 좋은 퍼팅을 하기 위해서는 스트로크도 중요하지만 퍼팅라인을 정확하게 읽는 것이 필수적이다. 그린 경사도를 잘 파악하기 위해서는 교습가의 지도와 많은 라운드를 경험하면서 그린 주변의 지형지물, 해저드의 배치, 훅 라이, 슬라이스 라이 등 충분한 학습이 필요하다. 일반적으로 그린 주변의 산 쪽 방향이 그린 경사도가 높고, 해저드가 있는 방향이 배수관계 등으로 그린경사도가 낮다. 볼과 홀 사이의 잔디종류, 잔디 결이 어느 쪽으로 누워있는지도 파악하여야 한다.

(3) 스트로크(stroke)

스트로크는 퍼터를 사용해서 홀 컵으로 볼을 치는 동작이다. 이때 주의해야할 점은 손목의 움직임이다. 손목의 움직임은 거리조절과 방향, 그리고 정확한 임팩트에 장애가 된다. 퍼터의 토우부분으로 치면 퍼터가 열리고, 힐 부분으로 치면 퍼터가 닫히게 되어 거리와 방향조절이 어렵다. 퍼팅을 할 때는 시계의 진자운동처럼 퍼터, 양팔, 그리고 어깨가 하나의 시스템으로 움직이는 시계추 방식이 안정적이고 편안하다. 또한 볼을 보고, 자신만의 리듬으로, 헤드 무게를 이용하여 최대한 낮게 볼을 지나가는 듯 치는 것이 이상적이다. 오른쪽 겨드랑이는 어느 정도 몸에 밀착된 상태에서 스트로크가 이루어져야 방향성이 좋으며, 백스윙을 급격하게 하거나 헤드를 높이 드는 경우를 볼 수 있는데 이는 금물이다. 퍼팅거리는 스윙의 크기로 조절하고 백스윙과 팔로스루의 크기를 비슷하게 하여 거리별로 패턴화시키는 것이 감각을 향상시키는 데 좋다. 혹이나 슬라이스 라이에서는 볼이 꺾이는 지점 (변곡점)까지 직선으로 스트로크 하며, 나머지 거리는 중력에 따라 구르게 한다. 오르막 라이에서는 평지보다 세게, 내리막 라이에서는 짧게 끊어 친다.

퍼팅 스트로크에는 스트로크 퍼팅과 탭 퍼팅으로 구분한다. 스트로크 퍼팅은 쓸어내듯이 밀어치는 타법이고, 탭 퍼팅은 볼을 때리는 타법으로 공에 백스핀이 걸려 처음에는 구르다가 나중에는 오버 스핀으로 바뀌는 특성이 있다. 일반적으로 짧은 거리에서는 방향성 좋은 탭 퍼팅이 좋으며, 먼 거리에서는 손목을 조금 사용하는 퍼팅이 거리 조절에 좋다. 골프는 감각운동이다. 퍼팅은 더욱 그렇다. 단기간에 연습효과가 가장 빠르게 나타날 수 있다.

(4) 스윙궤도와 페이스 각

볼의 방향성을 결정하는 중요한 요소는 클럽헤드의 궤도와 볼이 임팩트 될 때 클럽페이스의 각도이다. 이 두 가지가 충족되었을 때 볼은 자신이 원하는 방향으로 가게 된다. 클럽페이스 각이 열리면 볼은 오른쪽으로 가고, 닫히면 왼쪽으로 간다.

(5) 스위트 스팟(sweet spot)

퍼터페이스의 중심부분에 볼을 정확하게 맞추어야 최대의 에너지가 전달되고 목표지점을 향해 똑바로 움직인다. 스위트 스팟은 퍼터페이스의 중심부분이다. 스위트 스팟의 위치는 클럽헤드의 크기와 모양, 무게 또는 재질에 따라서 조금씩 다를 수 있다. 중요한 것은 볼이 퍼터의 중심부분에 맞았을 때 언제나 일정한 방향성과 거리를 확보할 수 있다는 사실이다.

(6) 헤드업(head up) 금지

짧은 퍼팅의 경우 헤드업이 심하게 나타난다. 퍼팅과 동시에 머리를 들어 볼을 보지 말고, 볼이 홀 컵에 떨어지는 소리를 듣는 기분으로 퍼팅을 해야 헤드업도 방지하고 좋은 퍼팅을 할 수 있다.

(7) never up, never in

퍼팅은 자신감의 표현이다. 숏 퍼팅의 경우 특히 자신감이 요구된다. 자신감이 결여된 경우에 퍼팅거리가 항상 짧은 경향이 있다. 퍼팅은 홀 컵을 지나가지 않으면 들어갈 수 없기 때문에 반드시 홀 컵을 지나가도록 스트로크 해 주어야 한다.

3. 실전 연습방법

퍼팅을 구사하는 기술은 다양하다. 퍼팅은 동작이 복잡할수록 결과의 예측이 어렵기 때문에 단순화시킬수록 좋다. 연습을 할 때는 그립의 형식과 잡는 강도, 손, 양팔, 어깨 등의 일치, 손목과 삼각형의 움직임, 머리와 몸의 위치, 볼의 위치, 어드레스의 동작, 스트로크 궤도, 페이스 각도의 변화, 타구의 지점 등을 하나하나 점검하면서 꾸준히 연습하면 단기간에도 큰 가시적 성과를 얻을 수 있다. 퍼팅은 자신의 특성에 맞는 연습과 많은 경험을 통해 익히는 것이 좋은 퍼팅의 지름길이다.

(1) 동일속도 · 동일거리

동일거리 · 동일속도의 원리는 퍼팅의 거리를 맞추기 위해서 백스윙과 팔로스루의 크기를 비슷하게 조절하는 방법을 말한다. '퍼팅의 황금비율'이라고도 하며, 1:1 또는 1:1.5의 법칙이라고 한다. 동일거리 · 동일속도의 원리는 진자운동의 원리와 같다. 진자운동이란 고정된 한 축이나 점의 주위를 일정한 주기로 진동하는 운동으로서 추에 줄을 매달아 줄을 고정하고 추를 한쪽에서 잡았다가 놓으면 추는 일정한 기준을 중심으로 왔다 갔다 하면서 움직이는 원리를 말한다. 이와 같은 진자운동은 가운데로 갈수록 빨라지고 양끝으로 갈수록 느려진다. 퍼팅연습은 동일속도 · 동일거리의 원칙에 따라 백스윙의 크기와 팔로스루의 크기를 결정하고(1:1), 일정한 거리를 확보하는 3개 정도의 스윙 패턴을 만들어 지속적으로 연습하는 것이 효과적이다.

(2) 숏 퍼팅(short putting)

숏 퍼팅을 실수하는 원인은 보통 심리적 압박감과 헤드업, 임팩트 직전에 감속하거나 스트로크과정에서 헤드가 돌아가기 때문에 발생한다. 숏 퍼팅은 손목의 움직임을 최대한 억제하고 퍼터헤드가 직선으로 움직일 때 성공할 확률이 높다. 특히 거리감과 무관한 퍼팅이기 때문에 그립은 부드럽게 쥐고, 기계적인 방식으로 스트로크를 해야 퍼팅의 불안감을 극복할 수 있다. 보통 2m 이내의 퍼팅은 퍼터헤드가 목표선과 직선을 이루어 히팅(hitting) 또는 탭하는 느낌으로 스트로크 해야 방향성이 좋고, 반드시 홀을 약 30㎝ 정도 지나가도록 쳐야 한다. 스트로크 할 때는 퍼터헤드를 최대한 지면에 낮게 유지한 상태로 연습을 하고, 무의식 상태에서도 양팔이 자연스럽게 움직일 수 있도록 한다. 숏 퍼팅이 강해지기 위해서는 1~2미터 거리의 퍼팅을 부단히 연습해야 한다.

(3) 롱 퍼팅(long putting)

그린 면적이 넓은 코스에서는 20~30m의 먼 거리에서 퍼팅하는 경우가 있어 스코어를 줄이는 데 장애가 되곤 한다. 롱퍼팅은 볼을 홀에 넣겠다는 생각보다는 홀 주변 반지름이 1m 가량의 가상의 원을 만들고 그 원안으로 넣겠다는 느낌으로 쳐서 거리감을 익히는 것이 좋다. 롱 퍼팅에서는 숏 퍼팅에서의 셋업과는 다르게 상체를 조금 더 세워 방향성과 거리감을 확보하고, 퍼터 궤도는 스윙길이가 긴 만큼 백스윙시 퍼터 헤드가 약간의 호를 그리며 부채꼴모양으로 움직인다. 먼 거리에서의 퍼팅은 손목의 스냅을 적절히 사용하여 클럽헤드의 무게를 느끼면서 부드럽게 스트로크 해 주는 것이 효과적이다. 방법은 다음과 같다.

- 거리 측정을 위해 그린스피드를 파악한다.
- 홀 컵에 넣기보다는 붙인다는 생각으로 스트로크 한다.
- 칩샷 하듯 부드럽게 퍼팅을 한다.
- 연습할 때 먼 거리부터 연습한다.

(4) 실전 종합연습방법
- 스탠스는 어깨너비보다 좁게 서고 하체를 고정한다.
- 볼의 위치는 왼쪽 눈 아래 위치시킨다.

- 선택적이기는 하나 체중은 왼발에 두고 하는 방법도 좋다.
- 그립은 양손바닥을 마주보게 쥐고 중간쯤 내려잡는다.
- 왼쪽 손등과 클럽 페이스가 에임라인과 수직을 이루도록 한다.
- 어깨에 힘을 빼고 근육을 유연하게 한다.
- 자신만의 리듬에 맞춰 스위트 스팟에 맞추도록 연습한다.
- 손목을 쓰지 말고, 양팔과 어깨 삼각 시스템으로 스트로크 한다.
- 스트로크 할 때는 헤드를 낮게 빼고 낮게 보내야 한다.
- 임팩트 순간에는 퍼터헤드에 가속도가 붙어야 한다.

제8장

트러블 샷
(trouble shot)

제8장
트러블 샷(trouble shot)

Ⅰ. 개념

필드에 나가 티샷 할 때를 제외하고는 평평한 곳에서 스윙을 하는 경우는 거의 없다. 초보자들이 연습장에서는 잘 되는데 필드에 나가면 잘 안 되는 이유는 바로 필드(filed)의 다양한 환경조건에서의 경험부족에 따라 나타나는 현상이다. 그러므로 필드에서 구사하는 샷들은 대부분 트러블 샷이라고 해도 과언이 아니다. 골프경기 중에 자주 접하는 트러블 샷으로는 경사지에서의 샷, 페널티구역[1]에서의 샷, 러프 샷(rough shot), 디봇 샷(divot shot) 등 다양한 상황에서의 트러블 샷이 있다.

Ⅱ. 페널티(penalty) 구역에서의 샷(shot)

1. 벙커 샷(Bunker Shot)

티잉 구역에 서면 볼이 떨어질 낙하지점 주위에는 거의 벙커나 워터 해저드가 도사리고 있다. 이럴 경우 가장 좋은 코스 공략방법은 일단 벙커를 피하는 것이다. 그럼에도 불구하고 이를 피하기가 쉽지 않다. 벙커는 크로스 벙커, 그린사이드 벙커로 조성되어 있으며, 볼이 벙커에 들어갔을 경우 벙커의 위치에 따라 샷을 달리한다. 벙커에서는 무엇보다도 한 번에 빠져나오는 것이 중요하다. 벙커 샷을 하기

---

1 벙커, 워터 해저드.

전에 골퍼는 볼이 모래 위에 있는가, 아니면 모래 속에 묻혀 있는가를 확인 후 상황에 따라 안전하게 벙커 밖으로 탈출하는 데 목적을 두어야 한다. 욕심은 금물이다. 벙커 샷에서 가장 극복하기 어려운 문제가 있다면 그것은 심리적 불안감일 것이다. 대부분의

벙커 샷(bunker shot)

골퍼들이 벙커에 대한 두려움을 가지고 있다. 그 원인은 평소 벙커에서 연습할 기회가 적어 벙커에 대한 자신감부족, 과거의 실패, 샷에 대한 불확신, 그리고 잘못된 셋 업에서 찾을 수 있을 것이다. 언제나 성공적인 샷의 결과를 확신하고, 자신있게 스윙을 구사하는 것이 벙커 샷의 두려움을 극복하는 가장 좋은 방법이다.

(1) 그린사이드 벙커 샷(green side bunker shot)

그린 주변에서는 핀(pin)의 위치가 가깝기 때문에 자칫 욕심을 내다가는 벙커탈출 자체를 실패하는 낭패를 보기 쉽다. 볼이 벙커에 놓여 있을 경우에는 벙커 샷을 하기 전에 먼저 볼의 위치와 라이, 벙커 턱의 높이와 핀의 위치, 목표방향, 낙하지점, 모

그린사이드벙커(green side bunker)

래의 굵기나 습기 등 상태를 파악하는 것이 필수적이다. 골프의 모든 트러블 상황에서는 정확한 셋업이 중요하듯이, 벙커 샷에서도 가장 중요한 부분은 역시 셋업이다. 기본적인 셋업은 체중을 왼발에 두고, 클럽페이스를 열고, 볼은 중앙보다 왼쪽인 왼발 뒤꿈치와 일직선상에 일치시켜 놓고 아웃 투 인의 궤도로 클럽의 바운스

를 이용하여 모래를 퍼내 듯 스윙을 강하게 해야 한다. 벙커샷은 보통 샌드웨지를 많이 사용하는데 그 이유는 솔(sole)이 두텁고, 바운스(bounce)가 모래에 박히지 않고 미끄러지듯이 모래를 빠져나가게 해 줌으로써 벙커탈출을 용이하게 해주기 때문이다. 그린사이드 벙커 샷(shot)의 기본은 클럽헤드가 볼을 직접 타격하는 것이 아니라, 모래 밑을 지나가면서 모래가 볼을 운반하여 탈출하는 것이다. 따라서 샌드웨지의 바운스(bounce) 부분으로 볼 뒤 2~3㎝ 지점을 파고 들면서 모래와 함께 볼을 한꺼번에 목표지점으로 날려 보낸다는 느낌으로 스윙하면 쉽게 습득할 수가 있다.

1) 스윙방법

- 에이밍은 홀컵 방향보다 약간 왼쪽을 향한다.
- 스탠스는 오픈, 양발은 모래에 비벼 넣어 고정, 모래특성을 파악한다.
- 볼은 왼발 뒤꿈치와 일직선상에 위치시킨다.
- 체중은 6 : 4 정도로 왼쪽 발에 실어주며 클럽페이스는 열고, 상체를 낮춰 무게 중심을 낮게 한다.
- 그립은 중간쯤 견고하게 잡는다. 클럽페이스가 빨리 닫히는 것을 막기 위해 위크(weak)그립을 잡는 것도 좋다.
- 어드레스 때 클럽헤드가 모래에 닿아서는 안 된다.
- 백스윙은 얼리 코킹, 업라이트로 하고, 반드시 피니시를 해준다.
- 볼 뒤 2~3㎝ 지점 모래를 클럽 바운스로 친다.
- 스윙은 스탠스 방향으로 한다.
- 가령 10m 샷을 해야 한다면 평소 20m 정도의 힘으로 친다.
- 30m 이상 긴 거리가 남았을 경우 피칭웨지나 9번 아이언을 사용한다.
- 퍼 올리는 것은 금물, 헤드업 금지, 자신감을 갖고 스윙한다.

2) 거리조절방법

벙커 샷에서 가장 어려운 부분이다. 그린 주변 벙커에서 거리 조절하는 방법은 클럽페이스의 오픈정도, 백스윙의 크기, 볼에 접근하는 페이스 각, 모래의 양,

팔로스루의 길이, 클럽의 종류로 조절할 수 있다. 어느 방법이 효과적인가는 골퍼 개개인의 감각과 연습방법에 따라 다르다고 하겠다. 벙커에서의 스윙크기와 속도 는 일반 피치 샷의 3배 정도이다. 즉 10미터 벙커 샷은 30미터 피치 샷으로 하면 거리가 비슷하다. 한편 비가 온 후 모래가 단단히 다져져서 발이 잘 묻히지 않는 경우에는 토핑 샷 등 미스 샷이 나올 확률이 높으므로 특별히 주의를 해야 한다. 모래가 단단한 경우에는 저항이 크기 때문에 클럽페이스를 닫고 볼 가까이 어드레 스하며, 얼리 코킹과 업라이트 스윙으로 백스윙 한 후 볼 뒤의 모래를 리딩에지로 강하게 내려쳐야 한다.

(2) 페어웨이 벙커 샷(fairway bunker shot)

크로스 벙커라고도 한다. 티샷을 하다 보면 페어웨이 벙커에 빠지는 경우가 많다. 페어웨이 벙커에서 탈출 할 때는 그린사이드에서의 탈출 방식과는 다르다. 큰 차이점은 그린사이드에서는 볼을 치기 전에 모래를 치지만 페어웨이에서는 반 드시 볼을 먼저 맞춰서 쳐내야 한다는 것이다. 페어웨이 벙커에서는 샷의 방향뿐 아니라 비거리를 고려하여 클럽을 선택하여야 한다. 요령은 다음과 같다.

- 양발을 비벼 모래에 묻고, 하체를 단단하게 고정하고, 상체로 스윙을 주도 하는 동안 안정성을 확보한다.
- 상체를 약간 세우고 턱을 조금 잡아당겨 어드레스를 한다.
- 볼은 평소보다 중앙에서 한 개 정도 오른쪽에 위치시킨다.
- 평소 비거리와 비교해서 한 두 클럽 크게 잡고, 2~3㎝ 내려잡는다.
- 토핑 하듯이 다운블로로 볼을 직접 가격한다.
- 풀스윙보다는 3/4스윙으로 부드럽게 피니시를 하는 것이 좋다.

(3) 에그 플라이(egg fly) 샷

그린과 가까운 거리에서 숏 아이언이나 웨지로 홀컵을 향해 공략하다 보면 그 린 주변 벙커의 모래 속 깊이 박혀버리는 경우가 있다. 이러한 때는 평소 샌드웨지 로 모래를 얇게 떠서 하는 샷과는 달리 모래를 깊숙이 파고 들어가야 쉽게 탈출시

킬 수가 있다. 에그프라이 샷을 한 볼은 백스핀이 걸리지 않아 런이 많고, 볼이 뜨지 않는 것이 특징이므로 강하게 쳐서 볼을 띄워 탈출하는 것을 1차 목표로 하는 것이 좋다. 스윙요령은 다음과 같다.

에그프라이(egg fly)

- 스탠스의 폭은 약간 좁게 하고, 왼발은 오픈한다.
- 클럽페이스를 닫고, 볼의 위치는 중앙에서 약간 오른쪽, 체중은 왼발에 70% 정도 싣고 어드레스를 취한다.
- 임팩트는 웨지의 바운스가 아니라 리딩에지로 모래를 강하게 깊게 파고 들어가야 한다.
- 피니시는 거의 생략된 형태로 간결하게 마무리 한다.
- 가까운 거리는 샌드웨지를 닫은 상태로 하면 무난하나, 좀 먼 거리는 피칭이나, 8번, 9번 아이언을 선택해도 좋다.

(4) 특수한 상황에서의 벙커 샷

1) 왼발 오르막 경사의 벙커 샷

오르막 경사에서의 벙커 샷은 스탠스가 기울어져 균형감을 잃기 쉬우므로 어드레스와 샷을 하기가 다소 어려워진다. 이러한 경우에는 볼이 경사면에 걸린 경우와 모래에 잠겨있는 경우의 두 가지가 있다. 요령은 다음과 같다.

오르막 경사

- 중력에 따라 체중은 왼발에 40%, 오른발 쪽에 60%를 배분하여 오른발 쪽을 강하게 지탱하게 한다.
- 볼의 위치는 중앙에 두고, 머리는 약간 볼의 오른쪽에 두는 것이 좋다.
- 스탠스는 오픈하고, 어깨는 경사면과 수평이 되게 한다.
- 스윙은 오픈된 클럽페이스가 경사면에 박히지 않도록 살짝 떠내듯이 부드럽게 한다. 스윙의 크기와 피니시는 높게 하는 것이 좋다.
- 경사면에 볼이 파묻혀있는 경우에는 탈출을 목적으로 해서 클럽헤드를 닫고 쳐 박히도록 강하게 폭발 샷으로 탈출을 한다.

2) 왼발 내리막 경사의 벙커 샷

내리막 경사에서의 벙커 샷은 볼을 띄우기가 어렵고, 토핑이 많이 발생하여 실수를 자주하는 까다로운 샷이다. 샷의 요령은 다음과 같다.

내리막 경사

- 스탠스는 넓게, 체중은 거의 모두 왼발에 두고, 몸은 중력에 의해 지탱한다.
- 볼의 위치는 중앙보다 약간 오른쪽에 둔다.
- 백스윙은 업 라이트(up right)한 가파른 스윙을 하고, 다운스윙은 지면을 따라 아웃 투 인의 궤도로 리드해 간다.
- 양 무릎의 높이를 일정하게 유지하는 것이 좋다.
- 스윙은 간결한 스윙으로 하되 경사면을 따라 낮고 길게 피니시를 한다.

3) 오르막 경사 옆 라이에서의 샷

오르막 경사 옆 라이에서의 벙커 샷은 뒤땅(fat shot)이 일어나기 쉬우므로 기본적으로 몸이 상·하로 움직이지 않도록 한다. 볼의 구질은 훅이 발생한다. 요령은 다음과 같다.

오르막 경사 옆 라이

- 그립은 경사면에 맞도록 내려 잡는다.
- 스탠스는 좁게 하며, 상체와 무릎은 약간 펴고 어드레스 한다.
- 볼의 위치는 중앙에 두고, 훅 라이이므로 목표방향보다 약간 오른쪽으로 에이밍 한다.
- 체중은 발뒤꿈치에 두며, 무릎의 높이를 일정하게 유지한다.
- 백스윙은 경사면을 따라 플랫하게 되며, 스윙궤도는 인 투 인이 된다.
- 다운스윙은 하체의 리드 없이 팔과 어깨를 이용해서 강하게 임팩트 하는 것이 좋다.
- 피니시는 간결하고 짧게 한다.

4) 내리막 경사 옆 라이에서의 샷

내리막 경사 옆 라이에서의 샷은 토핑이 일어나기 쉬우므로 안정감 있는 자세가 중요하다. 볼의 구질은 슬라이스가 발생한다. 요령은 다음과 같다.

내리막 경사 옆 라이

- 스탠스는 오픈으로 넓게 벌리고, 무릎을 굽히면서 상체를 좀 많이 낮춘다.
- 그립은 약간 길게 잡는다.
- 볼은 중앙에 위치시킨다.
- 슬라이스 구질의 볼이 나오기 쉬우므로 몸의 정렬은 목표방향보다 약간 왼쪽으로 에이밍을 한다.
- 백스윙을 할 때 하체에 견고하게 몸을 지탱하고, 몸이 일어나거나 앞으로 쏠리지 않도록 하며, 팔만 사용하여 낮게 하는 것이 좋다.
- 강하게 임팩트하고, 피니시는 짧게 가져간다.

5) 벙커 턱이 높은 경우의 샷

이러한 경우에 고려할 사항은 볼의 탄도이다. 볼의 탄도는 백스윙의 형태와 헤드의 스피드, 클럽페이스의 오픈 정도가 중요한 역할을 한다. 요령은 다음과 같다.

- 그립은 견고하게 잡고, 스탠스는 많이 오픈한 만큼, 높은 탄도를 위해 클럽페이스도 많이 열어준다.
- 왼발에 체중을 실어준 후 하체는 안정적으로 고정하고, V자 형태로 가파르게 백스윙을 가져간다.
- 피니시를 끝까지 한다.

6) 벙커 턱이 낮은 경우의 샷

벙커의 턱이 낮은 경우에는 일단 마음이 편해지고 자신감이 생긴다. 그러나 턱이 낮은 경우 심리적으로 약하게 스윙하게 되므로 탈출을 하지 못하는 경우가 빈번하니 특별히 주의를 하여야 한다. 샷의 요령은 다음과 같다.

- 볼의 라이를 점검하고, 그린의 경사도를 파악한다.
- 홀을 어떻게 공략 할 것인가를 결정하여야 한다.
- 스탠스는 열어주고, 볼은 중앙보다 약간 왼쪽에 위치시킨다.

- 얼리 코킹(early cocking)을 하고, 스윙은 플랫(flat)하게 하고 강하게 쳐내야 한다.
- 몸의 정렬선에 따라 아웃 투 인으로 스윙하고 팔로우는 간결하게 한다.

(5) 기타 벙커 샷의 경우 유의사항

- 벙커 안에 볼이 놓여 있는 경우 볼과 가장 가까운 최단거리로 들어가야 한다.
- 벙커 안에서 어드레스 할 때 클럽이 모래에 닿으면 규칙상 2벌타를 받는다.
- 벙커에서 자신이 만든 발자국이나 기타 흔적은 샷을 마친 후 고무래로 깨끗하게 정리한 후 나온다.

2. 워터 해저드(water hazard) 내에서의 샷(shot)

워터 해저드에 볼이 빠졌을 경우에는 해저드 처리, 즉 1벌타를 받고 드롭을 한 후 쳐도 되고, 해저드 지역 내에서도 경계선 부근이나 물이 없는 경우, 물속에 볼이 조금만 잠겨있어 볼을 직접 칠 수 경우에는 벌타 없이 그 위치에서 다음 샷을 할 수가 있다. 이런 경우에 1벌타를 받고 드롭해서 다음 샷을 할 것인가, 아니면 직접 치느냐는 볼의 라이에 따라 경기자의 선택문제이다.

Ⅲ. 경사지(sloping lies)에서의 샷(shot)

우리나라는 산악지역에 골프장이 많아 페어웨이에 굴곡진 경사가 많다. 골프의 매력은 다양한 지형이나 코스, 바람, 기온 등의 조건과 각종 환경에 따라 도전을 한다는 것이다. 경사진 곳에서는 그에 따른 적절한 샷을 필요로 한다.

1. 왼발 오르막 경사에서의 샷(Up Hill Shot)

왼발 오르막 경사에서의 샷이란 볼 앞에 어드레스 했을 때 경사도에 따라 왼발이 위쪽, 오른발이 아래쪽에 있는 상황에서 하는 샷을 말한다. 업 힐 라이에서는 왼발쪽으로 체중이동이 어려워지고, 지면이 낮은 오른발 쪽에 체중이

업힐샷(Up Hill Shot)

치우쳐 스윙궤도가 인사이드로 당겨지는 풀 샷이 자주 발생하고, 어드레스 때 로프트 각이 커져 볼의 탄도는 높아지며, 비거리는 짧아지게 된다. 볼의 탄도는 평지에서 치는 거리의 2/3 정도밖에 나가지 않으므로 경우에 따라서는 한 클럽이나 두 클럽을 더 크게 잡아야 한다. 샷의 방법은 다음과 같다.

- 스탠스는 조금 넓게 벌리고, 오른발은 약간 뒤로 빼서 하체의 안정성과 백스윙을 용이하게 한다.
- 왼발 40%, 오른발 60%로 체중을 두고, 체중이동을 최소화하며, 어깨, 허리, 무릎 선은 경사면과 평행하게 일치시킨다.
- 볼의 위치는 중앙보다 조금 왼쪽 둔다.
- 클럽이 오픈된 만큼 평지보다 한 두 클럽 더 크게 잡는다.
- 훅 구질이 발생하므로 목표방향보다 오른쪽으로 에이밍(aiming) 한다.
- 그립을 내려 잡고 백스윙을 80% 정도, 상체로만 3/4스윙으로 한다.
- 경사도에 따라 플랫(flat)하게 스윙한다.
- 피니시까지 무게중심유지, 왼무릎과 골반각도유지, 양발을 떼지 말고 스윙을 한다.
- 허리 아래에서 피니시(finish)를 하는 느낌으로 친다.
- 몸이 뒤집히지 않도록 주의한다.

2. 왼발 내리막 경사에서의 샷(Down Hill Shot)

왼발 내리막 경사(Down Hill)의 샷이란 오르막 경사(Up Hill)의 반대 상황으로 볼 앞에 어드레스 했을 때 왼발이 아래쪽, 오른발이 위쪽에 위치한 경우에 하는 샷을 말한다. 이러한 상황에서는 스윙 축이 지형이 낮은 왼발 쪽으로 지나치

다운힐 샷(Down Hill Shot)

게 이동함으로써 푸시나 푸시 슬라이스, 토핑이 많이 발생한다. 다운힐 라이에서는 로프트 각이 줄어들어 볼의 탄도가 낮아지고, 많이 굴러 비거리가 늘어난다. 따라서 경사도에 따른 어드레스와 스윙을 해야 한다. 샷의 방법은 다음과 같다.

- 볼은 중앙보다 약간 오른쪽에 위치시킨다.
- 평소보다 약간 스탠스를 넓게 하여 하체의 안정성을 확보한다.
- 체중은 왼발 60%, 오른발 40%을 두고, 몸의 균형을 유지하며, 머리, 어깨, 무릎 선을 경사면과 평행하게 일치시키며, 중력을 자연스럽게 느끼는 것이 좋다.
- 슬라이스구질이 발생하기 때문에 목표보다 왼쪽으로 에이밍한다.
- 볼의 탄도가 낮아 런이 많이 발생하므로 거리를 잘 계산해서 한 클럽 정도 짧은 클럽을 선택한다. 볼을 띄워야 하는 상황이라면 로프트가 큰 클럽을 선택한다. 그러나 볼을 띄우기 위해 손목을 쓰면 안 된다.
- 백스윙은 가파르게 하고, 다운스윙 할 때는 경사면을 따라 거침없이 하면서 체중이동을 최소화하고, 어깨와 팔로만 스윙을 한다.
- 피니시가 어려운 상황이므로 3/4 정도로 마무리하고, 특히 헤드업을 해서는 안 된다.

3. 볼이 발끝 내리막 위치에서의 샷

볼이 양발보다 낮게 있을 때는 샷을 하기가 쉽지 않다. 더구나 러프상황이다. 이와 같은 상황에서 가장 중요한 것은 어드레스시에 스탠스의 넓이를 넓게 잡아주고, 무릎을 평소보다 20% 이상 더 많이 구부려야 한다. 특히 스윙하는 동안 무

볼이 발보다 낮은 곳(Down Hill Side Hill Shot)

릎 높이를 일정하게 유지해야 하기 때문에 몸의 균형을 잘 잡는 것이 가장 중요하다. 이와 같은 상황에서는 업라이트, 아웃 투 인의 스윙이 이루어지고, 대개 볼의 구질은 토핑이나 푸시, 슬라이스의 형태로 나타난다. 샷 방법은 다음과 같다.

- 볼은 중앙에 위치시킨다.
- 스탠스는 넓게 하고, 양 무릎을 경사도에 맞춰 안정성을 확보하고, 약간 오픈 스탠스를 취한다.
- 체중은 균등하게 경사도에 맞추고, 앞으로 너무 쏠리지 않도록 상체를 많이 낮춰 전체적으로 상하균형을 유지하는 것이 중요하다.
- 슬라이스가 발생하므로 목표보다 왼쪽방향으로 에이밍을 한다.
- 그립은 평소와 같이 잡고 볼과의 간격은 무릎으로 조절하면 된다.
- 한 클럽 정도 크게 잡고, 단단하게 쥔 다음 머리를 고정, 상체만을 이용해서 간결하게 끊어 치는 느낌으로 다운 스윙한다.
- 백스윙은 업라이트하게 들어올리고, 피니시는 낮고 간결하게 뻗는다.
- 체중이동을 하지 않으며, 왼무릎 각 유지하고 임팩트 후에 오른발 뒤끝만 조금 들어 준다.

4. 볼이 발끝 오르막 위치에서의 샷

볼이 양발보다 높게 위치하고 있는 경우에는 라이 각이 줄어들어 볼의 뒤땅을 치거나 풀이나 훅구질이 자주 발생한다. 뒤땅을 치는 이유는 볼의 위치가 높기 때문이다. 샷의 방법은 다음과 같다.

볼이 발보다 높은 곳(Up Hill Side Hill Shot)

- 볼은 중앙에 위치시킨다.
- 그립은 몸과 볼의 거리가 가까워진 만큼 짧게 내려 잡는다.
- 스탠스는 평지보다 약간 좁게 서고 오픈스탠스를 하며, 턱도 들고, 평소보다는 무릎, 허리가 펴진 상태로 어드레스 한다.
- 체중은 발 뒤쪽보다는 발 앞쪽으로 실어준다.
- 훅이 나기 쉬우므로 목표보다 오른쪽으로 에이밍한다. 특히 롱 아이언일 경우 훅이 더 심하게 난다.
- 클럽은 한 두 클럽 짧은 것으로 선택하여 뒤땅을 예방한다.
- 평지에서의 스윙보다 작게 3/4 스윙으로 볼을 간결하게 타격하고, 스윙 밸런스를 유지하여야 한다.
- 스윙은 상체를 이용하여 팔로만 사용하는 것이 좋다.
- 스윙시 무릎의 높낮이를 유지하며, 오른발 떼지 말고 헤드업 해서는 안 된다.
- 긴 러프일 경우에는 웨지, 숏 아이언을 이용해서 일단 탈출하는 데 중점을 둔다.

Ⅳ. 러프 샷(rough shot)

러프는 페어웨이 옆에 잔디를 길게 깎아 놓은 지역 또는 잡초나 긴 잡목이 있는 지역을 말한다. 이러한 지역에 볼이 놓여 있는 경우에는 볼이 깊이 묻혀 있는지 떠 있는지, 페어웨이로 레이 업을 할 것인지 아니면 그린을 향해 샷을 할 것인지, 또한 어떤 클럽을 선택할 것인가를 잘 판단하여야 한다. 깊은 러프에서는 잔디의 저항을 이기기 어렵기 때문에 우드나 6번 이상의 아이언을 가급적 사용하지 않는 것이 좋다. 볼이 빠져나오기 힘든 숲속일 경

러프 샷(rough shot)

우에는 무리하게 스윙을 하지 말고, 다음 샷을 하기 좋은 곳으로 레이아웃을 하는 것이 좋다. 샷 방법은 다음과 같다.

- 그립을 내려서 강하게 잡고, 클럽페이스를 약간 오픈해서 어드레스 한다.
- 볼은 중앙에 위치시킨다. 단, 극심한 러프지역일 경우 약간 오른발에 둔다.
- 스탠스를 넓게 해서 몸의 균형을 잘 유지한다.
- 체중은 왼발에 60%, 오른발에 40% 정도를 둔다.
- 런이 많기 때문에 이를 고려하여 낙하지점을 잘 선택한다.
- 얼리 코킹으로 백스윙을 V자형으로 한 후 가파르게 다운스윙을 해야 잔디의 저항을 최대한 줄일 수 있다.

Ⅴ. 디봇 샷(divot shot)

볼을 치다보면 페어웨이 한 가운데로 잘 나간 볼이 디봇 속에 있는 경우가 있다. 디봇이란 클럽으로 볼을 쳐서 잔디나 흙이 파여진 자국을 말한다. 이러한 경우 초보자들은 심리적으로 위축되어 평소와 같은 리듬과 템포를 잃어버리고 스윙이 빨라지면서 뒤땅이나 토핑을 유발하는 경향이 있다. 디봇에서 벗어나기 위해서는 디봇

의 중앙이든 뒤든 어느 위치에 볼이 있더라도 기본적으로 체중은 왼발, 볼의 위치는 중앙에서 약간 오른쪽에 두고, 스윙을 강하게 하는 것이 좋다. 손목부상에 각별히 유의하여야 한다. 샷의 방법은 다음과 같다.

디봇(Divot)

- 볼은 중앙에서 약간 오른쪽에 위치시키고, 핸드 포워드(hand forward)자세를 취한다.
- 체중은 왼발에 6 : 4로 분배하여 어드레스 한다.
- 스탠스는 오픈한다.
- 평소보다 한 클럽을 길게 잡는다.
- 그립은 2~3㎝정도 내려 잡고, 왼쪽 손목을 단단하게 잡는다. 손목 로테이션을 하지 말고 왼쪽 손목으로 밀고 나가야 한다.
- 스윙크기는 하프 스윙 정도로 하여 몸의 중심축을 고정하고 스윙한다.
- 스윙궤도는 V자형으로 가파르게 테이크 백을 하고, 다운블로로 볼을 직접 타격하여 디봇에 디봇을 하나 더 만든다고 생각하며 강하게 친다.

Ⅵ. 로우 펀치 샷(low punch shot)

로우 펀치 샷이란 볼 탄도는 낮고, 백스핀이 많아 주로 맞바람 부는 날에 구사하는 샷 방법이다. 맞바람이 불 때는 볼이 떠서 비거리가 짧아질 뿐만 아니라 볼의 구질도 예측하기 힘들다. 맞바람이 불 때는 볼을 낮게 쳐야 한다. 맞바람이 부는 경우 심리적으로 바람에 대항하여 강하게 치려다 오히려 균형을 잃고 샷을 실수하는 경우가 많다. 바람 부는 방향은 그린 위의 깃발의 움직임, 잔디를 뽑아 잔디를 날려 잔디가 날아가는 방향 등으로 파악할 수 있다.

- 볼을 중앙보다 약간 오른쪽에 위치시킨다.
- 그립은 짧게 내려서 강하고 잡아야 한다.
- 핸드 포워드 프레싱(hand forward pressing)을 해서 낮은 탄도를 내야 한다.
- 체중은 약간 왼발에 두고, 다운 블로우(blow) 샷을 해야 한다.
- 하체를 단단히 고정하고 바람에 따라 한 두 클럽 정도 크게 선택하여 3/4 스윙으로 컨트롤 하며, 짧고 강하게 한다.
- 임팩트 순간까지 손목 각도를 풀지 말고 손목이 클럽헤드보다 앞쪽에 유지해야 한다.
- 피니시는 헤드가 하늘을 향하고, 목표방향으로 낮고 짧게 뻗어준다.

미스 샷의
유형과 대책

제9장
미스 샷의 유형과 대책

　골프스윙의 목적은 내가 원하는 지점으로 볼을 정확하게 보내는 데 있다. 그러나 골프는 언제나 내가 원하는 결과를 가져다 주지 않는다. 골프의 딜레마 (dilemma)는 정확성과 방향성에 있다. 어느 것이 더 중요한가는 골퍼의 가치기준에 따라 다르다. 흔히 골프를 '방향성의 게임'이라고 하는데 그만큼 골프경기에서 스코어를 낮추는데 중요하다는 것이다. 정확성은 스윙의 동작과 형태에 따라 영향을 많이 받는다. 그러므로 어떠한 원인에 의해서든 클럽헤드로 볼을 정확하게 타격하지 못했을 때에는 여러 가지 미스 샷이 발생하게 된다.

Ⅰ. 미스 샷의 일반적 원인

　골프를 잘 친다는 것은 다음 샷을 하기 좋은 지점에 볼을 정확하게 보냈다는 것이다. 골프에서 다양한 미스 샷의 원인은 대체로 그립, 어드레스, 몸의 정렬 (alignment), 볼 포지션 등 기본자세가 잘못된 경우에 일어난다. 그 밖에도 몸의 경직성, 빠른 백스윙, 스윙궤도의 오류, 심리적 불안정 등의 원인에 의해서도 발생한다. 미스 샷은 볼의 방향에 따라 구분되며, 잘못된 볼의 방향은 임팩트시 클럽페이스의 각도와 스윙의 궤도로 결정된다. 즉 볼이 클럽페이스에 직각으로 맞으면 똑바로 날아가고, 클럽페이스가 열리거나 닫혀서 맞으면 볼은 휘어져서 날아간다. 스윙궤도가 인 투 인(in to in)으로 되면 직선으로, 인 투 아웃(in to out)으로 되면 목표 방향보다 왼쪽으로, 아웃 투 인(out to in)이 되면 목표방향보다 오른쪽으로 날아간다. 그러나 클럽페이스가 스퀘어로 되어 볼이 스위트 스팟에 잘 맞는 경우에도 체중 이동이 안 되었을 때에는 볼은 오른쪽 또는 왼쪽으로 날아갈 수 있다. 미스 샷이 발생했을 때에는 기본적으로 스윙의 기본자세를 점검하는 것이 중요하고, 그 다음 볼의 비행방향에 따른 원인과 교정방법을 찾아야 한다. 미스 샷의 원인은 여러 가지가 있으나 대부분 기본자세가 잘못된 경우, 골퍼의 과도한 욕심, 편견이나 판단착오 등에 있고, 기타 잘못된 스윙형태의 보상동작으로 나타나기도 한다. 미스 샷 유형으로는 슬라이스, 훅, 푸시, 풀, 생크, 토핑, 팻 샷, 스카이 샷 등이 있다. 미스 샷의 일반적인 원인과 해결방법에 대해 알아보기로 하겠다.

Ⅱ. 미스 샷의 유형과 해결방법

1. 슬라이스(slice)

슬라이스는 프로선수나 일반 아마추어나 구별 없이 모든 골퍼들의 공적(共敵)이자 불청객이다. 슬라이스는 클럽페이스가 열린 상태에서 볼이 맞아 사이드스핀이 걸리면서 목표방향보다 오른쪽으로 많이 휘어져 날아가는 샷을 말한다. 슬라이스는 거리나 방향에서 그 손해가 치명적이다. 슬라이스의 원인은 백스윙 때부터 시작되며, 그립이 두꺼운 경우, 스윙궤도, 밸런스, 헤드업 등 여러 가지 스윙 기술의 부적절한 조합에 의해 가장 많이 발생한다.

(1) 셋업시 원인과 해결방법

- 그립(grip)

  그립의 두께가 손에 비해 굵거나 지나치게 위크(weak)그립일 경우, 오른손 엄지, 검지의 V모양이 턱 쪽으로 향해 있고, 그립을 왼손 손바닥을 가로지르게 잡는 경우에도 슬라이스가 발생한다. 해결방법으로 그립은 왼손 핑거그립(finger grip)으로 교정하고, 오른손 엄지, 검지 사이의 V모양이 오른쪽 어깨를 향해야 한다. 그립을 너무 단단하게 쥐거나 약하게 쥐었을 경우에도 슬라이스가 발생하므로 적정한 강도로 잡아야 한다. 그립의 두께도

손의 크기에 맞아야 한다.

- 볼 포지션(ball position)

볼의 위치가 너무 왼쪽에 있을 때 특히 드라이버의 경우 어깨가 열린 상태에서 임팩트 되어 슬라이스가 발생한다. 해결방법은 볼의 위치를 오른쪽으로 이동하여 놓는다.

- 몸의 정렬(alignment)

어드레스시 몸의 정렬상태, 즉 오픈 스탠스, 왼쪽 어깨가 오픈된 경우 스윙궤도가 아웃 투 인이 되어 슬라이스가 발생한다. 해결방법은 셋업을 할 때 스탠스를 스퀘어로 하고 타겟 라인과 몸의 정렬을 일치시킨다.

(2) 스윙시 원인과 해결방법

- 일반적인 문제점은 헤드업(head up)이다. 헤드업은 스윙 동작시 몸이 좌·우, 상·하로 움직이는(sway) 동작을 포괄적으로 지칭하는 말이다. 헤드업은 신체적 요인, 기술적 요인, 심리적 불안 등에 기인한 스윙의 비정상적 동작 상태를 의미한다.

해결방법은 셋업 자세를 견고하게 한 후 왼팔 주도적으로 백스윙, 상체의 충분한 회전, 시선은 볼을 주시하고, 다운스윙, 임팩트, 릴리스, 피니시가 순차적으로 이루어지도록 스윙 연습을 한다. 특히 임팩트시 손목 로테이션 동작에 집중하면서 스윙에 대한 자신감을 갖아야 한다.

- 잘못된 스윙궤도, 어깨회전이 충분히 이루어지지 않거나, 스윙리듬과 밸런스의 불균형, 치킨 윙 자세, 아웃 투 인 스윙 등의 원인으로 슬라이스가 발생한다. 해결방법은 백스윙시 충분히 왼쪽어깨를 감아서 회전시켜 주고, 올바른 스윙궤도, 왼팔 주도적 스윙, 체중이동(balance) 연습을 한다.

- 다운스윙시 몸에 급격한 힘을 주거나, 손목의 로테이션과 릴리즈동작을 못하는 경우에도 발생한다. 해결방법은 몸에 힘을 빼고 왼팔 주도적으로 리듬 있게 스윙을 하며, 손목이 자연스럽게 회전(rotation)할 수 있도록 Split hand drill 연습을 하는 것이 좋다.

2. 훅(hook)

골프를 처음 시작하는 사람들은 슬라이스로 고생을 한다. 하지만 실력이 어느 정도 되면 직면하게 되는 미스 샷 중의 하나가 훅이다. 훅은 슬라이스와 반대로 임팩트시에 볼이 닫혀 맞아 사이드 스핀이 걸려 출발은 오른쪽이나 잠시 후 왼쪽으로 날아가는 볼을 말한다. 그립의 굵기가 얇은 경우, 밸런스의 불균형, 헤드업, 인투 아웃 스윙의 경우가 대표적인 훅의 원인이 된다.

(1) 셋업시 원인과 해결방법

- 그립(grip)

  스트롱(strong)그립은 왼손 엄지·검지의 V모양이 오른쪽 어깨를 향하여 임팩트시 헤드가 빨리 닫히며 훅이 발생한다. 해결방법은 왼손그립을 자연스럽게 왼쪽으로 풀어 스퀘어 그립으로 잡고, 엄지와 검지의 V 모양을 턱 방향으로 고정시킨다.

- 볼 포지션(ball position)

  볼의 위치가 지나치게 앞쪽에 있거나 뒤쪽에 있는 경우에 스윙패스에 따라 훅이 발생한다. 해결방법은 볼의 위치를 중앙에 놓고 스윙패스가 타깃을 향하게 임팩트 한다.

- 어드레스(address)

  클로즈드 스탠스와 과도하게 넓은 스탠스, 왼쪽 어깨가 지나치게 닫혀 있을 경우 인사이드 아웃스윙이 되어 훅이 발생하게 된다. 해결방법은 어드레스시 스탠스를 스퀘어로 정돈하여 어깨와 무릎을 목표에 일치시켜 정렬한 후 원활하게 몸의 회전이 이루어질 수 있도록 한다.

(2) 스윙시 원인과 해결방법

- 백스윙시 하체가 오른쪽으로 밀린 후 밖에서 안으로 스윙이 빠르게 이루어진 경우. 해결방법은 발바닥을 지면에 밀착시킨 후 하체를 단단히 고정시켜 하체가 밀리지 않도록 하고, 상체를 충분히 회전시켜 백스윙을 한 다음 임팩트 후 자연스럽게 오른쪽 발이 떨어지게 한다.
- 다운스윙을 하체가 리드하지 못하고 팔로 리드하여 클럽페이스가 닫히면서 오른발에 체중이 남아 있을 경우. 해결방법은 다운스윙시 먼저 왼발 엄지발가락 부분에 힘을 주고 디딤축을 형성하면서 동시에 왼팔로 다운스윙을 리드, 손목이 자연스럽게 로테이션(rotation)되도록 연습을 한다.
- 스윙하는 동안 슬라이스를 지나치게 의식해서 겨드랑이를 조일 경우. 해결방법은 어드레스시 볼과 몸과의 충분한 간격을 유지하면서 자신감 있게 스윙을 한다.
- 임팩트시에 오른 손목을 지나치게 사용하는 경우에 훅이 발생한다. 해결방법은 다운스윙시 왼팔이 리드하고, 왼손 그립과 왼 손목 각을 견고하게 유지하면서 연습한다.

3. 푸시(push)

푸시는 밀어치는 샷으로 볼이 목표선보다 오른쪽 방향으로 똑바로 뻗어 날아가는 것을 말한다. 주된 원인으로 임팩트시 클럽페이스를 열고 인 투 아웃(in to out)의 스윙으로 강하게 눌러 밀어 치면서, 손목의 로테이션이 제대로 이루어지지 않는 경우에 발생한다.

(1) 셋업시 원인과 해결방법

- 볼 포지션(ball position)
  볼이 너무 오른쪽에 놓거나 몸과 멀리 떨어져 위치한 경우에 발생한다. 해결방법은 볼의 위치를 중앙이나 몸 쪽에 위치시킨다.
- 몸의 정렬(alignment)

몸의 정렬이 타겟 오른쪽으로 향해 있어 인 투 아웃으로 스윙패스가 이루어지는 경우에 발생한다. 해결방법은 셋업시 타겟 라인과 몸의 정렬을 평행하게 한다.

(2) 스윙시 원인과 해결방법

- 다운스윙시에 왼쪽 팔꿈치가 굽은 상태에서 임팩트를 할 경우에 푸시가 발생한다. 해결방법은 왼팔이 펴진 상태에서 스윙을 하고 임팩트가 이루어지도록 한다.
- 다운스윙시 왼쪽 어깨와 가슴이 너무 일찍 열리고 클럽헤드가 늦게 타격을 할 경우에도 푸시가 발생한다. 해결방법은 다운스윙시 왼쪽 어깨가 목표방향을 향하도록 하고, 왼팔 리드로 다운스윙을 하고 왼팔과 클럽헤드가 타겟 방향으로 뻗어 나가도록 손목 로테이션 훈련을 한다.
- 스윙궤도가 플랫하여 임팩트시 인 투 아웃으로 스윙이 이루어지는 경우에도 푸시가 발생한다. 해결방법은 스윙궤도를 약간 업라이트하게 조정한다.
- 백스윙시 역 체중(reverse pivot) 현상으로 임팩트시 상체가 오른쪽으로 기울어지면서 푸시가 발생한다. 해결방법은 백스윙 탑에서 체중은 오른발 안쪽에 실리도록 하고, 왼쪽 어깨도 회전하여 오른발 쪽을 향하도록 한다.

4. 풀(pull)

풀 샷은 푸시와 반대로 볼을 끌어당기는 샷으로 목표선보다 왼쪽방향으로 똑바로 날아가는 볼을 말한다. 풀의 가장 큰 원인으로는 스윙궤적이 아웃 투 인으로 볼을 왼쪽으로 끌어당겨 치는 데 있다.

(1) 셋업시 원인과 해결방법

- 어드레스(address)
  어드레스시 몸이 타겟 왼쪽으로 오픈되어 정렬되었을 때 오른쪽 어깨가 너무 내려가면서 아웃 인 스윙으로 인하여 발생한다. 해결방법은 어드레스시 몸의 정렬을 바르게 한다.

- 볼 포지션(ball position)

볼의 위치가 너무 왼쪽에 위치하여 스윙시 아웃 투 인 스윙으로 잡아 당기는 샷이 발생한다. 해결방법은 볼의 위치를 중앙으로 이동하여 클럽의 스윙패스가 타겟으로 향하도록 한다.

(2) 스윙시 원인과 해결방법

- 백스윙에서 다운스윙으로 전환하는 경우 하체가 고정되어 상체가 먼저 회전하면서 아웃 투 인의 스윙이 이루어지는 경우에 발생한다. 해결방법은 다운스윙시 먼저 왼발 디딤 축에 체중이동을 하고 스윙을 한다.
- 볼과 몸이 가깝고 팔로만 백스윙을 하여 스윙패스가 전체적으로 아웃 투 인으로 만들어지는 경우에 발생한다. 해결방법은 볼과의 간격을 잘 맞추고, 백스윙시 어깨를 충분히 회전하여 스윙을 하여야 한다.

5. 생크(shank)

생크란 볼이 클럽 아래 부분인 호젤(hozel) 부분에 맞고 낮게 깔려서 오른쪽으로 날아가는 불규칙적인 구질의 샷을 말한다. 실전에서 생크가 한번 발생하면 샷에 대한 자신감을 잃어버릴 뿐만 아니라 그날 라운드를 망쳐버리기도 한다. 더 큰 문제는 머피의 법칙을 불러온다는 것이다. 일단 생크가 나기 시작하면 라운드를 도는 동안 몇 번 더 나올 확률이 높다. 원인을 모르고 플레이를 계속하기 때문이다. 생크는 주로 볼과 가까이 설 때 , 아웃 투 인 스윙, 인 투 아웃스윙, 다운스윙시 상체가 숙여지는 경우에 일어난다. 특히 어프로치 샷에서 홀 컵에 붙이려다 생크로 인해 온 그린도 못하는 황당한 경우를 자주 볼 수 있다. 이러한 경우는 지나친 긴장과 불안감으로 몸이 경직돼서 정확한 스윙 동작을 잊어버리는 데 주원인이 있다.

(1) 셋업(set up)시 원인과 해결방법

볼과 몸과의 간격이 지나치게 좁을 때 발생한다. 해결방법은 셋업을 할 경우 볼과 가깝지 않도록 일정한 간격을 유지하여 어드레스를 하고, 토우를 볼 뒤에 놓는 것도 하나의 방법이다.

(2) 스윙시 원인과 해결방법

- 다운스윙 과정에서 무릎이 굽어지거나 상체가 아래로 다운 된 상태에서 맞는 경우에 생크가 일어난다. 대개 볼을 강하게 치려고 하는 경우 발생한다. 해결방법은 무릎이나 척추를 견고하게 셋업하고, 전체적으로 스윙에 힘을 빼고 부드럽게 해야 한다.

- 백스윙이 플랫(flat)하여 인 투 아웃스윙이 되거나, 다운스윙시 너무 빨리 닫히는 경우에 생크가 발생한다. 해결방법은 백스윙을 할 때 업라이트하게 올려 스윙궤도를 조절한다. 이와 같은 플랫스윙의 교정은 벽을 뒤에 두고 백스윙 연습을 하거나 일정한 크기의 보드를 타겟라인 바깥쪽에 놓고 스윙연습을 보드 안쪽으로 하면 매우 효과적이다.

- 다운스윙시 겨드랑이가 지나치게 벌어져 아웃 투 인이 될 경우에 생크가 일어난다. 해결방법은 백스윙시 왼쪽 겨드랑이를 가슴에 붙이고 왼쪽 어깨를 충분히 회전시킨 후 다운스윙을 하여야 한다.

- 백스윙시에 몸무게가 발뒤꿈치에 실리거나, 다운스윙시에 몸무게가 앞쪽으로 쏠릴 경우에도 발생한다. 해결방법은 스윙하는 동안 발바닥 중앙 앞쪽에 체중을 실어주고, 지면에 밀착시켜주면서 하체를 견고하게 한 후 스윙을 한다.

6. 토핑(topping)

토핑은 클럽의 리딩 에지로 볼의 중간이나 윗 부분을 치는 경우를 말한다. 스윙하는 동안에는 척추각도가 내내 유지되어야 하는데, 스윙 도중에 척추각도가 변하면서 토핑이나 뒤땅을 치게 된다. 일반적인 토핑의 원인으로는 느슨한 그립, 역체중 현상, 스윙리듬의 부재로 척추축이 상하로 움직여 임팩트 순간 너무 빨리 상체를 드는 경우, 체중이동이 왼쪽으로 지나치게 이동하면서 몸이 타겟 방향으로 쏠린 후에 임팩트를 하면 이와 같은 현상이 나타난다.

(1) 셋업시 원인과 해결방법

* 어드레스(address)

그립이 느슨하거나 어드레스시 등이 너무 굽어 있거나 다운스윙시 등, 무릎이 펴지면서 토핑이 발생한다. 해결방법은 그립을 견고하게 잡고, 셋업할 때 엉덩이를 뒤로 빼고 등은 곧게 펴며 무릎은 유연하게 굽혀야 한다.

* 볼포지션(ball position)

볼이 너무 앞쪽으로 위치하거나 뒤쪽에 위치해 있을 경우에도 발생한다. 해결방법은 볼의 위치를 이동하여 클럽헤드가 최저점으로 통과하는 위치에 볼을 놓는다.

(2) 스윙시 원인과 해결방법

* 백스윙을 빠르게 할 경우 탑 정점에서 손목이 빠르게 전환되어 풀리면서 캐스팅(casting) 현상이 일어나 토핑을 유발하는 원인이 된다. 해결방법은 왼손 그립을 견고하게 쥐고, 백스윙 탑 정점에서 정지한 후 반 박자 정도 멈춘 다음 코킹 각을 유지해주며 왼팔로 다운스윙을 주도한다.

* 볼을 의식적으로 띄우려 하거나, 무릎이나 엉덩이를 굽히지 않을 때, 볼을 강하게 치려고 몸이 일어날 때 토핑이 발생한다. 해결방법은 다운스윙시 체중이동을 한 후 클럽 헤드가 최대한 지면에 낮게 유지하도록 릴리즈를 하고, 무릎과 엉덩이의 각도는 어드레스시의 상태로 일정하게 유지하여야 한다.

* 팔이나 몸에 잔뜩 힘이 들어가면 스윙이 작아지면서 잡아 당겨 쳐서 토핑이 일어난다. 해결방법은 어드레스시 힘을 빼고, 왼팔을 펴고 아크를 크게 해서 스윙한다.

* 스윙시 왼발로 체중이동이 되지 않은 경우에도 토핑이 발생한다. 해결방법은 다운스윙시 왼발로 체중이동을 한 후 임팩트를 한다.

7. 팻 샷(fat shot)

팻 샷은 보통 뒤땅 샷이라고 하며 볼을 치기 전 먼저 볼 뒤쪽의 땅을 치는 샷을 말한다. 플레이중 자주 일어나는 샷이다. 팻샷은 토핑과는 반대로 다운스윙시 중심축인 척추가 아래로 내려가면서 타격이 이루어지는 경우와 체중이 과도하게 오른쪽에 남아있는 상태에서 다운스윙이 이루어질 때 주로 발생한다. 대체로 이런 현상은 몸에 힘이 들어가 있거나 과도하게 긴장을 할 경우, 백스윙 톱에서 강하게 치려는 생각이 강할 때 스윙리듬이 빨라지면서 나타난다. 장타의 욕심을 줄이고 80% 정도의 힘으로 부드럽게 스윙하면 뒤땅 샷은 현저하게 개선된다.

(1) 셋업시 원인과 해결방법

- 볼 포지션(ball position)
  볼의 위치가 지나치게 왼발 쪽에 있는 경우, 체중이동이 제대로 이루어지지 않았을 때 뒤땅이 발생한다. 해결방법은 볼의 위치를 클럽에 맞게 위치시킨다.
- 스탠스가 지나치게 넓은 경우에도 뒤땅이 발생한다. 해결방법은 클럽에 따라 스탠스 폭을 적정하게 유지한다.

(2) 스윙시 원인과 해결방법

- 백스윙시 왼쪽어깨가 지나치게 낮을 경우에 뒤땅이 발생한다.
  해결방법은 백스윙을 할 경우 왼쪽 어깨 라인이 오른쪽과 거의 수평을 유지한 상태에서 회전할 수 있도록 한다.
- 체중이 오른쪽에 있는 상태에서 다운스윙 때 체중이동이 늦은 경우, 즉 잘못된 체중이동에 의해 클럽이 지면에 먼저 닿아 뒤땅이 발생한다.
  해결방법은 볼을 앞쪽에 이동하여 위치시키고 올바른 체중이동연습을 한다(ball forward drill).
- 백스윙이 지나치게 빠른 경우에 탑 스윙 정점에서 급격하게 방향전환이 이루어져 다운스윙시 너무 일찍 릴리즈가 되는 캐스팅현상으로 헤드가 지면에 먼저 닿아 뒤땅이 발생한다.

해결방법은 백스윙을 천천히 하고, 탑에서 정지한 후 왼쪽 손목각도를 최대한 유지하고 다운스윙하는 훈련을 실시한다.

8. 스카이 샷(sky shot)

(1) 원인

스카이 샷은 임팩트시 클럽페이스에 볼의 밑 부분에 맞아 볼은 높이 뜨고, 멀리 뻗어 나가지 못하는 형태의 미스 샷이다. 스카이 샷은 먼저 백스윙과정에서 왼발에 체중을 너무 많이 두고, 몸통을 충분히 회전하지 않은 상태로 볼을 강하게 타구하거나, 다운스윙시 상체, 하체가 과도하게 목표방향으로 나가 클럽헤드가 늦게 볼 밑을 타격하는 경우에도 발생을 한다.

(2) 해결방법

해결방법으로는 셋업시 체중을 균형 있게 분배, 충분한 백스윙을 한다. 다운스윙시 상체가 과도하게 목표방향으로 나가지 않도록 왼쪽다리의 벽을 버티고, 머리를 고정한 후 왼 어깨와 턱을 분리하면서 양팔을 쭉 뻗어 임팩트가 선행된 후 몸통 회전이 이루어지도록 한다.

제10장

골프체력과
골프상해

제10장
골프체력과 골프상해

대부분의 스포츠에서 승패를 결정하는 중요한 요인은 체력적인 요인이며, 골프도 예외는 아니다. 본 장에서는 골프를 위한 체력 운동과 골프상해에 대하여 알아보기로 하겠다.

Ⅰ. 골프체력

1. 체력 운동

체력이란 활기찬 일상생활을 영위하고, 일상생활에서 신체 활동이 요구되는 일을 원만하게 수행해 낼 수 있는 몸의 기능을 뜻하며, 신체적성이라고도 한다. 체력을 구성하는 중요요인은 근력, 근지구력, 유연성, 심폐 지구력, 협응력, 민첩성, 순발력 등이 있다. 골프 경기는 한 라운드에 약 5시간이 소요되며, 대략 10km를 걸을 정도로 운동량이 많다. 프로들 경기에서는 연속적으로 4라운드를 해야 되기 때문에 기술 못지않게 체력도 중요한 요인으로 작용한다. 힘 있는 골프스윙을 하기 위해서는 강한 근력과 신체의 유연성이 필요하며, 매 홀마다 효과적인 샷과 원만한 경기를 수행하기 위해서는 근지구력과 심폐 지구력을 갖추어야 한다. 강인한 체력과 정신력의 뒷받침 없이는 훌륭한 골퍼로 성장할 수 없다. 그러므로 골퍼는 자신의 건강증진과 기술력향상을 위해서 지속적이고 규칙적인 운동을 실시해야 한다.

2. 체력 운동의 방법

(1) 운동 처방

운동 처방이란 대상자의 체력 수준을 진단하고, 이에 알맞도록 적합한 운동내용을 체계적, 과학적으로 계획하는 과정을 말한다. 운동 처방은 크게 운동형태, 운동강도, 운동시간, 운동빈도로 구분하여 결정한다. 운동 처방을 할 때는 대상자에게 어떤 운동을, 어느 정도의 시간과 강도로, 그리고 얼마나 자주해야 하는가에 대하여 개인적 특성과 체력수준에 따라 적합한 지식과 정보를 제공해 주어야 한다. 특히 대상자의 체력 진단 자료를 활용하여 그에게 부족한 체력 요인을 중심으로 운동을 처방하는 것이 중요하다. 운동 효과는 운동 처방에 따라서 일정한 운동을 일정 기간 실시한 후 운동 전후의 체력 상태의 변화를 비교하여 평가한다. 운동 효과의 평가 자료는 운동을 재처방하는 데 필요한 기초 자료로 활용하고, 일정한 기간을 단위로 운동 효과를 평가하여 운동량과 운동 방법을 재처방하는 것이 운동의 효과를 높일 수 있는 방법이다.

(2) 근력과 근지구력 운동

근력이란 근육의 수축으로 발현되는 힘의 총합을 의미한다. 즉 힘을 발휘할 수 있는 근육의 능력이며 인체운동의 원동력이다. 근력을 키우는 데 사용되는 운동은 세 가지가 있다. 첫째, 등장성운동(isotonic exercise)은 일정한 무게나 저항을 이용하여 일정한 범위 내에서 관절이 움직이며 수행되는 운동으로 아령이나 역도기구 등을 이용한다. 둘째, 등척성운동(isometric exercise)은 관절의 운동없이 근육의 수축이 일어나는 운동으로 근육의 길이 변화가 없이 고정된 물체에 대응하여 힘이 발생한다. 등척성운동은 운동의 질보다 양이 중요하고, 다양한 각도에서 수행하는 것이 좋다. 셋째, 등속성운동(isokinetic exercise)은 각자 본인에게 가장 적절한 저항과 고정된 일정한 속도에서 등속성운동 기구를 이용하여 실행하며, 여러 가지 다른 속도를 지정하여 운동을 수행한다.

근지구력은 근육이 저항이나 압력을 극복하고 일정 시간 지속할 수 있는 근육의 능력이며, 장력이 발휘되는 시간이 길면 길수록 지구력은 더욱 커지게 된다. 즉 근육이 얼마나 오랫동안 운동을 계속할 수 있는가 하는 능력을 말한다. 근지구력을 강화하기 위한 훈련은 상대적으로 낮은 부하와 많은 반복운동을 필요로 하며 수영이나 자전거타기가 유용하다. 따라서 근력을 강화시키기 위해서는 운동 강도를 높게 하는 것이 좋고, 근지구력을 향상시키기 위해서는 운동부하를 낮게 하고, 반복하여 횟수를 증가시키는 것이 운동 효과가 높다.[1] 근력과 근지구력을 강화하는 운동에는 아령이나 역도기구 등 기구를 이용한 웨이트 트레이닝이 대표적이다.

(3) 유연성

골퍼에게 있어서 유연성은 골프경기력에 미치는 영향이 크다. 유연성은 관절의 운동범위를 유동적으로 움직일 수 있는 능력으로 하나의 관절이나 동작에 관련된 여러 관절들의 가동범위로 정의된다. 다시 말해 관절의 물리적 한계 내에서 근육과 건(tendon)의 신장능력을 말한다. 유연성은 효과적인 동작을 위해서 중요할 뿐 아니라 운동중 상해예방을 위해서도 중요한 역할을 한다. 즉 유연성이 떨어지면 신체 동작이 제한을 받을 수 있을 뿐만 아니라 상해의 위험에 노출되기 쉬우므로 유연성은 운동 기능과 건강이라는 관점에서 체력의 중요한 요소가 된다. 기술은 변함이 없는데도 유연성 부족으로 스윙이 부드럽지 않고 점수가 나빠지는 것을 우리는 주변의 많은 골퍼들에게서 발견할 수 있다. 유연성을 향상시키는 데 기여하는 운동에는 스트레칭이나 맨손 체조, 기구 체조 등의 방법이 있으나 스트레칭이 대표적이다. 스트레칭을 실시하는 데 있어 가장 중요한 사항은 운동종목을 결정하는 일이다. 이때 고려하여야 할 사항은 골프 운동시 사용되는 각 근육군을 결정하고 선정된 부위의 근육을 스트레칭 방법에 의해 신전시켜야 한다. 골퍼의 경우 스트레칭은 느리고 정적인 스트레칭 방법을 실시하고, 골프스윙에서 이용되는 신체 부위를 집중적으로 스트레칭 한다. 이 방법은 안전하고 유연성의 효과가 크기 때문이다. 골프 스트레칭을 할 경우 운동의 효과를 증진시키기 위해 지켜야 할 지침을 예시하면 다음과 같다.

- 스트레칭을 하기 전 체온상승을 위해 약 5분 정도 조깅을 실시한다.
- 신전부위에 주의를 집중하여 정확한 자세로 한다.

---

1 김동진·김종택, 골프, 교학사, 2005. 121면 참조.

- 근 파열이 일어나지 않도록 주의한다.
- 근육에 다소 통증을 느낄 정도로 신전시켜주는 것이 좋다.
- 동일한 근육을 연속해서 스트레칭 하지 않는다.
- 최상의 효과를 위해서는 스트레칭 자세를 30초간 지속하고 같은 방향으로 3회씩 반복한다.
- 반대방향으로도 한다.

(4) 심폐 지구력

골퍼들은 골프의 운동 강도가 그리 높지 않아 골프경기력에 심폐 지구력이 미치는 영향은 그리 크지 않다고 생각하는 사람이 많다. 그러나 무엇보다도 골프경기는 다른 종목보다 운동시간이 길기 때문에 우수한 심폐 지구력을 소유한 골퍼가 유리하게 경기를 수행할 수 있다. 심폐 지구력은 전신 지구력 또는 유산소 능력으로 장시간 동안 대근활동이나 전신활동을 수행할 수 있는 능력을 말한다.[2] 즉 심폐 지구력은 주어진 강도의 운동을 지속할 수 있는 시간 또는 능력을 의미한다. 이러한 능력은 호흡·순환계에 의한 산소운반기능과 산소를 이용한 근육의 에너지 대사기능에 의하여 결정된다고 볼 수 있다. 심폐 지구력 훈련으로는 반복트레이닝, 모형트레이닝, 인터벌 트레이닝(interval training) 등이 있으나 인터벌 트레이닝이 효과적이다. 인터벌 트레이닝이란 운동을 실시한 다음 중간에 완전한 휴식이 아닌 불완전한 휴식을 한 후 신체의 피로를 충분히 회복시키기 전에 다시 운동을 실시하는 방법이다.[3] 이때 운동과 휴식 간의 비율을 운동 거리에 따라 적절하게 처방하는 것이 좋으며, 불완전한 휴식 중에는 가벼운 달리기를 실시하는 것이 좋다. 심폐 지구력은 직접 운동검사를 통해 측정하거나 자전거 운동 등을 통해 간접적으로 측정하기도 한다. 심폐 지구력은 골프경기에 있어서 체력적·정신적 지구력을 유지하는 데 필수적으로 획득하여야 할 체력이다.

---

2 김동진·김종택, 앞의 책, 125면 참조.
3 천길영·김경식, 트레이닝 방법론, 대경북스, 2005. 141면 참조.

(5) 준비운동(warming up)과 정리 운동(cool down)

준비운동은 운동 중에 발생할 수 있는 상해를 예방할 뿐만 아니라 운동 효과를 높여 주고, 정리 운동은 운동 중 발생한 근육의 피로를 풀어준다. 운동을 하기 전에는 스트레칭 등 준비운동을 통해 상해를 예방하고 최소화할 수 있도록 신체적인 준비를 하여야 한다. 준비운동이나 정리 운동방법은 주 운동에서 많이 사용되는 신체 부위를 중심으로 관절과 인대를 풀어 주는 맨손 체조나 스트레칭을 중심으로 운동을 실행하고, 운동시간은 약 10분 정도로 한다. 준비운동의 경우 처음에는 맨손으로 유연성 연습을, 그 다음에는 체력 증가, 마지막으로는 지구력을 높일 수 있는 준비운동을 하면 효율적이다. 맨손 체조는 심장에서 먼 신체 부위부터 가급적 동작을 크고 부드럽게 하며, 근육의 긴장을 풀고 관절의 유연성을 높이도록 한다. 골프연습은 어드레스자세로 인한 허리의 통증을 유발하기 쉬우며, 스윙의 특성상 목이나 오른쪽 근육과 왼쪽 근육의 불균형을 초래할 수 있다. 그러므로 연습 전·후에는 충분한 준비운동과 정리운동을 해주는 것이 좋다.

Ⅱ. 골프상해

골프는 건강을 증진시키기 위한 운동인데 초보자부터 중견골퍼에 이르기까지 스윙 기술력 향상에만 전념할 뿐 건강이나 신체의 부상에는 별다른 관심을 갖고 있지 않은 경우가 많다. 또한 계속해서 반복되는 많은 스윙연습은 팔, 어깨, 무릎, 발목의 인대나 근육, 건(tendon)의 손상에 따른 관절통·근육통이 수반되어 나타나기도 한다. 이와 같은 신체부상으로 인해 선수나 아마추어 골퍼들이 골프를 중단하는 사례를 가끔씩 볼 수가 있다. 그러므로 스윙연습이나 골프경기를 통해서 간과할 수 없는 것이 신체의 부상이며, 예고 없이 찾아오는 불청객이기도 하다. 신체부상의 원인으로는 골프기술의 미숙, 미숙한 골프관련 지식, 자만심, 준비운동 부족, 관리 불충분 등이 지목되고 있다. 골프는 개인적, 정적인 운동이지만 항상 부상의 위험성을 내포하고 있다. 따라서 골프운동에서 부상을 예방하고 경기력을 극대화하려면 충분한 준비운동과 집중력, 바른 자세, 균형감, 스트레칭을 통해 긴장된 근육을 해소시켜 주어야 한다.

1. 신체부위별 상해와 처방

(1) 어깨와 목(shoulder and neck)

어깨와 목의 부상은 주로 골격보다는 어깨주변의 근육에 많이 발생하는 경향이 있다. 원인으로는 준비운동을 하지 않고 갑자기 연습하는 경우, 연습량과 근육훈련이 부족한 경우, 그리고 머리를 고정한 상태에서 어깨와 몸통이 과도하게 좌우로 돌려짐으로써 경추를 중심으로 한 어깨주위의 근육에 부상이 발생하게 된다. 따라서 어깨주위의 상해예방을 위해서는 어깨 내부·외부회전근개를 강화시키기 위한 스트레칭을 해 주는 것이 가장 좋고, 백스윙시 머리를 고정시키지 말고 자연스럽게 약간 오른쪽으로 이동시켜 주며, 단시간에 무리한 스윙연습은 가급적 피하고, 꾸준하면서도 일관된 연습이 효과적이다.

(2) 엘보(elbow)

엘보(elbow)란 팔꿈치나 그 주변의 인대, 건(tendon), 근육, 그리고 손목주변의 견골 접합부에 근육의 염증이나 부분적 파열로 발생하는 관절·근육의 통증을 말한다. 엘보는 통증의 부위에 따라 원인이 다를 수 있겠으나 잘못 알고 있는 스윙기술지식, 바닥이 딱딱한 연습장에서 임팩트시 손과 팔에 와 닿는 충격, 겨울철 필드에서 뒤땅 샷을 치는 경우 그 충격에 의해 주로 발생한다. 통증이 팔의 안쪽이라면 더욱 골프와 연관성이 높다. 예방과 치료를 위해서는 평소에 악력운동과 스트레칭을 꾸준히 해 주는 것이 좋고, 상당기간 동안 쉬면서 재활치료와 지속적인 마사지도 매우 효과적이다.

(3) 허리(waist)

골프는 주로 허리를 사용하는 운동으로 동력전달원이 되는 요추나 주변근육에 문제가 발생하는 경우가 있다. 보통 골퍼들은 볼을 멀리 보내기 위해 무리한 스윙을 하는 경향이 있다. 즉 허리를 크게, 강하게 회전하여야 한다는 관념을 가지고 무리한 스윙을 할 때 허리부상이 발생하는 것이다. 허리부상은 풀스윙, 숏 게임, 퍼팅 등 골프의 전 과정에서 나타날 수 있고, 몸이 경직된 상태, 복부근력이 약한 경우에 급격하게 허리를 돌리는 경우에도 발생한다. 따라서 골프운동에서 허리부상을 예방하고 경기력을 극대화하기 위해서는 운동 전에 충분한 스트레칭을 하고, 하체와 복부근력강화훈련을 병행하여 척추의 균형을 잡아주면서 주변근육의 긴장을 해소시켜 주는 것이 좋다.

(4) 하체

골프에서 안정되고 일관된 풀스윙을 하기 위해서는 견고하고도 강한 하체가 전제되어야 한다. 골퍼들은 의도적으로 몸통을 틀어서 테이크 백을 하기 때문에 척추에 무리를 주게 되며, 이때 체중의 분산과 균형을 잡기 위해 오른발은 몸을 지지해주는 강한 버팀목 역할을 하게 된다. 이런 경우 일반적으로 대퇴부나 무릎관절, 발이나 발목에 염증이나 통증, 파열이 일어나는 부상을 입게 된다.

(5) 손가락과 손목

골프는 손과 손목을 사용하여 같은 동작을 반복하기 때문에 손가락·손목주변의 근육이나 인대에 부상을 당하기 쉽다. 스윙과정에 손목의 코킹이나 스윙궤도를 유지하고, 백스윙 탑에서 지지대 역할을 하기 위해서는 손가락과 손목이 매우 중요한 기능을 한다. 특히 스윙 중 손가락에 물집이 생기거나 손목부위에 피로증상이 생기면 그립이나 스윙동작이 잘못된 경우가 많다. 또한 임팩트시에는 손목과 손가락에 강한 충격과 저항을 받기도 한다. 손과 손목 부상의 주된 원인에는 손목주변의 근육이 발달되지 않았거나 과도한 손목사용, 손가락의 불균형한 악력상태 등이 있다. 따라서 부상을 예방하기 위해서는 과도한 손목사용을 자제, 손목 주변의 근육강화훈련 실시, 그립에 틈이 생기지 않도록 손가락의 악력을 일정하게 유지하는 등 올바른 방식으로 스윙을 하는 것이 좋다.

(6) 피부(skin)

골프는 아름다운 자연환경을 마음껏 즐길 수 있는 운동이다. 대부분의 골프장에는 그늘이 거의 없고, 직사광선에 노출되어 있기 때문에 자연으로부터 스스로 자신을 보호해야만 한다. 피부가 햇볕에 과도하게 노출되면 화상이나 피부암을 유발시키기도 하고, 눈의 망막을 손상시키기도 한다. 따라서 햇볕으로부터 스스로 보호하는 방법은 자외선 차단 크림을 바르거나 모자, 긴 옷을 착용하고, 선글라스를 끼는 것이 신체의 손상을 줄이는 데 도움을 준다.

(7) 일사병

일사병은 무덥고 습한 여름날 야외에서 과도한 운동이나 활동으로 수분과 전해질이 소실되어 발생한다. 주로 수면부족이나 과도한 음주, 몸이 쇠약한 노인들이 라운드 할 때 발생하는 경향이 있다. 증상으로는 고열, 두통, 현기증, 피로, 무기력감, 구역질이 나타난다. 이러한 증상들이 하나라도 나타나면 일단 시원한 장소로 이동하여 옷을 느슨하게 풀고, 의식이 있으면 물을 마시게 하며, 그래도 체온이 상승하면 신속하게 병원으로 이송해야 한다.

2. 상해예방전략

골프상해는 주로 손, 손목, 어깨, 무릎, 발, 등, 팔꿈치 부위에서 발생한다. 골퍼나 선수가 부상을 입었을 경우에는 실력이 퇴보하고 슬럼프에 빠지기 쉬우므로 사전에 부상을 예방하는 것이 좋다. 일반적으로 골프상해는 준비운동부족, 근력이나 유연성 부족, 빨리 배우고자 하는 과도한 운동량, 체계적인 지도결여, 본인의 부주의 등에 그 원인이 있다. 따라서 부상을 예방하기 위해서는 가장 먼저 스윙기술에 대한 정확하고 올바른 지식이 있어야 한다. 다음으로 운동시작 전에 충분한 준비운동, 체계적인 훈련과 지도자의 올바른 지도, 단시간에 과도한 연습을 할 경우 일정한 통제가 필요하다. 마지막으로 긍정적인 생각, 정신 집중, 스윙에 대한 자신감을 갖고, 사소한 안전사고에도 주의를 집중해야 한다.

3. 골프중독(golf addiction)

사람이 자기 자신에게 맞는 적절한 운동을 하는 것은 건강에 도움을 줄 뿐만 아니라 일상생활에도 활력을 준다. 그러나 그것이 정도를 넘어 중독이 된다면 개인 건강에 해로운 것은 물론이고 사회생활전반에도 큰 영향을 끼친다. 골프중독이란 골프운동이 운동하이[4](exercise high)를 지나쳐 마치 약물처럼 중독에 이르게 하는

---

4 운동하이(exercise high)란 중간 정도의 운동을 약 30분간 했을 때 느끼는 행복감을 말한다.

상태를 말한다. 대부분의 스포츠는 그 특성상 어느 정도 중독성을 내포하고 있으며, 그 가운데 특히 골프나 당구 등이 중독성이 강한 종목이다. 일상적으로 적당한 운동은 정신적으로 즐거움, 자신감, 만족감, 스트레스해소, 사회적 연대성 등의 긍정적 효과가 있으나, 과도하게 운동에 집착하거나 갑작스럽게 운동을 중단하게 되면 불안, 초조, 우울, 소외감, 자신감 상실 등을 겪을 수 있다. 일반적으로 골퍼가 골프연습이나 라운드를 계속해서 하고 싶은 충동을 느끼거나 횟수를 증가시키지 않으면 효과가 없다는 사고가 지배적일 때, 골프를 중단하면 견디기 힘들 정도로 금단현상을 일으킬 때, 또한 그 영향이 본인은 물론 가족과 사회생활에도 영향을 끼치는 경우에는 이미 중독가능성이 높다고 볼 수 있다. 이런 경우에는 전문가와의 상담과 치료가 필요하다.

골프심리

제11장

골프심리

운동경기를 하는데 선수가 자기 기량을 충분히 발휘하지 못하게 하는 심리적인 요인은 무엇이고, 왜 발생하며, 왜 선수의 기량저하에 영향을 미치는지, 어떻게 하면 심리적인 요인에 의한 나쁜 영향을 최소화하여 최고의 운동수행을 실현할 수 있는가를 학문적으로 연구하는 분야를 스포츠심리학(Sports Psychology)이라고 한다. 스포츠에서 정신력(mental toughness)이란 '주변 환경과 관계없이 자신의 기술을 충분히 발휘할 수 있는 최상의 내적 심리상태를 만들고 유지할 수 있는 능력'을 말한다. 골프는 외관적으로 볼 때 매우 단조롭고 간단한 것 같지만 내면적으로는 변화무쌍하고 복잡한 경기이다. 골퍼가 아무리 좋은 신체조건과 기술적 능력을 겸비했다 하여도 심리적으로 흔들리면 안정적인 스윙이 이루어지지 않는다. 왜냐하면 골퍼의 감정과 사고의 변화는 신체근육의 경직을 유발하게 될 뿐만 아니라 주의의 분산을 초래하기 때문에 경기력을 급격히 떨어뜨린다. 이처럼 골프는 내적·외적 환경에 대한 사고와 감정조절능력에 따라 경기수행결과가 다르게 나타난다. 보통 골프에서 가장 강력한 무기는 컴퓨터와 같은 정확한 스윙이라고 하지만 대부분의 사람들은 자신감이라고 표현한다. 이처럼 골프는 멘탈 게임, 정신력의 경기라고 해도 과언이 아니다.

골프는 기본적으로 체력과 기술, 그리고 집중력, 자신감 등 정신력이 요구될 뿐만 아니라 이들 간 최적의 상호작용에 의해 경기력이 결정된다. 그러므로 경쟁력을 갖춘 선수나 플레이어라면 신체적, 기술적인 면 외에도 결정적인 순간에 흔들리지 않고 자신이 원하는 샷을 할 수 있어야 한다. 프로골퍼들은 "경기결과의

70~90%는 정신적 능력에 달려있다."고 한다. 20세기 골프의 황제 잭 니클라우스도 "골프경기에서 승패를 결정하는 데 심리기술이 80~90% 이상의 비중을 차지한다."고 강조하였다.[1] 한편 골퍼들은 경기 중 갑자기 컨디션의 난조를 보인다거나 의욕이 저하된다거나 결정적인 순간에 불안수준이 높아지는 것을 자주 경험하게 된다. 이는 심리적 요인이 경기에 영향을 준 것으로서 집중력이 상당히 떨어진 상태를 의미하는 것이다. 그러므로 골퍼는 샷을 하기 전에 잘 할 수 있다는 자신감, 심리적 안정감을 갖고, 어떤 위기상황에서도 당황하지 않으며, 긍정적인 생각으로 타구 하나하나에 집중할 수 있는 정신력을 배양해야 한다.

Ⅰ. 골프와 심리기술

1. 심리기술의 특성

골프의 기술력은 드라이브샷, 우드샷, 아이언샷, 웨지샷, 벙커 샷, 트러블 샷, 퍼팅 등의 스윙기술로 이루어지며, 그 수행수준은 체계적이고 지속적인 훈련을 통하여 향상될 수 있다. 골프의 체력요인에는 근력, 근지구력, 유연성, 심폐 지구력, 순발력 등이 있으며, 이는 규칙적이고 지속적인 트레이닝을 통해서 습득할 수 있다. 그러나 골퍼가 최상의 골프기술과 체력요인을 가지고 있다 하더라도 반드시 경기에서 최고의 성적을 얻는 것은 아니다. 여기에서 심리기술의 중요성이 부각된다. 비록 최고의 골프기술과 체력요소를 갖추고 있더라도 심리기술이 없거나 그 수준이 낮으면 경기에서 최상의 결과를 얻을 수 없기 때문이다. 심리기술이란 최상의 상태에서 운동을 수행할 수 있도록 자신의 심리상태를 조절하는 능력으로, 자신의 생각과 감정의 조절을 통해 경기상황에서 겪는 심리적 불안 문제를 극복하고 경기력을 극대화하는 데 필요한 모든 정신적인 전략과 기법을 말한다. 관련개념으로는 정신력훈련, 이미지 트레이닝, 잠재적 훈련 등 다양하다. 심리기술기법에는 심상, 집중력, 자신감, 각성·불안, 이완능력, 주의집중, 몰입, 성취동기, 자신감, 루틴 등이 있다.

---

1 정청희, 앞의 책, 5면 참조.

과거에는 심리기술들이 대부분 유전적 요인에 의해 결정된다고 생각하였으나 최근에는 스윙기술처럼 체계적, 규칙적, 지속적인 훈련을 통해 단련될 수 있음이 판명되었다. 가령 벙커 샷을 처음 시도할 경우에는 두려움과 불안감에 제대로 스윙을 할 수 없지만 몇 번 성공적인 샷을 실행하고 난 후에는 자신감을 얻어 보다 더 벙커 샷이 쉬워지는 것을 알 수 있다. 또한 러프나 디봇, 그리고 어려운 라이에 있는 볼 등을 자신 있게 샷을 반복하게 되면 자신의 문제점과 어려운 점이 극복하게 되고, 실전에서 활용할 수 있는 심리기술들이 강화되는 것을 느낄 수 있다. 골프에서 심리적인 문제가 발생하면 그 증상의 원인을 쉽게 진단하기가 곤란하다. 그렇다고 문제를 치료할 수 없는 것은 아니다. 왜냐하면 내 몸 안에서 무언가 행해지고 있음이 인지되고, 누군가에 의해 관찰되어질 수 있기 때문이다.

2. 심리기술훈련

심리기술훈련은 최상의 경기력을 발휘할 수 있도록 자신의 사고와 감정을 조절하는 능력을 얻기 위한 훈련과정을 의미한다. 골프선수들은 반복되는 신체단련과 연습, 좋은 성적이나 스코어를 거둬야 한다는 압박감으로 많은 피로감이나 중압감을 받는다. 이러한 피로감과 중압감을 해결하는 데 심리기술훈련이 매우 중요한 역할을 한다. 최상의 골프경기수행을 하기 위해서는 기술적 탁월성은 물론 신체적, 심리적, 사회적 환경과 역경에 대처하기 위한 전략 등 사전에 철저한 준비가 전제되어야 한다. 심리기술훈련은 운동수행에 주는 부정적인 요인을 최소화하고, 마음 안정을 유지하며, 경기력을 향상시킬 수 있기 때문에 매우 중요하다. 심리기술은 신체기술훈련과 병행되어져야 최상의 경기수행력을 얻을 수 있다. 그러므로 골퍼나 선수들은 심상, 이완, 목표설정, 자신감, 집중력, 몰입 등 개별적인 심리기술들을 익힌 다음, 이러한 심리기술들을 경기의 구체적인 상황에서 사용하는 방법을 알아야 한다. 즉 체계적인 스윙기술을 익힌 다음, 실전경기에서 상호 관련성이 있는 심리기술을 적용하는 것이다. 심리기술훈련이 스포츠 수행에 긍정적 효과를 준다는 연구보고는 다양한 방면에서 제시되고 있다. 예를 들어 동유럽 사회주의 여러 국가들이 1970년대 올림픽에서 전반적으로 좋은 성적을 거뒀는데 거의 모든 종목의 선수들이 이 훈련을 실시하고 있었음이 밝혀졌다. 따라서 심리기술훈련은 훈련에 참여 동기를 증진시키고, 운동기술을 효과적으로 습득하는 데 유용하며, 최적의 컨디션으로 경기에 집중하게 함은 물론 예측하지 못한 돌발적인 상황에 직면해도 효율적으로 대처할 수 있는 능력을 배양한다.

3. 심리기술훈련의 단계

심리기술훈련도 신체훈련과 마찬가지로 사전의 준비에 따라 효과가 달라지며, 효율적으로 하려면 다음과 같은 몇 단계의 과정이 필요하다. 첫째, 심리기술이 왜, 얼마나 중요한지에 대한 기본적인 교육단계이다. 둘째, 개인의 성향에 따라 구체적으로 심리기술을 익히고, 배우는 단계이다. 셋째, 여러 가지 배우고 익힌 심리기술을 부단한 연습을 통해 잠재화시키는 단계이다.

4. 심리기술의 측정

심리기술훈련을 효율적·능률적으로 하려면 선수나 골퍼들의 심리기술을 정확하게 측정할 필요가 있다. 심리기술을 측정하는 방법은 검사지법, 면담법, 개인 프로필 작성법 등이 있다.

5. 심리기술훈련의 제약요인

골프경기에서의 승패는 신체적 기술과 심리적 기술의 조합에 의해 결정된다. 골프의 성공적 수행을 위해서는 심리기술이 필요한 조건임에도 불구하고 가볍게 여기는 경향이 있다. 이유를 보면 첫째, 지도자들이 심리기술에 대한 지식이 부족하다. 둘째, 심리기술은 개발되는 것이 아니라 타고난다는 생각을 가지고 있다. 셋째, 신체기술력만을 향상시키는 데도 시간이 부족하므로 심리기술 발달에 시간을 투자하지 않는다. 넷째, 심리기술훈련에 대한 부정적인 생각을 가지고 있다.

Ⅱ. 심리기술 방법

1. 성취동기(motivation)

　골프는 잘못된 스윙을 자꾸 고치려고 노력하는 모습을 자기 몸으로 체화시키기 때문에 좋은 운동이다. 어떤 일이든 목표하는 결과를 얻으려면 기본적으로 그것을 성취하고자 하는 내적 욕구 즉 근성이 있어야 한다. 일반적으로 목표(goal)는 원하는 대상이나 기준에 도달하기 위한 내용과 강도가 내재된 행동으로 정의되며, 목표설정은 현재의 상태에서 계획된 미래의 상태를 선택하고 결정하는 것을 말한다. 목표의 유형에는 주관적 목표, 객관적 목표, 단기목표와 장기목표 등 다양한 목표 유형이 존재하지만 각 유형의 목표는 개별적으로 독립된 것이 아니라 상호 유기적 관련성을 가지고 개인의 목표방향을 제시하는 틀로서 작용을 한다. 목표를 설정하여 노력하면 보다 주어진 과제에 더욱 집중할 수 있고, 인내력을 길러주며, 동기유발을 촉진시켜 자신의 목표달성을 위한 학습전략을 가능하게 한다. 또한 목표설정은 골퍼에게 자신감과 적절한 각성수준을 갖게 하고, 경기에 몰입하게 하여 자신의 경기 수행력 향상에 기여한다. 목표설정을 할 경우에 주의해야 할 사항은 실현가능하고 명확한 목표를 세우고, 과정 지향적이고 긍정적 목표를 세워야 하며, 이와 더불어 목표달성을 위한 전략을 개발해야 한다는 것이다. 욕구가 강한 사람은 결코 포기하지 않고 끝까지 노력한다. 골프를 왜 시작했고, 무엇을 성취할 것인지에 대한 강한 동기부여가 내재된 상태에서 지속적으로 성실하게 운동수행을 한다면 훌륭한 골퍼가 될 수 있다. 강인한 근성과 인내력을 바탕으로 목표를 향해 꾸준히 연습하면 자신이 목표한 결과를 성취하게 된다.

2. 이완(relaxation)

　우리가 운동을 할 때 우리 몸에 있는 근육은 수축된다. 이완이란 신체적 긴장과 심리적 긴장 및 불안을 낮추어주는 과정이다. 신체적 긴장이란 근육자체가 과도하게 수축된 상태를 말하고, 심리적 긴장이란 근심과 걱정이 앞서 매사에 불안하며, 불안, 초조 등으로 자신감이 떨어져 각성 수준이 과도하게 높아지는 상태를 말한다. 신체적인 긴장과 심리적인 긴장은 따로따로 일어나는 것이 아니라 거의 동시에 일어나고 또 동시에 풀어진다.[2] 이완의 방법에는 신체적인 긴장을 이완시켜 심리적인 긴장을 줄이는 방법과 반대로 심리적인 긴장을 이완시켜 신체적인 긴장을 줄이는 방법이 있다. 전자의 방법에는 호흡기법이 있고, 후자의 방법에는 명상이 있다. 호흡은 경기상황에서 불안과 긴장을 낮출 뿐만 아니라 혈액 내 산소량을 증가시켜 운동수행을 향상시킬 수 있는 방법이다. 이것은 근육에 더 큰 힘을 주게 하며 노폐물제거도 가능하게 한다. 골퍼에게 이완은 3가지 측면에서 그 효과를 볼 수 있다. 첫째, 이완은 스윙의 완벽한 준비상태이다. 둘째, 다른 모든 심리기술을 위한 기본 상태이다. 셋째, 이완은 각성수준을 적정한 수준에 맞추는 데 중요한 역할을 한다. 우리는 골프경기 중 긴장되고 불안한 상황을 극복하지 못하면 의도한 목적을 성취할 수 없다. 스윙 전에 근육의 긴장을 풀어주듯이 과도한 심리적 긴장상태에서도 이완을 할 수 있도록 하는 훈련이 필요하다. 골퍼가 티샷을 하기 전에 어깨근육을 풀어주고 부드럽게 스윙을 한다거나 퍼팅을 하기 전에 특히 심호흡을 하는 것은 모두 무의식중에 이루어지는 최고의 이완활동이라고 할 수 있다.

3. 자신감(confidence)

자신감이란 어떤 일을 수행할 때 주어진 과제를 성공적으로 수행할 수 있다는 스스로의 믿음, 마음의 상태를 말한다. 예를 들어 드라이브샷을 페어웨이 중앙에 안착시킬 수 있다거나, 어프로치샷을 홀 컵에 붙일 수 있다거나, 5미터 퍼팅을 앞둔 상태에서 이 정도는 성공할 수 있다고 생각한다면 이것은 골퍼가 자신감을 갖고 있는 것이다. 골퍼나 선수들이 자신감을 고취하기 위해서는 사전에 충분한 준비와 컨디션 조절, 긍정적인 사고습관, 자신감 있는 생각과 행동을 기르는 방법을 훈련하여야 한다. 긍정적인 생각을 바탕으로 자신감이 충만하면 스윙을 방해하는 여러 가지 요소들을 통제하거나 제거해 줄 뿐만 아니라, 자신의 잠재능력과 운동기술을 최대한 발휘할 수 있도록 도와준다. 이처럼 자신감은 자신이 계획한 목표를 성공적으로 수행할 수 있도록 중요한 매개체 역할을 해준다.

---

2 정청희, 골프심리기술훈련, 무지개사, 2006. 70면 이하 참조.

4. 집중력(concentration)

골퍼는 드라이브샷을 하기 전이나 비교적 가까운 거리에서 버디 퍼팅을 하기 전에 볼이나 방향, 목표지점, 홀 컵에 관심을 집중하게 된다. 골프는 집중력의 게임 이라 해도 과언이 아닐 정도로 주의집중은 경기결과에 큰 영향을 준다. 일반적으로 주의란 개인의 내부 또는 외부에서 발생하는 환경정보가 감각에 수용되어 지각하 는 능력으로서 의식을 통제하는 과정이며, 정적인 성격이 강하다.[3] 또한 주의집중 은 주의의 대상에 대하여 일정한 시간 동안 자신의 주의를 유지할 수 있는 능력을 의미한다. 즉 주변의 환경정보를 받아 들여 상황에 가장 적합한 주의를 유지하는 것이며 동적인 성격이 강하다. 골프경기에서 주의 집중하는 방식에는 주의연합과 주의분리가 있다. 주의연합은 경기 도중에 내적요인에 의해 발생하는 모든 긴장을 수용하는 것이고, 주의분리는 경기 도중 간식을 먹는다거나, 주위의 경치를 감상한 다거나, 캐디와 이야기를 나누는 등 경기 외적인 요인을 통해서 골프경기에 주의를 집중하는 방법이다. 주의집중을 하는 데 있어서 유의할 사항은 첫째, 과거의 실수 는 무시하고, 둘째, 결과에 집착하지 않으며, 셋째, 조용한 장소를 선택해서 점진적 이고 지속적인 훈련을 실시해야 한다. 우리가 주목해야 할 것은 골프 전체의 경기 를 통해서 실질적으로 스윙을 하는 시간은 불과 10분도 채 되지 않지만 집중력은 경기시작부터 끝날 때까지 지속적으로 요구된다. 집중력이 경기결과에 큰 영향을 미친다는 것을 많은 선수들이 알면서도 실제적으로는 충분한 훈련이 되지 못하고 있는 것 같다. 강한 집중력은 많은 정신적인 에너지를 필요로 하고, 골프경기에서 승패의 요인으로 작용하는 중요한 심리요인 가운데 하나이다.

5. 심상(imagery)

심상은 직접적인 운동의 수행동작 없이 마음속의 경험을 재생하거나 과거의 경험을 바탕으로 새로운 심리적 경험을 창조하는 기술을 말한다. 즉 골프에서 심상 이란 실제 동작은 하지 않고 자신이 하고자 하는 스윙동작 또는 퍼팅동작을 미리

---

3 정청희, 앞의 책, 162면 참조.

머릿속으로 상상해보는 것을 의미한다. 일반적으로 심상은 내적심상과 외적심상으로 구분되며, 내적심상은 자신이 직접 수행하는 모습을 자신의 눈으로 보는 형태로서 시각, 청각, 촉각 등 다양한 감각기관이 동원되는 반면, 외적심싱은 중계카메라가 자신의 운동 수행 모습을 촬영한 것을 우리가 보는 것처럼 시각이 활용된다.[4] 예를 들어 티잉그라운드에서 골퍼자신이 직접 드라이버를 잡고 볼이 목표 방향을 향해 날아가는 과정을 직접 상상하는 모습은 내적심상이라고 한다면, 외부의 관찰자가 된 자신이 드라이브샷을 하는 모습을 관찰하는 것은 외적심상이라고 하는 것이다. 심상은 시각, 청각, 촉각 등 모든 감각을 동원할 수 있다. 심상훈련과정에서 주의할 사항은 첫째, 심상훈련은 조용한 장소에서 실시하여야 하며, 둘째, 모든 감각을 활용하여 전체적으로 연속된 동작을 심상해야 한다. 셋째, 실제 골프경기상황과 동일한 속도로 심상해야 하고, 넷째, 이미 성공적으로 수행한 장면만을 심상해야 한다. 심상의 효과는 실제 신체의 움직임이 없이 움직임의 감각을 경험할 수 있으며, 짧은 시간을 효율적으로 활용해 운동수행의 향상을 꾀할 수 있다는 장점이 있다. 또한 심상은 상대적으로 시간적, 공간적 제약 없이 쉽게 활용하여 자신감을 고취시키고 긍정적 정서를 함양하며, 신체적 부상이나 개인적 사정으로 훈련의 부족을 만회하여 자신의 운동수행능력을 유지할 수 있는 수단으로서 활용가치가 크다. 심상은 골프에 있어서 정신훈련의 기본이고, 운동수행의 수준을 향상시키기 위해 선수들이 연습이나 훈련에 적용할 수 있는 심리기술 가운데 하나로 지속적인 훈련을 하게 되면 탁월한 효과가 있다.

6. 긍정적 사고와 태도

긍정의 사고와 태도를 갖는다는 것은 어떤 목표를 달성하는 데 반드시 필요한 에너지다. 인간이 자신의 목표를 설정하고 이를 달성하기 위해서는 여러 가지 역경과 고통이 따른다. 긍정의 사고와 태도는 이러한 어려운 과정을 도전하고 극복하도록 사고와 행동을 바꾸어 나가는 과정인 것이다. 긍정적인 사고와 태도로의 전환은 쉽게 저절로 생기는 것이 아니며 지속적인 훈련과 노력을 통해서 가능한 것이다.

---

4 정청희, 앞의 책, 86면 참조.

어떤 상황이나 사건이 발생했을 때 부정적으로 생각하면 감정이 불안해지고 소극적이면서 쉽게 포기하게 된다. 반면에 긍정적으로 생각하면 희망과 용기가 생겨 다시 해보겠다는 도전할 수 있는 힘을 얻을 수 있게 된다. 골프경기는 목표를 성취하기 위해서 필연적으로 경쟁을 수반하기 때문에 모든 상황에서의 도전은 언제나 패배에 대한 압박감을 받게 된다. 이러한 압박감에 대해 강한 긍정적 정신력을 바탕으로 극복하지 못한다면 결코 훌륭한 선수가 될 수 없다. 골퍼는 여러 가지 내적·외적 도전과 심리적 압박 속에서 이겨낼 수 있다는 긍정적인 사고와 태도를 발현해야 자기가 원하는 목표를 성취할 수 있다.

7. 몰입(immersion)

몰입은 강한 성취욕구와 구체적인 목표가 결합하여 나타나는 심리적 경험이다. 뉴턴은 "어떻게 만유인력의 법칙을 발견했느냐"는 질문에 "내내 한 가지만을, 그것 한가지만을 생각했다."고, 아인슈타인은 "나는 몇 달이고, 몇 년이고 생각하고 또 생각한다."고 이야기 한 바 있다.[5] 몰입은 잠재되어 있는 천재성을 이끌어내고 우리 두뇌의 능력을 깨우는 최고의 방법이다. 몰입상태는 자의식의 부재가 아니라 오히려 더 강한 의식으로 작용을 하며, 긍정적인 주관적 상태로 자신의 행동에 열의를 갖게 해준다. 몰입상태가 계속되면 쾌감, 아이디어, 문제해결능력에 관한 한 내 안의 또 다른 내가 탄생하게 되는 것이다. 골프에서의 몰입은 스윙동작과 심리적인 의식을 하나의 상태로 결합해 주며, 더 이상 동작에 대한 불필요한 의식을 하지 않도록 하는 큰 힘을 발휘한다.

8. 각성 및 불안

골프선수가 자신의 인생에 있어서 매우 중요한 경기에 임했을 경우 첫 홀 티샷 시간이 다가올수록 입술이 마르고, 가슴이 두근거리며, 화장실도 가고 싶고, 식은땀이 흐르는 것을 느낄 것이다. 이러한 증상들이 곧 각성증가에 의한 불안반응이

5 황농문, 몰입, 랜덤하우스, 2008. 35면 참조.

다. 각성이란 인간의 활동을 증진시켜주는 교감신경의 활성화에 따른 외부자극에 대한 민감성 정도로서 중추신경의 흥분상태를 의미한다. 불안은 높은 수준의 각성상태로 불쾌한 기분을 수반한다. 불안에는 드라이브샷이나 퍼팅을 할 때처럼 현실적인 상황에 따라 일어나는 불안과 개개인의 생래적 성향에 따른 불안이 있다. 누구나 골프를 하다보면 한번쯤은 경기를 하면서 라운딩 내내 느낌이 매우 좋은 상태를 경험했을 것이다. 이와 같은 상태를 최적의 각성수준이라고 할 수 있다. 각성·불안을 조절하는 방법에는 명상이나 호흡기법 등의 생리적인 방법과 사고정지 등의 인지적 방법이 있다. 각성 조절이 이루어진 상태에서의 골퍼들은 높은 동기부여, 스트레스 감소, 자신감 충만 등 심리적인 안정으로 골프경기 수행력을 향상시킬 수 있다. 골프 경기에 작용하는 심리적 불안요인들의 극복방안에 대해 간략하게 정리하면 다음과 같다.[6]

- 샷을 하기 전에 여러 번 심호흡을 하고, 특정 신체부위의 근육을 최대로 수축 후 이완하면서 긴장을 풀어준다.
- 자신에게 잘 할 수 있다고 마음 속으로 용기를 북돋우고 자신감을 갖도록 한다.
- 첫 홀의 티샷은 충분한 연습을 한 후 자신감이 생길 때 샷을 한다.
- 잘못된 샷은 빨리 잊어버리고, 긍정적으로 기회를 기다리는 마음의 여유를 갖는다.
- 클럽은 자신의 비거리에 따라 여유 있게 선택한다.
- 어렵고 긴장되는 상황일수록 어드레스나 스윙을 단순화하며, 샷을 간결하고 부드럽게 한다.
- 타구 하나하나에 집중할 수 있는 정신력을 기른다.
- 갤러리나 동반자 등 타인을 의식하지 않는다.

---

6 김동진·김종택, 골프, 교학사, 2005. 132면 참조.

9. 루틴(routine)

골퍼들이 불안상황을 극복하고 운동수행의 지속성을 유지하려는 전략 가운데 일정한 운동을 수행하는 루틴이 있다. 루틴이란 골퍼들이 최고의 운동수행결과를 발휘하기 위한 자신만의 고유한 동작 또는 절차를 말한다. 예를 들어 골퍼가 드라이브샷을 하기 위해 티잉그라운드에 올라간 후 티를 꽂고 볼을 올려놓는다. 그 다음 자신의 목표라인을 설정하고 바람과 속도를 파악한 후 스탠스를 취한다. 다음 연습스윙을 2~3회 실시하면서 자신의 볼이 목표지점을 향해 날아가는 장면을 심상한 후 클럽을 어드레스(address) 한다. 이후 호흡조절을 한 다음 백스윙하고 샷을 하게 된다. 이와 같은 일련의 연속적인 행동절차가 일관성 있게 이루어지는 것을 프리 샷 루틴(pre-shot routine)이라고 한다. 프리 샷 루틴은 골퍼들이 티샷이나 퍼팅을 하기 직전에 자신도 모르게 일정하게 하는 습관화된 동작을 말한다.

루틴에는 인지루틴과 행동루틴이 있다.[7] 사고체계의 일관성을 유지하는 것이 인지루틴이고, 행동체계의 일관성을 유지하는 것이 행동루틴이다. 골프에서는 행동루틴이 중요하다. 골프에서의 루틴은 골퍼들마다 가지고 있는 고유한 느낌을 찾는 시간으로 미리 프로그램화된 동작의 필요성을 제시한다. 골프운동 수행과정에서 루틴이 필요한 이유는 첫째, 선수들이 내·외적인 조건으로 산만해질 때 골프경기와 무관한 것을 차단시켜 준다. 둘째, 루틴은 연속적인 동작과정을 상기시키고 친근감을 제공한다. 셋째, 운동수행에 앞서 사전에 설정된 수행과정을 제공함으로써 일관된 수행을 도와준다. 따라서 골프경기를 위해 골퍼는 주의집중을 하고, 성공적인 운동수행을 위한 일련의 과정을 개발하여 일관성 있게 습관화하는 것이 필요하다. 이와 같은 루틴을 자연스럽게 지킬 수만 있다면 마음의 잡념과 불안감을 극복하고 경기에 집중하는 데 큰 도움이 된다.

---

7 정청희, 앞의 책, 112면 참조.

제12장

캐디
(caddie)

제12장
캐디(caddie)

Ⅰ. 캐디의 정의

"캐디"(caddie)란 대한골프협회 골프규칙 제2장에 '규칙에 따라서 플레이어를 원조하는 사람을 말하며, 여기에는 골프를 치는 동안 골퍼의 클럽을 운반하거나 취급하는 일이 포함될 수 있다.'라고 규정하여, 골퍼가 플레이를 하는 동안 골퍼의 클럽을 운반 또는 취급하며 골프규칙에 따라 골퍼를 원조하는 자라고 정의할 수 있다.

캐디는 특정의 골퍼와 조를 이루어 경기하는 동안 골퍼의 가방을 운반하고, 골프채를 휘두를 때 생기는 잔디파손부분을 손질하는 등[1] 골퍼가 해야 할 일을 대신하여 도와주는 서비스 업무를 수행한다.[2] 캐디는 골프규칙에 대한 폭넓은 지식을 바탕으로 당일의 풍속, 풍향이나 코스의 지형을 고려하여 골퍼에게 타구의 방향을 조언하고, 골프채를 선택하게 해주며, 그린의 상태를 고려하여 퍼팅라인을 알려주는 등 실질적인 경기지원 업무도 수행한다. 또한 캐디는 골프경기자의 안전과 안전사고 방지를 위한 주의의무를 다할 수 있도록 보조해야 해야 한다. 그러나 골퍼가 반드시 캐디의 도움을 필요로 하는 것은 아니다. 대다수 외국에서는 캐디의 도움 없이도 플레이 하는 것을 볼 수 있으며,[3] 최근 국내골프장에서도 노 캐디 골프장이 점차 늘어나고 있다. 일반 골퍼가 골프경기를 하는 동안 캐디를 이용하는 경우에는

---

1 대한골프협회 골프규칙 제1장 에티켓 「코스의 보호」 참조.
2 대법원 1993. 5. 24. 선고 90누1731 판결.
3 그러나 우리나라의 경우 골프장의 사업주의 방침에 따라 캐디를 의무적으로 사용하도록 하는 경우가 대다수이며, 골프장사업주의 방침이 이러한 경우 캐디를 사용하지 않고는 골프를 칠 수가 없다.

그린피(green fee) 이외에 캐디피(caddie fee)[4]를 별도로 지급하게 되어 있다.

II. 캐디의 종류

캐디는 플레이어와 캐디와의 관계, 골프장 운영자와 캐디와의 관계를 기준으로 플레이어 캐디(player caddie), 엠플로이 캐디(employee caddie), 하우스 캐디(house caddie) 세 가지로 분류한다.

1. 플레이어 캐디(player caddie)

플레이어 캐디(player caddie)란 골퍼가 개인적으로 동반하는 캐디이다. 프로골퍼들이 캐디를 동반하는 예를 볼 수 있다. 대체로 골프장 운영자는 골퍼가 캐디를 동반하는 것을 허용하지 않는다. 특정 대회기간 중에 한하여 프로골퍼들에게 이를 허용할 뿐이며, 이런 캐디는 골프장 경영자와는 특별한 관계가 없다. 단지 시설의 이용자인 플레이어와 동반하여 골프장의 시설을 이용하는 자에 불과하다.

2. 임플로이 캐디(employee caddie)

임플로이 캐디(employee caddie)란 골프장 경영자의 근로자로서 경영자의 지시에 따라 골퍼를 돕는 캐디이다. 이런 캐디와 플레이어 사이에는 직접 아무런 법률관계는 없고, 플레이어는 캐디의 조력을 받은 후 그 대가를 골프장 운영자에게 지급하면 된다.

3. 하우스 캐디(house caddie)

하우스 캐디(house caddie)란 플레이어가 캐디의 도움을 원하는 경우에 골프

---

4 캐디들이 노무의 대가로 받는 금원을 캐디피라고 한다. 이 캐디피를 골퍼와 캐디 간에 직접 수수하도록 하는 골프장도 있고, 골프장의 프론트에서 담당직원이 골퍼로부터 이 명목으로 별도로 받아 캐디에게 전해주는 골프장도 있다. 어느 경우이든 캐디피는 골프장의 운영자의 수입으로 계상되지 않는다.

장 운영자가 캐디를 알선해서 플레이어를 도와주는 캐디이다. 보통 주중, 주말에 골프장에 대기하고 있다가 일반 골퍼들을 위해 일을 하는 캐디를 말한다. 하우스 캐디의 취업과정과 근무형태 그리고 캐디의 보수의 지급방법에는 다양한 형태가 있다.

Ⅲ. 캐디의 업무

1. 골프클럽을 운반 또는 취급

　캐디가 하는 중요한 임무 가운데 하나는 골프클럽을 운반 또는 취급하는 일이다. 우선 배치표에 따라, 자기에게 배정된 골퍼들이 누구인지를 확인하고 해당 골프백[5]을 찾아 카트에 싣고, 이를 운반하여 골프코스로 나가는 일을 행하고 있다. 이어서 골퍼가 티오프(tee off)[6]를 하기 전에 해당 골프백에 들어있는 골프클럽의 종류와 수를 세어 이를 배치표에 기재한 후 골퍼에게 확인을 요청한다. 골퍼가 플레이를 하는 동안 그 골프백을 운반하면서 각 홀에서 골퍼에게 필요한 골프클럽을 꺼내 플레이를 돕고, 사용한 골프클럽은 해당 골퍼의 골프백에 넣어 보관한다. 또한 플레이가 종료한 후에도 다시 골프클럽의 종류와 수를 세어 골프클럽이 분실되지 않고 모두 본래대로 있는지 여부에 대하여 골퍼에게 확인을 요청하고, 자신이 소지한 고객 배치표에 서명을 받아 놓는 것이 일반적이다. 그리고 지정된 장소에 가져다 놓거나 골퍼의 차에 실어 주는 일을 한다. 이처럼 캐디는 골퍼의 골프백을 선량한 관리자로서 보관할 의무를 부담하며, 캐디가 이러한 보관의무를 게을리하여 분실이나 파손 등의 사고가 발생했다면 그 손해를 배상하여야 할 책임이 있다.

---

5 골프백은 골프가방을 말한다. 서울고등법원, 2006. 7. 20. 선고2005나103244 판결에서 골프백을 골프가방이라는 용어로 사용하였다.
6 티업(tee up)과 티오프(tee off)를 혼동하여 사용하고 있으나, 경기시작을 알리는 티오프(tee off)는 플레이를 위해 공을 티에 올려놓는 티업(tee up)과는 구별하여야 한다.

2. 골프규칙에 따른 보조

캐디기 골프규칙에 따라 보조하는 일로는 플레이어가 안전하고 유쾌하게 플레이를 할 수 있도록 조언하고, 플레이어가 할일 중 일부를 플레이어를 대신하여 플레이어를 도와주는 경우가 있다. 일반적으로 현장에서 골프코스의 지형과 거리의 안내, 적절한 골프클럽의 선택, 플레이어가 스트로크(stroke)를 하기에 앞서 비거리(飛距離) 내에 선행조(先行組)가 있는지 살펴보는 일, 볼의 낙하지점을 확인하고 볼을 찾아 주는 일, 볼이나 골프클럽에 묻은 흙을 닦아 내는 일, 그린과 페어웨이 및 벙커를 손질을 하는 일 등과, 간단한 골프규칙과 로컬룰(local rule)[7]을 알려 주는 일 등을 담당한다.[8]

3. 안전사고 예방의무

캐디는 골프경기자의 안전과 안전사고 방지를 위한 주의의무를 지켜야 할 의무가 있다. 캐디는 사고방지를 위해 자신은 물론 동반경기자가 타구하는 경기자보다 앞서 나가지 않도록 하고 경기자가 타구할 경우 전방확인은 물론 사고의 위험성이 있을 경우 타구를 하지 못하도록 이를 적극 제지하여야 한다. 만약 타구사고가 발생할 경우 캐디의 권유에 의해서 샷을 하였거나 위험성이 있음에도 불구하고 이를 제지하지 않았다면 캐디는 그 책임을 면할 수 없다. 또한 후행조에 타구를 하도록 사인(sign)을 줄 경우에는 동반경기자들이 안전지대로 대피하였는가를 확인후 사인(sign)을 주어야 한다. 이외에도 카트 운영시에는 동반경기자들에게 안전운행에 대한 주의를 환기시키고 급경사 등 위험성이 높은 지점을 통과 할 경우에는 손잡이를 잡을 수 있도록 조치하여야 한다. 골프특성상 사고위험장소에 대하여는 사전고지를 하는 등 동반자의 안전에 대한 책임을 다해야 한다.

---

7 골프에서 코스의 특수조건 때문에 그 코스에서만 적용되는 특별한 규칙을 말한다. 이 경우에는 스코어카드에 그 내용을 기재해야 한다. 일반적으로 적용되는 규칙은 제너럴 룰이라고 한다. 네이버 백과사전. 2013. 4. 1. 방문.
8 김교창, 앞의 책, 122면 참조.

IV. 캐디의 법적 지위

1. 서언

캐디의 법적 지위에 관한 문제는 즉 캐디[9]가 골프장 운영자에게 종속적 노동관계가 성립하는가에 따라서 캐디를 근로기준법이나 노동관계법상의 근로자로 볼 것인지 여부가 중요한 법률적 쟁점이 되고 있다.[10] 골프장 캐디는 근로자의 판단기준인 사용종속성을 인정할 수 없기 때문에 노동법상 근로자성을 부정한다고 하는 판단과 노동법상 근로자성을 인정하는 판단도 있다. 최근 비정규직 근로자들의 보호문제가 심각한 사회문제로 부각되고 있다. 이러한 비정규직근로자들의 문제 중에서 가장 큰 문제는 노동법상 근로자로 인정할 수 있는가 하는 것이다. 물론 이것은 비정규근로의 여러 형태 중에서도 외형상 독립사업자의 형태를 갖추고 있는 근로자들에 대해서 제기되는 문제들이다. 예를 들면 골프장캐디, 학습지교사, 보험설계사, 레미콘기사 등의 경우이다. 오늘날 다양한 노무공급형태 가운데 하나로 골프장캐디에 대하여 노동법상 근로자인가 아닌가 하는 문제는 근로자 개념과 더불어 중요한 논점으로 부각되고 있다.

2. 근로자성 인정여부

(1) 노동조합법상 근로자로 보는 견해

이 견해에 의하면 골프장 운영자와 캐디와의 사이에 종속적 노동관계가 성립하며, 노동조합법상의 근로자란 타인과의 사용종속관계에서 노무에 종사하고 대가로 임금 등을 받아 생활하는 자를 말한다. 타인과 사용종속관계가 있는 한 당해 노무공급계약의 형태가 고용, 도급, 위임, 무명계약 등 어느 형태이든 상관없으며, 사용종속관계는 사용자와 노무제공자 사이에 지휘감독관계의 여부, 보수의 노무대가

---

9 여기서의 캐디는 주로 하우스캐디의 경우가 문제가 될 것이다.
10 장의성, "골프장 경기보조원의 노동법적 지위에 관한 고찰" – 판례와 행정해석 분석 및 입법적해결을 위한 제언– 노동정책연구 제4권 제2호, 한국노동연구원, 2004. 69–94면; 윤광희, "골프장캐디의 노동법상의 지위"– 판례와 행정해석을 중심으로– 스포츠와 법 제11권 제2호(통권 제15호), 2008. 5. 59–88면; 김교창, "하우스캐디와 골프장사업자사이의 법률관계", 판례월보 제341호, 1999. 2. 7–20면 참조.

성 여부, 노무의 성질과 내용 등 노무의 실질관계에 의하여 결정된다고 본다. 보통 캐디와 골프장 운영자와의 관계에서 캐디는 골프장 운영자가 임의로 지정하는 골퍼에게 노무제공을 하기로 하고 그 대가로 일정한 금원을 이른바 캐디피로 시급받기로 하는 묵시적인 약정이 있다고 볼 수 있으므로, 그 약정은 고용계약관계에 유사하여 골프장 운영자와 캐디 사이에는 종속적 노동관계가 있다고 본다.[11]

(2) 근로자로서의 성격을 부인하는 견해

이 견해에 따르면 캐디는 골프장 운영자와 사이에 근로계약·고용계약 등의 노무공급계약을 전혀 체결하고 있지 않고, 캐디의 경기보조업무는 원래 골프장 운영자측이 골퍼에 대하여 당연히 제공하여야 하는 용역제공이 아니어서 캐디에 의한 용역의 제공이 골프장의 시설운영에 필요불가결한 경우가 아니다. 그러므로 캐디는 골퍼를 위한 경기보조업무를 수행한 대가로 골퍼로부터 직접 캐디피(caddie fee)라는 명목으로 봉사료만을 수령하고 있을 뿐 골프장 운영자로부터는 어떤 금품도 지급받지 아니하고 있다고 하는 이유로 골프장 운영자와 캐디와의 직접적인 법률관계를 인정하지 아니하고,[12] 오히려 골프장 운영자의 중개로 골퍼와 캐디 사이에 고용계약 내지 도급계약이 성립한다고 본다.[13]

3. 결어

골프장캐디[14]의 근로자성 여부에 대하여 대법원은 매우 상반된 판결을 내리고 있다. 골프장캐디의 법적지위문제는 곧 근로기준법상 근로자개념과 직결되는 문제라고 할 수 있다. 즉 근로기준법상의 근로자개념에 골프장캐디가 포함되느냐에 관한 중요한 쟁점은 근로자의 개념을 어떻게 정립할 것인가의 문제와 관련이 있다고 볼 수 있다. 우리 법원에서는 근로자의 개념과 범위를 형식적으로 협소하게 인정하고 있어, 현대사회의 새로운 형태의 다양한 근로관계를 포괄하기에는 한계가 있다고 본다. 또한 근로자성 개념판단에 동일하게 적용되고 있는 법원의 사용종속관계

---

11 대법원 1993. 5. 25. 선고 90누1731 판결.
12 대법원 1996. 7. 30. 선고 95누13432 판결.
13 서울고등법원 1990. 2. 1. 선고 89구9762 판결.
14 캐디는 하우스캐디를 말한다.

판단기준이 너무 엄격하여 현실적으로 보호가 필요한 캐디의 근로자성이 부정되어 있어 법적보호의 사각지대에 놓여 있다. 그러므로 사용종속관계의 관점을 사용자와의 인적관계를 중심으로 하는 구체적인 지휘·감독권한만으로는 현대사회의 다양한 근로관계를 파악하기는 어려우므로, 노무공급자의 관점에서 사용자와의 결합관계를 새롭게 찾아 설정해야 한다. 골프장 캐디의 경우는 여타의 특수형태의 고용종사자와는 달리 실제 노무제공과정에서 골프사고가 빈번하게 일어나고 있다. 그럼에도 불구하고 캐디의 법적 지위에 관하여는 법률적 견해가 대립하고 있어,[15] 만일 골프장 캐디가 근로자성을 인정받지 못한다면 산재보험 등 노동법상의 보호를 전혀 받지 못하게 된다.

골프장캐디의 근로자성 인정여부에 대해 1993년 대법원 판결에서는 근로자성을 인정하였으나, 1996년 판결에서는 근로자성을 부정하는 등 상반된 판결을 내리고 있다. 그동안 골프장캐디에 관하여 법원은 골프장 운영자와 캐디간의 계약내용 및 사용종속관계 여부에 따라 근로자성을 긍정 또는 부정하여 그 일관성이 결여되어 왔다. 현행 법률 아래서도 근로자의 범위를 충분히 넓게 해석할 수 있으나 위 판결에서 보는 것처럼 매우 제한적으로 해석되는 것이 현실이다. 이런 가운데 최근 서울고등법원 2013. 10. 11. 선고 2012나83515 항소심 판결에서 골프장 운영자는 캐디를 골프장업무에 사실상 종사하게 한 것으로 캐디의 불법행위에 대한 사용자 책임을 인정하였으며, 이후 대법원의 판단이 주목된다.

---

15 장의성, "골프장경기보조원의 노동법적지위에 관한고찰: 판례와 행정해석 분석 및 입법적 해결을 위한 제언", 노동정책연구 제4권 제2호(2004), 69-94면; 김교창, 앞의 논문, 7-20면 참조.

골프사고와
민사책임

제13장

골프사고와 민사책임

Ⅰ. 의의

　골프인구가 급속하게 증가함에 따라 골프장에서 발생하는 안전사고발생 위험과 가능성은 더욱 높아지고 있다. 골프사고는 플레이어나 캐디의 부주의, 골프장 운영자의 귀책사유로 일어나는 것이 일반적이다. 골프장의 안전사고 형태는 인적사고, 시설·설비에 의한 사고, 그리고 자연재해에 의한 사고로 나타난다. 인적사고는 고의·과실에 의해 발생한 사고로서 고의성을 갖고 행한 경우 형법의 적용을 받을 수 있으나 대부분 골프장의 안전사고는 과실에 의해 일어난다. 그러므로 골프사고가 발생하면 궁극적으로 필요한 주의의무 등의 위반이 누구에게 있었는가에 따라 법률상 책임여부를 판단하게 되며, 그 책임은 사고 유형에 따라 다르게 나타난다. 골프안전사고의 법적책임에는 형사책임과 민사책임이 있다. 형사책임으로는 골프클럽을 가지고 고의로 사람에게 상해를 입히거나, 폭행을 가했다면 형사법상 상해·폭행의 죄가 성립될 수가 있고, 미스 샷에 의한 상해의 경우 과실 치상의 죄가 성립할 수 있다. 골프장에서의 안전사고는 대부분 과실로 인해서 발생하고 있다.

　한편 골프사고에서 발생하는 민사책임은 사고당사자 간의 관계에 따라 계약책임(민법 제390조)과 불법행위책임(민법 제750조 이하)으로 나누어볼 수 있다. 계약책임은 계약상의 의무위반으로부터 생긴 손해에 관한 배상책임이며, 불법행위책임은 계약에 관계없이 가해자와 피해자라는 관계에서 손해를 보전하는 배상책임이다. 민법 제390조는 "채무자가 채무의 내용에 좇은 이행을 하지 아니한 때에는 채권자는 손해배상을 청구할 수 있다. 그러나 채무자의 고의나 과실 없이 이행할 수 없게 된 때에는 그러하지 아니하다."고 규정하고 있는데, 이는 계약상의 주의의무를 위반한 당사자는 상대방에게 채무불이행책임으로 손해배상의 의무가 발생한다는 것을 의미한다. 채무불이행으로 인한 손해배상이 성립하기 위해서는 채무자가 채무의 내용에 좇은 이행을 하고 있지 않았다는 사실 내지 객관적 상태가 있다는 것과 그 외에 채무자의 고의 또는 과실 등의 주관적 요건이 요구된다.[1]

　　민법상 불법행위책임에는 두 가지로 나누어진다. 하나는 민법 제750조에 의한 일반불법행위책임이고, 다른 하나는 민법 제755조 내지 제760조의 특수 불법행위책임이다. 특수 불법행위는 일반 불법행위의 요건 외에 다시 추가적인 요건이 갖추어진 경우에 인정된다. 민법 제750조는 "고의 또는 과실로 인한 위법행위로 타인에게 손해를 가한 자는 그 손해를 배상할 책임이 있다."고 규정하여 고의 또는 과실로 타인의 생명, 신체, 건강, 재산 기타의 권리를 침해한 경우 가해자의 불법행위책임을 인정하고 있다. 즉 민법이 과실책임주의를 채용하고 있는 결과 타인의 행위 또는 자기의 고의·과실에 의하지 않는 행위로 비록 타인에게 손해를 주는 일이 있더라도 불법행위책임을 지지 않는다는 것을 의미하는 것이다. 그러나 이와 같은 처리로 인하여 피해자의 구제에 충분하지 못한 경우가 생길 수 있다. 이에 대해 민법은 일정한 경우에 자기의 고의·과실 있는 행위에 의하지 않고서 발생한 손해에 대하여서도 배상의무를 인정함으로써 책임이 발생하는 특수불법행위 규정을 두고 있다. 우리 민법 제756조의 사용자책임과 동법 제758조의 공작물 등의 점유자·소유자 책임에 대한 규정이 그것이다. 따라서 골프경기 중 캐디나 공작물 사고 등 골프장 운영자에 과실에 의해 야기된 사고의 경우에는 민법 제756조, 758조의 특수불법행위 규정이 적용된다. 골프는 육체적 활동일 뿐만 아니라, 인간적·사회적 연대관계를 형성하기 때문에 골프사고로 발생한 문제를 당사자 사이에 명확하게 규명해서 상호간의 합리적 조정을 통해 분쟁관계를 해결하는 것이 중요하다.

---

1 김상용, 「채권총론」, 법문사, 2014. 137면 참조.

Ⅱ. 골프사고의 유형

골프는 비교적 넓은 자연공간과 인공구조물로 구성된 골프장에서 기후문제 등 특별한 사정이 없는 한 언제나 자유롭게 즐길 수 있는 스포츠이다. 그러나 골프는 특수한 재질로 만든 골프채를 휘둘러 볼을 치는 운동이므로 플레이어나 캐디 등 골프경기에 참가하는 사람들의 과실로 인해 안전사고가 일어날 개연성이 매우 높다. 골프사고가 발생하는 원인과 유형은 매우 다양하나 일반적으로 타구사고, 클럽에 의한 스윙사고, 카트사고, 워터 해저드에 빠져 익사하는 등 골프장시설물 설치·보존의 하자에 의한 사고, 낙뢰와 같은 자연재해사고 등의 사고가 발생하고 있다. 이 밖에도 타구에 의해 갤러리가 맞는 상해사고, 카트와 충돌사고, 골프백 도난사고, 귀중품 분실사고, 주차장의 차량 파손사고, 지반붕괴사고 등의 사고가 일어나고 있다. 보통 타구사고의 원인은 플레이어의 기량 및 판단미숙, 캐디의 경험부족과 주의의무위반으로 인해 발생하며, 종종 골프장시설물 설치·보존의 하자 등으로 인한 사고도 발생하고 있다.

1. 골프사고의 특수성

스포츠의 유형은 스포츠자체의 특성으로서 자연발생적 유희의 본질을 지식적으로 체계화시킨 것을 의미하는 것으로 대부분의 체육학자들은 체육학적 관점에서 종목별로 구분하고 있다.[2] 스포츠 활동은 그 특성상 항상 고유의 사고 요인이 내재하고 있기 때문에 전체 법학적 관점에서 보다는 민사법적 측면의 책임문제라고 하는 관점에서 유형화할 필요가 있다. 스포츠 활동 중 발생하는 사고에서 민사책임이 중요한 의미를 갖는 스포츠의 유형화 방법은 스포츠경기 중에 일어나는 신체에 의한 접촉빈도와 안전의무의 요구정도를 기준으로 '대결스포츠'와 '비대결스포츠'의 두 가지 형태로 구분할 수 있을 것이다. 대결스포츠는 허용된 위험의 범위가 넓기 때문에 안전배려의무가 인정되는 범위가 매우 좁고, 반면에 비대결 개인종목스포츠는 허용된 위험의 범위가 매우 좁기 때문에 안전배려의무가 인정되는 범위가 매

---

2 일반적으로 체육학자들은 스포츠를 체조, 구기종목, 수상경기, 투기종목, 특수체육 등으로 구분하고 있다.

우 넓다. 그러므로 선수가 안전배려의무를 위반하였을 때에는 과실로 인한 민사법
상의 불법행위책임을 인정하여야 한다. 한편 독일 판례의 경우 개인종목스포츠3에
대하여는 사고에 대한 예견가능성이 넓게 인정되므로 이에 위반할 경우 과실책임
을 인정해야 한다고 판시하고 있다.4 그러므로 대표적인 비대결 개인종목 스포츠인
골프는 안전사고에 대한 예견가능성이 매우 넓기 때문에 안전에 대한 주의의무가
더욱 높게 요구되는 특징을 가지고 있다.

(1) 안전배려의무

스포츠는 특성상 항상 사고위험이 존재하고 있다. 골프자체는 개인종목경기이
자 비접촉 스포츠로 본질적으로 위험하지 않을 수 있다고 생각될 수 있으나,5 플레
이어가 휘두르는 골프채, 딱딱한 공, 강력한 타구, 골프채를 놓치거나 부러진 골프
채에 맞아 주위에 있는 사람들이 부상을 당할 수 있다는 사실은 누구에게나 예견
가능하다고 할 수 있다. 이처럼 위험의 존재를 인식한 상태에서도 안전사고는 빈번
하게 발생하고 있다. 골프경기에 있어 안전배려의무란 골프경기에 참가하는 자가
상호 부담하는 주의의무로서 상대방의 생명·신체·재산·건강을 위험으로부터 보
호하여야 하는 의무를 가리키며,6 계약관계에 의하여 사회적 접촉관계에 들어가면
당사자일방은 그 계약관계에 따른 부수적의무로서 상대방에 대하여 신의칙상 부담
하게 되는 의무를 말한다.7 안전배려의무는 고용관계 등 다양한 영역에서 적용되고
있으며 근래 스포츠분야에서도 비교적 넓게 인정되고 있다. 골프는 골프코스에서
아무런 안전장치 없이 단단한 골프채를 사용하여 볼을 멀리 보내는 운동이므로 참
가자들이 필요한 주의의무를 하지 않으면 자칫 큰 사고로 연결 될 가능성이 많다.
그러므로 플레이어나 동반자, 캐디 등 골프경기에 참여하는 관계자들은 골프경기
를 준비하는 과정에서부터 마칠 때까지 사고의 위험을 방지하기 위하여 각자가 자
신의 주의를 다하여야 할 의무가 있는 것이다.

---

3 비대결 스포츠를 포함하는 의미이다.
4 장봉석, "스포츠사고의 민사책임", 전주대학교대학원, 석사학위논문, 2001. 57면 참조(재인용).
5 예컨대 권투, 태권도, 레슬링, 오토바이경주, 카레이스, 스쿠버다이빙, 요트 등이 위험한 스포츠라고
  할 수 있다.
6 정기웅, "안전배려의무에 관한 연구", 사법학의 재조명(박영우 교수 회갑논문집), 1994, 231면 참조.
7 대법원 1997. 4. 25. 선고 96다53086 판결.

한편 골프장은 넓은 자연공간에 인공적으로 설치된 체육시설로서 시설물의 설치·보존의 하자로 인한 사고의 위험이 항상 도사리고 있다. 골프장 운영자는 골프장시설물 하자로부터 사고의 위험을 회피하기 위해 안전설비를 설치하는 등 방호조치의무를 부담해야 한다. 골프사고를 야기하지 않기 위해서는 경기 참여자 자신이 어떤 주의의무가 있는가를 명확히 인식하는 것이 사고발생을 예방하는 중요한 요소가 될 것이다. 골프사고에 있어 안전배려의무는 타구사고의 경우 가해자인 플레이어뿐만 아니라, 피해자에게도 위험인수의 법리에 의해 스스로의 안전을 도모해야 할 의무가 있다는 데 그 특징이 있다. 그러므로 골프사고의 피해자 역시 자신의 과실이 그 피해의 원인이 되지 않도록 '스스로를 위험에 노출시키지 않아야 할 주의의무'가 발생하게 되는 것이다.[8]

(2) 책임제한이론

골프경기에 있어서 플레이어나 캐디의 위법한 가해행위로 타인에게 손해가 발생한 경우라 할지라도 특별한 사유가 있으면 그 위법성이 배제됨으로써 불법행위가 성립하지 않는 경우가 있다. 즉 골프경기에 있어서 허용된 위험과 예견가능성의 정도에 따라 민사책임의 범위를 달리할 수 있다. 우리가 골프를 계속해서 즐기고 있는 한 골프사고는 어쩔 수 없이 발생할 것으로 예상된다. 골프사고는 다양하게 나타나고, 특성상 부득이하게 발생하는 경우가 많으므로 골프사고로 인한 손해를 전보하기 위해서는 이에 적합한 법리가 필요하나, 민사법상의 과실책임이론을 단순 적용해서 처리하기에는 다소 무리가 따를 수 있는 경우가 종종 있다. 그러므로 골프경기에 자유롭게 참여한 자가 그로 인해 손해를 입었다면 가해자의 과실유무를 떠나 가해자의 항변도 인정해 주어야 할 것이다. 스포츠사고의 책임제한이론 가운데 '위험인수이론'은 선수가 위험을 알면서도 자발적으로 참여하여 스스로를 위험에 노출시킨 경우 손해배상책임을 지지 아니한다는 면책사유로서 예를 들면 골프경기를 하는 도중에 플레이어가 친 볼에 피해자가 맞은 경우 안전배려의무 등 골프 룰(rule)에 따라 플레이한 경우에는 사회적으로 용인되는 범위 내이므로 불법행위의 성립요건으로서 위법성이 없다고 볼 수 있는 것이다. 이 밖에도 스포츠사고

---

8 日本辯護士聯合會 辯護士業務改革委員會,「スポーツ事故の 法務」, 平成25年, 創耕舍, 81-82면 참조.

에서 일반적으로 적용될 수 있는 사회적상당성의 원리, 허용된 위험의 법리, 자기 위험에 기한 행위이론, 법으로부터의 자유로운 영역, 공개적이고 명백한 위험이론 등이 책임제한이론으로서 골프사고에 그대로 적용될 여지가 있다.

2. 타구사고

골프장에서 가장 많이 발생하는 사고는 플레이어나 캐디의 과실에 의한 타구 사고라고 볼 수 있다. 타구사고의 원인을 보면 주로 플레이어의 기량미숙과 부주의 또는 캐디의 부주의, 골프장시설물의 설치·보존의 하자 등에 의해 발생되고 있다. 타구사고의 유형은 동반조 타구에 의한 사고, 슬라이스나 생크, 훅으로 날아간 볼 에 선행조나 인접한 홀의 플레이어나 캐디가 맞는 사고, 골프시합 중 갤러리가 맞 아 상해를 입는 사고, 트러블 샷이나 벙커 샷 한 볼이 앞에 있는 장애물에 맞고 튀 어나와 부상을 당하는 사고 등 다양하게 일어나고 있다. 실례로 경기도 용인 소재 골프장에서 동반자가 티잉 구역 근처 의자에 앉아 대기하던 중 플레이어가 티샷한 볼에 맞아 왼쪽 눈이 실명하는 사고가 일어나기도 했다.[9]

3. 타구 이외의 사고

(1) 스윙사고

티업을 하기 위해 첫 홀 티잉구역 주변에 가면 지정된 연습장소가 마련되어 있다. 스윙사고는 플레이어가 지정 연습장소 이외의 지역에서 주변을 살피지 않고, 연습스윙을 하다 동반골퍼, 캐디에게 부상을 입히는 사고를 말한다. 이 밖에도 클 럽으로 때린 돌이나 나무가 튀어 타인에게 부상을 입히고, 샷 도중에 부러진 클럽 이나 빠져나간 클럽헤드에 맞아 부상을 당하는 경우도 있다. 사례에 의하면 플레이 어가 연습스윙을 하다가 캐디에게 상해를 입혔을 경우에는 골프채를 휘두른 플레 이어는 물론 골프장 운영자도 캐디에게 배상할 책임이 있다는 판결이 나왔다.[10]

---

9 한국일보, 2004. 2. 5일자.
10 대구지방법원 2011. 7. 12. 선고 2009가합14603 판결.

(2) 카트사고

골프장에서는 대부분 골프카트를 운영하고 있다. 골프장에서 발생하는 카트사고는 보통 탑승자가 안전수칙을 준수하지 아니하거나, 캐디가 사전에 안전에 관한 주의사항을 고지하지 않고 안전운행을 실시하지 않아 발생하는 경우도 있다. 카트사고의 원인과 유형을 보면 카트의 운전조작미숙과 위험지역에서 캐디의 실수로 카트가 전복되는 사고, 플레이어가 운행하다가 워터 해저드에 빠져 익사하는 사고, 자동골프카트에 부딪쳐서 부상을 당하는 사고, 설계상의 잘못으로 발생하는 충돌사고, 카트자체결함으로 인한 사고 등이 있다. 대개 카트사고는 플레이어나 캐디가 카트이용자 안전수칙을 준수하지 않고 운행하는 것이 주된 사고의 원인으로 나타나고 있다.

(3) 골프장시설의 설치·보존의 하자에 의한 사고

골프장은 일정한 자연공간에 인공적인 공작물시설로 구성되어 있다. 골프장 운영자는 골프장이용객들이 골프장시설을 안전하게 이용할 수 있도록 배려해야 할 계약상의 의무가 있다. 그럼에도 불구하고 이와 같은 운영자의 골프장시설의 설치·보존의 하자로 인해 안전사고가 빈번하게 일어나고 있다. 사고발생 유형에는 블라인드 홀(blind hole), 도그레그 홀(dogleg hole), 인접 홀 간의 방호시설 미설치로 인한 타구사고, 카트도로의 설계상 결함으로 인한 카트추돌 및 추락사고, 인공구조물인 워터 해저드 주변에 보호 펜스나, 안전망, 인명구조장비 등을 설치하지 아니하여 플레이어가 익사하는 사고, 낙뢰로 인한 사고 등이 있다. 이러한 사고들은 골프장내 홀 간의 방호안전장비를 설치하지 아니하거나, 워터 해저드 또는 카트도로의 급경사지 등에 주의경고표지나 보호안전망을 설치하지 아니하는 등 골프코스 시설물의 설치·보존상의 하자에 그 원인이 있다. 그러나 골프장에서 발생하는 시설물 하자에 의한 사고를 면밀하게 분석해 보면 시설자체의 하자에 의한 사고보다는 운영자나 사고당사자들이 주의의무를 다하지 아니하고 골프장의 시설물의 하자요인과 더불어 복합적 원인에 의해 발생하는 경향이 더 높은 것으로 나타나고 있다.

(4) 자연재해에 의한 사고

골프장은 대자연속의 비교적 넓은 지역에 걸쳐 여러 가지 인공적 시설물로 조성되어 있으며, 골프경기는 이러한 환경에서 여러 물리적인 조건의 영향을 받으며 즐기는 스포츠이다. 물리적인 자연환경에 의해 발생하는 사고의 원인들은 보통 낙뢰, 폭설, 폭염, 폭우, 지반붕괴사고 등에 의한 것들이다. 예컨대 천둥·번개가 치는 강우 속에서 골프경기를 하다 낙뢰에 맞아 사망하는 경우, 여름철 폭우에 휩쓸려서 사망하는 경우, 폭염 중에 발생하는 일사병, 심장마비 등이 나타나고 있다. 이처럼 골프장에서는 예측하기 어려운 자연재해에 의한 사고도 빈번하게 발생하고 있다.

Ⅲ. 골프사고에 있어서 불법행위책임

1. 플레이어(player)의 불법행위책임

불법행위란 법률의 근본목적에 어긋나고 법률질서를 깨뜨리는 행위로서 법률이 그 본질상 허용할 수 없는 것으로 평가하는 행위이다. 불법행위는 타인에게 고의·과실로 인한 위법한 행위로 손해를 끼치는 행위이며, 불법행위자는 그의 행위로 인해 생긴 손해를 피해자에게 배상하여야 한다. 우리 민법 제750조에 의하면 불법행위의 요건이 충족될 경우 그 효과로서 가해자가 피해자에게 손해 배상할 책임이 있도록 규정하고 있다. 불법행위가 성립하기 위해서는 먼저 가해자의 고의·과실에 의한 가해행위가 있어야 하고 가해행위가 위법하여야 한다. 고의 또는 과실로 타인의 생명, 신체, 건강, 재산 기타의 권리를 침해한 경우에는 일반적으로 그 위법성이 인정되며, 적극적인 작위와 소극적인 부작위로 인해 침해가 발생되는 경우를 불문하고 인정된다. 가해자는 책임능력이 있어야 하며, 현실적으로 손해가 발생하였어야 한다. 그러므로 골프장에서도 플레이어의 고의·과실에 의한 귀책사유로 타인의 신체 등 침해를 가하여 손해가 발생한 경우에는 가해자가 그 손해를 배상할 책임이 발생한다.

(1) 가해자의 고의·과실

가해자의 불법행위가 성립하려면 가해자의 고의 또는 과실에 의한 행위가 있어야 한다(민법 제750조). 고의란 자기의 행위로부터 일정한 결과가 발생하리라는 것을 인식하면서도 감히 그 행위를 하는 심리상태이다.[11] 즉 일정한 결과의 발생에 대한 인식을 가지고 행위를 하는 때에는 고의가 인정된다. 행위자가 결과발생을 인식하면 충분하고, 의욕했을 것까지는 요구하지 않으며, 일정한 결과가 발생할 수 있다고 인식하면서 행위를 하는 미필적 고의도 고의로 인정된다.[12] 골프경기에서 플레이어는 볼을 치기 전에 반드시 전방을 확인하여야 한다.[13] 즉 플레이어는 자신의 기술정도에 따라 주변상황을 살피고, 비거리는 물론 자신이 타구한 볼이 나아갈 방향까지도 고려해서 플레이를 해야 하는 고도의 주의의무를 말한다. 대법원 2008. 10. 23. 선고 2008도6940 판결에서 "골프와 같이 개인경기에 참가하는 사람은 자신의 행동으로 다른 사람이 다칠 수 있으므로 경기규칙을 준수하고 주위를 살펴서 상해의 결과가 발생하는 것을 미연에 방지하여야 할 주의의무가 있다"고 하였다. 그리고 동반자는 자신을 골프의 위험으로부터 스스로 보호를 해야 할 필요가 있다.[14] 나아가 미스 샷이 예상됨에도 불구하고 동반자가 플레이어의 타구하는 앞으로 나아가는 것과 같은 스스로를 위험에 빠뜨리는 행위를 하여서는 아니 된다. 그러한 상황에서 동반자가 부상을 당하는 경우에는 손해 산정시 과실상계의 대상이 된다.

(2) 위법성

불법행위가 성립하기 위해서는 가해자의 가해행위가 위법하여야 한다. 민법 제750조는 '위법 행위로' 타인에게 손해를 가한 경우에 불법행위가 성립한다고 규정함으로써 위법성을 불법행위의 객관적 요소로 법정하고 있다. 여기에서 위법성이란 어떤 행위가 법체계전체의 입장에서 허용되지 않아 그에 대하여 부정적인 판단을 받는 것을 의미한다.[15] 위법성은 문제가 되는 행위마다 개별적·상대적으로 판단되어야 하고, 구체적으로 어떤 행위가 위법한지의 여부는 당해 행위에 의하여

---

11 송덕수, 「신민법강의」, 박영사, 2019, 1369면 참조.
12 대법원 1991. 3. 8. 선고 90다16771 판결.
13 골프장이용 표준약관 제14조 ①항.
14 日本辯護士聯合會 辯護士業務改革委員會, 「スポーツ事故의 法務」, 平成25年, 創耕舍, 77면 참조.
15 곽윤직, 「채권각론」, 박영사, 2014, 487면 참조.

침해된 법익의 성질에 의하여 결정된다. 가령 물권이나 인격권 같은 절대권을 침해하는 행위는 위법성 조각사유가 없는 한 일응 위법한 것으로 평가될 것이다.

위법성과 관련하여 대법원 판결16에 의하면 골프를 치던 중 플레이어가 친 볼이 통상 날아가는 방향이 아니라, 뒤쪽으로 날아가 그 플레이어의 등 뒤쪽 약 8미터 지점에 서 있던 캐디의 하복부를 때려 상해를 입힌 사건에서 플레이어의 행동에 "위법성이 조각된다고 볼 수도 없다"고 하였다. 이와 같이 골프경기 중 다른 플레이어에 대한 침해가 있는 경우 그 행위가 위법한지의 판단은 결국 골프경기의 본질상 불가피한 침해로서 사회통념상 용인될 수 있는 것인가, 허용되어질 수 없는 것인가의 문제로 귀착된다. 따라서 골프경기 중 플레이어가 타인에게 손해를 가한 행위라 하더라도 법률상 허용되거나 사회적 타당성을 갖는 경우 등 정당행위로서 인정될 경우에는 위법성이 조각될 수 있다. 가해행위가 위법한 행위로 평가받은 경우 가해자는 피해자에게 불법행위에 의한 손해배상책임이 있다.

(3) 가해자의 책임능력

불법행위가 성립하려면 가해자에게 책임능력이 있어야 한다. 책임능력이란 자기행위의 책임을 인식할 수 있는 정신적인 능력을 말하며, 과실책임주의에 따라 고의·과실을 불법행위의 요건으로 하는 이상 일정한 정신적 판단능력을 필요로 하는 것이다. 책임능력이 없으면 불법행위의 성립이 인정되지 않기 때문에 불법행위능력이라고도 한다. 민법은 책임무능력자로 책임을 변식할 지능이 없는 미성년자(민법 제753조)와 심신상실자(민법 제754조 본문)를 소극적으로 규정하고 있으며, 이들은 불법행위책임을 지지 않는다. 그러나 미성년자라도 책임능력이 있으면 책임을 지게 되며, 미성년자에게 책임능력이 있는지는 행위당시에 행위자에게 책임을 변식할 지능이 있었는지 여부에 의해 결정되며 실제로 책임을 변식했는가는 묻지 않는다. 또한 어느 정도의 연령에서 책임능력을 갖추었는가에 대한 기준은 없고 개별적 행위에 따라 판정하고 있다. 골프사고에 있어 경기에 참가한 플레이어는 일응 책임능력이 있는 것으로 볼 수 있지만, 때로는 장애인 골프대회나 소년체전과 같은 경우에는 책임무능력자, 심신상실, 심신미약 등 일반적으로 책임능력이 인정되지

---

16 대법원 2008. 10. 23. 선고 2008도6940 판결.

않는 경우가 있으므로 책임능력은 가해행위 당시 책임능력을 객관적으로 인정할 수 있는가 하는 문제와 가해선수의 심리적 상태에 따라 위법성을 고려하여야 할 것이다. 이와 같은 예외적 경우를 제외하고는 골프경기에 참가한 대부분의 플레이어는 책임능력이 있다고 보아야 할 것이다.

(4) 손해의 발생과 배상범위

불법행위책임이 성립하기 위해서는 고의·과실로 인한 위법행위로 인하여 손해가 발생하여야 한다. 어떤 가해행위가 불법행위로 되려면 현실적으로 손해가 생겼어야 한다. 그러므로 행위자가 손해를 발생시킬 의도로 행위를 하였더라도 실제로 손해가 생기지 않았으면 손해배상책임이 인정되지 않는다. 여기의 손해에는 적극적 손해뿐만 아니라 소극적·정신적 손해도 포함된다. 현재이익과 장래에 발생할 이익도 포함한다. 불법행위로 인한 손해배상의 산정범위에 관해서는 채무불이행으로 인한 손해배상책임의 범위와 동일하게 취급되므로 통상손해와 특별손해의 범위 내에서 결정된다. 골프사고에 있어서도 일반적인 경우와 같이 손해의 범위와 종류는 민법 제393조에 의하여 결정된다. 골프경기의 경우 위험성을 수반하는 경우가 많기 때문에 가해자인 플레이어가 일정한 행위규범을 위반하여 손해를 발생시키는 경우에는 그 행위의 결과가 규범의 보호범위에 속하는 경우에 한해서 책임 있다고 하는 것이 합리적일 것이다.

(5) 소결

골프 경기중 플레이어의 활동은 법으로부터의 자유로운 영역이 아니라 법적으로 규율을 받는다. 골프는 매너와 에티켓운동으로 표현하듯이 참여자 간에 상호배려와 안전에 대한 주의가 필요하다. 대한골프규칙 제1장 에티켓(안전)편[17]과 골프장이용표준약관 제14조 이용자의 안전준칙[18]에는 플레이어가 지켜야 할 안전사고

---

[17] 대한골프규칙, 제1장, 에티켓(코스에서의 행동). "플레이어는 스트로크 또는 연습스윙을 할 때 클럽으로 다칠만한 가까운 곳 또는 볼이나 돌, 자갈, 나뭇가지 등이 날려서 다칠만한 위치에 아무도 없는가를 확인하여야 한다. 플레이어는 앞서간 플레이어들이 볼의 도달범위 밖으로 나갈 때까지 볼을 쳐서는 안 된다. 플레이어는 볼을 스트로크 할 때 가까이 있거나 앞에 있는 코스관리인을 맞힐 염려가 있을 경우 항상 경고를 주어야 한다. 플레이어가 사람이 맞을 위험이 있는 방향으로 볼을 플레이한경우에는 즉시 큰 소리를 질러 경고하여야 한다. 그와 같은 상황에서 관례적인 경고 발언은 "볼"이라고 외치는 것이다."라고 규정되어 있다.

와 관련된 규정이 명시되어 있다. 모든 플레이어는 스스로 골프장의 경기안전규칙과 골프장이용표준약관의 이용자 안전준칙을 준수하여 안전을 지켜야 할 의무가 있는 것이다.

골프장이용표준약관 제17조 1항에서도 "경기도중 이용자의 고의·과실로 인하여 다른 이용자, 경기보조자 등 제3자에게 손해를 입힌 경우 이용자는 이에 대한 책임을 부담한다."고 규정하고 있다. 다만 골프는 하나의 스포츠로서 정당한 업무행위, 사회적으로 상당성 있는 행위에 해당하므로[19] 이른바 '허용된 위험의 법리'에 의하여 경기규칙에 따라서 플레이를 하는 한 플레이어가 볼을 쳐서 동반자나 캐디에게 부상을 입히더라도 원칙적으로는 손해배상책임이 성립하지 아니한다. 그러나 플레이어가 경기규칙에 따르지 않거나, 경기규칙에 따른 주의의무를 위반하여 동반자나 캐디에게 부상을 입혔다면 민법 제750조 규정에 따라 손해배상책임이 발생한다. 입증책임은 피해자인 원고가 부담한다. 골프는 본래 경기 중에 발생하는 위험을 경기자 스스로 감수해야 한다는 의지가 담겨져 있으므로 피해자의 자기 과실이 인정되는 경우가 종종 있다. 그러한 상황에서 부상을 당하는 경우에는 과실상계의 대상이 될 것이다.

2. 캐디의 불법행위책임

캐디는 골프장에 소속되어 플레이어가 플레이하는 동안 플레이어의 클럽을 운반 또는 취급하며 골프규칙에 따라 플레이어를 원조하는 자이다.[20] 골프장에서 캐디의 고의 또는 과실로 인한 위법행위로 플레이어나 골프장에 손해가 발생한 경우에 캐디는 민법 제750조의 규정에 따라 불법행위책임을 면할 수 없다. 캐디가 골

---

18 골프장이용약관 제14조, "이용자 안전준칙", 공정거래위원회 표준약관 제10033호.
　　① 비거리는 경기보조원의 조언에 관계없이 이용자 자신의 판단으로 선행조에 맞추지 않을 정도로 타구하여야 한다. ② 이용자는 타자의 전방에 진입하여서는 아니 된다. ③ 경기진행 중 후속 팀에 사인을 보낼 때에는 후속 팀의 타구가 끝날 때까지 안전한 장소에 대피하여야 한다. ④ 퍼팅을 끝마쳤을 때에는 퍼팅그린에서 즉시 비켜나서 안전한 진입로를 이용하여 다음 홀로 향하여야 한다. ⑤ 페어웨이, 그린, 벙커 등에서 타구 등으로 손상시킨 부분이 있으면 이를 복구하도록 노력하여야 한다.
19 형법 제20조 참조.
20 대한골프협회 골프규칙, 제2장 용어정의.

프장 운영자와 사용자관계가 성립할 경우에 골프장 운영자는 피용자인 캐디가 그 사무집행에 관하여 제3자에게 가한 손해를 배상할 책임이 있다. 민법 제756조 규정에 의하면 "타인을 사용하여 어느 사무에 종사하게 한 자는 피용자가 그 사무집행에 관하여 제3자에게 가한 손해에 대하여 책임이 있다."고 하고 있다. 따라서 캐디의 과실에 의하여 불법행위책임이 성립하는 경우에는 사용자로서의 골프장 운영자도 면책사유가 없는 한21 손해배상책임을 면치 못한다. 민법 제756조의 사용자책임에 관해서는 후술하는 골프장 운영자책임에서 다루기로 하고, 여기에서는 캐디의 일반불법행위에 대하여 설명하기로 하겠다.

(1) 캐디의 고의·과실

캐디의 불법행위가 성립하려면 민법 제750조에 따라 캐디의 고의 또는 과실에 의한 행위로 가해자의 귀책사유가 있어야 한다. 일정한 결과의 발생에 대한 인식을 가지고 행위를 가지는 때에는 고의가 성립되며, 미필적 고의도 고의로 인정된다. 과실은 자기의 행위로부터 일정한 결과가 발생할 것을 인식했어야 함에도 불구하고 부주의로 말미암아 인식하지 못하고 그 행위를 하는 심리상태를 말한다. 골프장에서 캐디의 주의의무 위반에 의해 사고가 발생했을 경우에 통상 불법행위책임이 인정되고 있다. 캐디는 골프규칙에 따라 플레이어가 안전하고 즐겁게 플레이를 할 수 있도록 조언하고 도와주는 역할을 할 뿐만 아니라 항상 플레이어와 동행하기 때문에 자신은 물론 동반자 및 플레이어의 안전과 안전사고가 발생하지 않도록 업무상 주의의무를 다하여 보조해야 할 직무상의 주의의무가 있다. 캐디는 자신 및 플레이어의 안전 확보를 위한 주의의무가 있고, 캐디가 직접 카트를 운행할 경우에는 운전자로서 탑승자들에게 안전운행에 관해 주의사항을 고지하고, 안전 운행하여야 하는 안전배려의무가 있다.

(2) 위법성 및 책임능력

민법 제750조에서 가해자의 고의·과실에 의한 '위법행위로' 타인에게 손해를 가한 경우에 불법행위가 성립한다고 규정함으로써 위법성을 불법행위의 객관적 요

---

21 판례상 민법 제756조 제1항 단서가 적용되어 면책이 인정된 경우는 매우 드물다.

소로 법정하고 있다. 위법성이란 어떤 행위가 법체계전체의 입장에서 허용되지 않아 그에 대하여 부정적인 판단을 받는 것으로, 가해행위가 사회통념상 용인될 만한 정도를 넘었을 때 위법성이 인정된다. 그러므로 캐디가 주의의무를 위반하여 타인에게 손해를 가한 경우에 위법성 조각사유가 없는 한 위법한 것으로 평가된다. 한편 캐디의 불법행위가 성립하려면 책임능력이 있어야 하고, 또한 현실적으로 손해가 발생하여야 한다.

(3) 판례

캐디의 업무와 관련하여 우리나라 판례[22]에서는 "골프장 캐디 업무는 내장객과 한 조를 이루어 골프채를 꺼내주거나 골프가방을 운반하는 등의 내장객의 경기를 보조하는 것이 주된 업무이지만, 골프코스를 설명해주거나 내장객 사이의 진행을 조절하여 주는 등의 골프장 시설을 제대로 이용하게 하는 역할도 동시에 수행하며, 나아가 골프장시설을 제대로 이용하는 역할에 부차하여 골프운동을 함에 있어 예상할 수 있는 위험을 제거하는 역할도 부수적으로 수행한다"고 하고, "경기보조원들로 하여금 앞 팀이 안전거리로 벗어났는지를 확인하면서 뒷 팀의 타구를 통제하여야 하고…"라고 판시하였다.[23] 판례에서 살펴본 바와 같이 캐디는 플레이어의 안전과 사고 예방을 위한 주의의무가 있고, 이와 같은 필요한 주의의무를 위반하여 플레이어에게 피해를 입힌 경우에는 손해배상책임을 진다.

(4) 소결

민법 제750조에 따라 가해자의 고의·과실로 인한 위법행위로 타인에게 손해를 가한 자는 피해자에게 손해를 배상하여야 한다. 캐디에게 불법행위책임이 성립하기 위해서는 적어도 캐디의 과실이 요구된다. 캐디는 플레이어의 보조자로서 안전하게 플레이할 수 있도록 주의의무를 가지고 업무수행을 하여야 하며, 캐디가 안전에 관한 주의의무를 게을리 하여 타인에게 손해를 가한 경우에는 과실이 인정되어 손해를 배상할 책임이 있다. 따라서 골프 경기 중에 캐디의 고의·과실에 의한 위법한 행위로 사고가 발생하여 타인에게 손해가 발생한 경우에는 캐디는 그 책임

---

22 인천지방법원부천지원 2005. 11. 1. 선고 2004가단9376 판결.
23 서울지방법원 1995. 4. 21. 선고 94가합16712 판결

을 면할 수 없고 손해배상을 하여야 한다.

3. 골프장 운영자의 불법행위책임

골프경기를 하기 위해 플레이어가 골프장을 이용하는 경우에는 플레이어와 골프장 운영자 사이에 계약관계가 성립한다. 골프장 운영자는 골프장의 시설을 제공하여 플레이어로 하여금 이를 사용하게 할 계약상의 의무를 지며, 더 나아가 플레이어의 안전을 배려하여야 할 부수적인 의무를 부담한다. 다시 말해 플레이어와 골프장 운영자 사이에는 주된 급부의무관계가 성립할 뿐만 아니라, 골프장의 운영자는 신의칙상 부수의무로서 플레이어의 생명·신체·건강을 해치는 일이 없도록 물적 환경을 정비하고, 필요한 조치를 강구하여야 할 안전에 대한 배려의무를 부담한다. 그러므로 골프장 운영자가 플레이어의 안전을 보호하여야 할 주의의무를 게을리 하여 안전사고가 발생한 때에는 골프장 운영자는 플레이어에게 계약상 손해배상책임을 부담하게 된다.

골프장 운영자의 불법행위책임에는 민법 제756조의 사용자책임과 민법 제758조의 공작물책임이 있다. 사용자책임에 대해서는 민법 제756조 제1항에 "타인을 사용하여 어느 사무에 종사하게 한자는 피용자가 그 사무집행에 관하여 제3자에게 가한 손해를 배상할 책임이 있다."고 규정되어 있다. 여기서 사용관계는 고용관계에 한하지 않는다. 반드시 유효한 고용관계에 한하지 않고, 사실상의 지휘·감독아래 그 의사에 따라 사무를 집행하는 관계에 있으면 족하다. 골프장 운영자와 캐디 사이에는 고용계약 등의 계약을 체결하지 않고 있지만, 골프장 운영자의 업무지시나 감독, 통제 등의 일정한 제재를 감안한다면 사실상의 사용관계가 성립한다고 볼 수 있다. 그러므로 캐디의 불법행위에 대하여 골프장 운영자에게 사용자책임이 성립되는 것이다.

골프장은 공작물이다. 공작물의 점유자·소유자는 민법 제758조 제1항에 따라 공작물의 설치·보존에 하자가 있는 경우에 그 하자로부터 생긴 손해에 대하여 책임을 부담한다. 골프장 운영자는 토지위에 공작물을 설치하고 이를 보존 관리하는 사람으로서 만일 그 공작물에 어떤 하자가 있어 이로 인하여 타인에게 손해를 가한 때에는 민법 제758조의 규정에 의해 이를 배상할 책임이 있다.[24] 공작물책임은 책임주체의 가해행위를 요건으로 하지 아니하고, 손해발생의 위험이 있는 공작물을 그대로 방치한 사실에 그 귀책근거가 있다고 하는 측면에서 일반불법행위와 구별되는 특수한 형태의 불법행위이다.

(1) 사용자책임

사용자책임은 자기와 사용관계에 있는 피용자가 사무집행에 관하여 제3자에게 가해행위를 한 경우에 사용자가 그로 인한 손해배상의무를 직접 피해자에게 부담하는 것을 말한다(민법 제756조 제1항).[25] 사용자책임은 책임무능력자의 감독자책임과 마찬가지로 과실 책임과 무과실책임의 중간책임의 법적성질을 가지고 있다. 가령 회사직원이 짐을 옮기다가 떨어뜨려 행인을 다치게 한 경우에 회사가 그에 대하여 손해배상을 하는 경우가 그 예이다.[26] 사용자책임에 관한 민법 제756조는 기업의 사용관계뿐만 아니라 가사사용관계에도 적용된다. 또한 민법 제756조 제1항 단서에 의해 사용자에게 면책사유를 인정하고, 동조 3항에서는 피용자에 대한 구상권을 인정하고 있다. 골프장 운영자의 피용자인 캐디의 과실로 인하여 안전사고가 발생한 경우 골프장 운영자의 책임이 성립하기 위해서는 캐디가 골프장 운영자의 피용자인가를 검토하여야 할 것이다. 아래에서는 사용자책임의 성립요건과 배상책임, 골프장 운영자의 사용자책임의 성립여부에 대하여 알아보기로 하겠다.

1) 사용자 책임의 요건
가. 타인을 사용하여 어느 사무에 종사하게 하였을 것

여기서 말하는 '사무'란 통상 「일」을 의미하는 것으로서, 그것은 법률적·계속적인 것뿐만 아니라 사실적·일시적인 것이어도 무방하고,[27] 영리적·비영리적인 것도 묻지 않는 상당히 넓은 의미로 사용되고 있다. 또한 '타인을 사용하여'라는 것은 고용관계나 근로계약보다 넓은 개념으로 사용자가 피용자를 사실상 실질적으로

---

24 골프장이나 골프코스도 지상에 인공적 작업에 의하여 조성된 토지의 시설물로서 민법 제758조의 '공작물'에 해당한다.
25 지원림, 「민법강의」, 홍문사, 2015. 1702면 참조.
26 송덕수, 앞의 책, 1389면 참조.
27 대법원 1989. 10. 10. 선고 89다카2278 판결.

지휘·감독하는 사용관계에 있음을 의미한다.[28] 이러한 관계는 반드시 법적으로 유효한 계약관계가 있어야 하는 것은 아니고, 사용관계의 발생원인이나 보수의 유무 또는 기간의 장단도 묻지 않는다.[29] '타인을 사용하여'와 관련하여 판례는 "캐디는 2002. 6. 29부터 이 사건 골프장에서 순번제로 골프내장객들을 배정해주는 방식으로 경기보조원으로 근무하여 온 사실이 인정되며, 이 사건 골프장을 관리하는 공군 전투비행단은 캐디를 선임하고 감독하는 관계에 있다고 할 것이어서, 피고 대한민국은 경기보조원인 캐디에 대한 사용관계가 인정 된다."라고 판시[30]하였다. 따라서 골프장 운영자는 캐디를 실질적으로 지휘·감독하고 있고, 골프장업무에 사실상 종사하고 있으므로 골프장 운영자는 사용자로서 캐디의 불법행위에 대한 책임을 부담하여야 한다고 할 것이다.

나. 피용자가 「그 사무집행에 관하여」 손해를 가했을 것

사용자책임에서 피용자의 어떤 행위가 사무집행에 관한 행위인지 사용자에게 책임을 지게 하는 기준으로 매우 중요한 문제이다. 판례[31]에서는 "원칙적으로 가해행위가 피용자의 직무범위에 속하는 행위이어야 할 것이지만, 직무집행 행위자체가 아닐지라도 그 행위의 외형으로 관찰하여 마치 직무의 범위 내에 속하는 것과 같이 보이는 행위도 포함하는 것"으로 새겨야 된다고 한다.[32] 그런데 근래 판례[33]는 "외형상 객관적으로 사용자의 사무집행에 관련된 것인지의 여부는 피용자의 본래 직무와 불법행위와의 관련정도 및 사용자에게 손해발생에 대한 위험창출과 방지조치결여의 책임이 어느 정도 있는지를 고려하여 판단하여야 할 것"이라고 한다.[34]

판례의 이러한 외형이론은 거래행위적인 불법행위뿐만 아니라 사실행위적인 불법행위에도 적용되나, 피용자의 불법행위가 사무집행행위에 해당하지 않음을 피해자 자신이 알았거나 중대한 과실로 알지 못한 경우에는 피해자는 사용자책임을

---

28 대법원 1998. 4. 28. 선고 96다25500 판결; 대법원 1999. 10. 12. 선고 98다62671 판결.
29 지원림, 앞의 책, 1706면 참조.
30 인천지방법원부천지원 선고 2004가단9376 판결.
31 대법원 1979. 7. 10. 선고 79다795 판결; 대법원 1985. 8. 13. 선고 84다카979 판결.
32 지원림, 앞의 책, 1708면 참조.
33 대법원 1988. 11. 22. 선고 86다카1923 판결.
34 송덕수, 앞의 책, 1393면 참조.

물을 수 없다고 한다.[35] 따라서 판례의 외형이론은 골프장 운영자의 피용자인 캐디의 사무집행에 관한 직무범위도 불법행위뿐만 아니라 사실행위에도 그대로 적용될 수 있다고 본다.

다. 제3자에게 손해를 가했을 것

여기서의 제3자는 사용자, 가해행위를 한 피용자와 그의 사용자를 제외한 모든 권리주체를 가리킨다.[36] 골프경기 중에 캐디의 과실로 인해 손해를 당한 제3자는 경기장 내에서 현재 경기하는 플레이어나 동반자들이 이에 해당할 것이다.

라. 피용자의 가해행위가 불법행위의 요건을 갖출 것

사용자책임이 성립하기 위하여 피용자의 가해행위가 고의·과실과 책임능력 등 불법행위의 성립요건을 갖추어야 하는가에 대하여 사용자책임의 본질과 관련하여 다툼이 있다. 학설은 ① 긍정설[37] 즉 대위책임설 ② 피용자의 과실 및 책임능력은 필요하지 않다는 견해[38] 즉 고유책임설로 나뉘고 있다. 판례[39]는 긍정설인 대위책임설을 취하고 있다.

마. 사용자가 면책사유 있음을 입증하지 못할 것

사용자는 민법 제756조 제1항 단서에 의하여 "사용자가 피용자의 선임 및 그 사무 감독에 상당한 주의를 한 때 또는 상당한 주의를 하여도 손해가 있을 경우에는 그러하지 아니하다."라고 규정하여 사용자책임을 지지 않는다. 사용자가 면책되기 위해서는 위 두 가지 면책사유 중 어느 하나만 입증이나 주장을 하면 된다.[40] 그런데 종래 우리의 법원실무에서는 과실책임주의와의 모순을 피하기 위하여 사용자의 면책을 인정한 예가 극히 적어 사실상 무과실 책임으로 운용되고 있다.[41]

---

35 대법원 2008. 1. 18. 선고 2006다41471 판결; 송덕수, 앞의 책, 1667면 참조.
36 지원림, 앞의 책, 1707면 참조; 대법원 1966. 10. 21. 선고 65다825 판결.
37 곽윤직, 채권각론(제6판), 박영사, 2003, 419면; 김상용, 앞의 책, 733면 참조.
38 이은영, 「채권각론」, 박영사, 2008, 853면 참조.
39 대법원 1981. 8. 11. 선고 81다298 판결.
40 대법원 1998. 5. 15. 선고 97다58538 판결.
41 송덕수, 앞의 책, 1395면 참조.

사용자가 직접 피용자를 선임·감독하지 않고 감독기관[42]을 두어 감독하게 한 경우에는, 사용자가 감독기관의 선임·감독에 과실이 있든 없든 감독자에게 과실이 있으면 사용자에게도 과실이 있다고 새겨야 할 것이다.[43]

2) 배상책임

가. 배상책임자

민법 제756조 제1항과 제2항의 규정에 따라 배상책임을 지는 자는 사용자와 사무를 감독하는 자로서 피용자의 가해행위로 인하여 발생한 손해에 대하여 직접 피해자에게 손해배상을 하여야 한다. 사무를 감독하는 자는 객관적으로 볼 때 사용자에 갈음하여 현실적으로 구체적인 사업을 감독하는 지위에 있는 자이다.[44] 사무를 감독하는 자가 책임을 진다고 하여 사용자가 면책되는 것은 아니다. 사용자책임의 경우에도 피해자에게 과실이 있으면 과실상계를 할 수 있을 뿐만 아니라,[45] 사용자책임이 성립하는 경우에도 피용자는 이와 별도로 제750조에 의한 불법행위책임을 진다.[46] 골프장에서 피용자인 캐디의 과실로 인하여 사고가 발생한 경우 골프장 운영자의 사용자책임의 성립여부에 관하여 다루어진 바 있다. 이 판결[47]에서 법원은 "피고는 공을 치기에 앞서, 자신의 공 위치보다 앞서 나가있는 원고에게 앞서 나가지 말 것과 공의 진로에 대해 예의주시할 것을 경고하는 등으로 사고를 미연에 방지할 주의의무가 있음에도 만연히 공을 치다가 이 사건 사고를 발생케 하였으므로, 원고들이 이 사건 사고로 입은 모든 손해를 배상할 책임이 있다. 또한 골프장 캐디의 업무는 골프장 내장객과 한 조를 이루어 골프채를 꺼내주거나 골프가방을 운반하는 등의 내장객의 경기를 보조하는 것이 주된 업무이지만, 골프장코스를 설명해주거나 골프장코스를 이용하는 내장객 사이의 진행을 조절하여 주는 등의 골프장 시설을 제대로 이용하게 하는 역할도 동시에 수행하며, 나아가 골프장시설을 제대로 이용하는 역할에 부차하여 골프운동을 함에 있어 예상할 수 있는 위

---

42 예를 들어 공장장·출장소장·현장소장을 말한다.
43 곽윤직, 앞의 책, 421면; 김상용, 앞의 책, 734면; 송덕수, 앞의 책, 1669면 참조.
44 대법원 1998. 5. 15. 선고 97다58538 판결.
45 대법원 2002. 12. 26. 선고 2000다56952 판결.
46 대법원 1994. 2. 22. 선고 93다53696 판결.
47 인천지방법원부천지원 2005. 11. 1. 선고 2004가단9376 판결.

험을 제거하는 역할도 부수적으로 수행한다고 할 것이다. 따라서 이 사건에서 보면, 경기보조원은 골프초보자인 피고가 공을 침에 있어 경기 동반자가 공이 놓인 위치보다 앞서 나가지 못하게 주의를 주거나 제지하였어야 하나, 만연히 원고가 피고의 공이 놓인 위치보다 앞서 나가는 것을 제지하지 아니하고 나아가 피고가 원고의 옆에 같이 앞서 나간 점으로 보아 경기보조원은 골프운동을 함에 있어 예상할 수 있는 위험을 제거하여야 하는 주의의무를 해태하였다고 할 것이다. 한편 캐디는 2002. 6. 29.부터 이 사건 골프장에서 순번제로 골프내장객들을 배정해주는 방식으로 경기보조원으로 근무하여 온 사실이 인정되며, 이 사건 골프장을 관리하는 공군 제○전투비행단은 경기보조원들을 선임하고 감독하는 관계에 있다고 할 것이어서, 피고 대한민국은 경기보조원인 캐디에 대한 사용관계가 인정된다."라고 판시하였다.

위 사안에서 법원은 골프장 운영자가 피고(캐디)를 골프장에서 순번제로 골프내장객들을 배정해 주는 방식에 따라 경기보조원으로 근무하게 하고 실질적으로 지휘·감독한 사실, 그리고 피용자의 사무집행 관련성과 관련하여 캐디가 볼의 진로에 대한 주시의무를 위반하거나, 동반자가 볼이 놓인 위치보다 앞서 나가지 못하게 제지, 또는 위험을 제거해야 하는 주의의무를 해태한 것에 대해 우리 판례는 외형이론에 따라 캐디의 직무범위 내의 행위로 보았다. 또한 캐디의 과실로 원고에게 손해를 발생시킨 점, 그리고 피해자인 원고에게 고의·중과실이 없는 점 등으로 피용자인 캐디와 골프장 운영자와의 관계를 사용자관계로 보아 골프장 운영자에게 손해배상책임을 인정하였다.

나. 피용자 또는 대리감독자에 대한 구상권

민법 제756조 제3항 규정에 따라 사용자 또는 사무를 감독하는 자가 피해자에게 배상한 때에는 피용자에 대하여 구상권을 행사할 수 있다. 피용자의 배상책임과 사용자의 배상책임은 부진정연대채무관계에 있으며,[48] 구상은 전액에 대하여 할 수 있다. 그런데 일부견해에 의하면 고유책임설의 견지에서 사용자가 고유책임부분을 제외한 나머지 배상액만을 피용자에게 구상할 수 있다고 한다.[49] 판례[50]에서

---

48 지원림, 앞의 책, 1713면 참조.
49 이은영, 앞의 책, 864면; 송덕수, 앞의 책, 1396면 참조.

는 신의칙상 상당하다고 인정되는 한도 내에서만 구상할 수 있다고 하는 경우도 있고, 또 다른 판례에서는 구상권의 행사가 부당하다고 한 경우도 있다.[51] 한편 사용자는 사무를 감독하는 자에 대하여는 그의 과실과 손해발생 사이에 직접적인 인과관계가 있는 경우 외에는 구상권을 행사할 수 없다고 하여야 한다.[52]

3) 위험인수에 의한 책임배제

스포츠사고와 관련하여 논의되는 '위험인수이론'[53]은 필연적으로 위험이 수반되는 스포츠에 선수가 위험을 알면서 자발적으로 참여하여 스스로를 위험에 노출시킨 경우에 선수가 경기를 하는 도중에 사망하거나 부상을 당하더라도 상해에 따른 형사책임이나 손해배상책임을 묻지 못한다는 면책사유로 등장하는 이론이다.[54] 예컨대 야구경기 도중에 타자가 친 볼이 수비선수의 안면을 타격하여 부상을 입히더라도 수비선수는 그 위험을 알고 스스로 위험을 인수한 상태에서 야구경기를 하고 있다고 보아야 하므로, 타자가 야구 룰에 따라 플레이를 한 경우에는 야구의 룰에 비추어 사회적으로 용인되는 범위 내에서 상해죄나 불법행위의 성립요건으로서 위법성이 없다고 보는 경우를[55] 말한다. 이와 관련 배구경기 중의 사고에 대한 일본법원의 판결에서는 "일반적으로 스포츠의 경기 기준에 발생한 가해 행위에 대하여는 각각의 스포츠의 규칙에 현저히 위반하는 것이 없고, 통상 예측된 동작에 기인하는 것인 때에는 그 스포츠에 참가한 자 전원이 그 위험을 미리 용인하고, 가해 행위를 승낙하고 있는 것이라 해석하는 것이 상당하며, 이와 같은 경우에 가해자의 행위는 위법성을 조각하는 것이라고 해야 한다."[56]고 위험인수의 법리에 의하여 위법성을 부정한 판결이 있다.

미국에서는 하키경기장에서 여성 팬이 하키퍽에 맞은 사건에서 위험인수의 법

---

50 대법원 2001. 1. 19. 선고 2000다33607 판결; 대법원 2009. 11. 26. 선고 2009다59350 판결.
51 대법원 1994. 12. 23. 선고 94다17246 판결.
52 곽윤직, 앞의 책, 422면; 이은영. 앞의 책, 868면; 송덕수, 앞의 책, 1671면 참조.
53 "volenti non fit injuria", "동의 있으면 피해 없다."
54 김민중, "야구경기에서 파울볼사고에 대한 법적 책임" 전북대학교 법학연구소 법학연구 통권 제37집 2012. 12. 244면; 이동면, "스포츠상해의 면책사유", 법학연구 제32집, 2008. 11. 347면. 及川伸, "スポーツ事故と 危險引受の 法理"日本スポーツ法學會年報 第2号 (1995), 181면 참조.
55 김민중, 앞의 논문, 244면 참조.
56 어머니 배구사고, 東京地裁, 昭和 45년 2. 27 판결, 장봉석 앞의 논문 14면(재인용).

리를 적용하였고,[57] 야구경기장에서 발생한 파울볼사고에 대해서도 위험인수이론을 적용하였다.[58] 우리나라 대법원 판례[59]에서도 "권투나 태권도등과 같이 상대선수에 대한 가격이 주로 이루어지는 형태의 운동경기나 다수선수가 한 영역에서 신체적 접촉을 통하여 승부를 이끌어 내는 축구나 농구와 같은 형태의 운동경기는 신체접 촉에 수반되는 경기자체에 내재된 부상위험이 있고, 그 경기에 참가하는 자는 예상 할 수 있는 범위 내에서 위험을 어느 정도 감수하고 경기에 참가"한다고 보았다.

일반적으로 위험의 인수문제는 과실에 의한 규칙위반으로 소송을 할 수 없을 때 적용되는 것이고, 고의적인 상해에 대한 책임의 경우에는 이 원칙이 적용되지 않는다.[60] 그러므로 피해자가 반드시 의식적으로 자기책임으로 받아들이지 않는 한 이와 같은 경우의 피해자에게 발생한 손해에 대한 위험인수는 인정되어서는 안 될 것이다.[61] 그러나 피해자가 자발적으로 손해가 일어날 수 있는 가능성을 받아들이 는 것을 동의하였다면,[62] 피해자가 특정한 피해의 위험을 인수하였다고 판단된다. 골프경기를 위해 골프장에 입장한 자는 골프장내에서 잘못 날아오는 타구 등에 의 해 잠재적 위험성이 내재되어 있다는 사실을 알면서도 방문하였다는 점에서 자신 이 스스로 위험을 인수하였으므로 사용자에게 책임을 주장할 수 없는 것인가에 관 해 문제가 될 수도 있다. 골프장에 입장을 한 자는 잘못 친 타구 등 여러 가지 잠 재적 위험성에 노출되어 있다는 사실을 알고 있다. 그러므로 피해자가 명시적·묵 시적으로 위험을 인수하였다고 본다면 피해자가 사용자에게 배상책임을 청구할 수 없을 것이다. 따라서 고의적인 사고에 대한 책임은 위험인수이론이 적용되지 아니

57 Nemarnik v. The Los Angeles Kings Hockey Club, L.P., 103 Cal.App.4th 631, 127 Cal.Rptr. 2d.10(2002) 참조. 김민중, 앞의 논문, 245면(재인용) 참조.
58 Lorino v. New Orleans Baseball & Amusement Co., 16 La.App. 95, 133 So. 408(1931). 김민중, 앞의 논문, 245면(재인용) 참조.
59 대법원 2011. 12. 8. 선고 2011다66849,66856 판결.
60 Emanuel Torts, op. cit. p. 66, 296ff.
61 독일 연방대법원도 승마대회에 있어서 관중이 의식적으로 자기책임으로 받아들인 경우에 한하여 주최자의 책임이 배제된다고 보았다. BGHZ, NJW 74, 234.
62 명시적·묵시적 모두 가능하다. 다만 묵시적인 위험의 인수(Implied assumption of risk)를 한 경우 에는 원고가 피고와 원고가 위험을 인수한다는 실질적인 계약서를 작성하지 않았다고 하더라도 원 고가 피고의 행위를 통하여 특정한 위험을 인수한 것으로 판단되기 위해서는 두 가지의 필요조건 (Two requirements)이 충족되어야 한다. 즉, 피고는 원고의 행동이 (1) 사전에 위험을 알고 있었 으며, (2) 원고 스스로 자발적으로 위험을 감수하는 것에 동의하였다는 것을 증명해야 하며, 법원 이 이 경우 엄격하게 판단하게 된다. Emanuel Torts, op. cit., p. 298.

하고, 그렇지 않은 경우에는 가해자에게 원고의 행동이 사전에 위험을 인지하고, 또한 그 위험을 감수하였다는 것을 증명하게 하여 피해자의 구제와 책임에 대하여 위험인수의 요건을 엄격하게 적용해야 할 필요가 있다.

4) 소결

타인을 사용하여 어느 사무에 종사하게 한 자는 피용자가 그 사무집행에 관하여 제3자에게 가한 손해를 배상할 사용자책임이 있다(민법 제756조). 피용자인 캐디의 과실로 인하여 안전사고가 발생한 경우에 골프장 운영자의 사용자책임이 성립하기 위해서는 우선 캐디가 골프장 운영자의 피용자인가를 검토하여야 한다. 골프장 운영자의 사용자 책임성립의 여부에 대해 우리 판례[63]와 통설[64]은 피용자의 가해행위가 민법 제750조상의 일반불법행위의 요건을 충족한 경우에 한하여 사용자책임이 문제가 되고, 피용자인 캐디의 불법행위가 인정되는 것을 전제로 골프장 운영자의 사용자책임이 문제가 된다.

보통 골프장 운영자와 캐디사이에 근로계약, 고용계약 등의 노무공급계약을 체결하고 있지 않다. 사용자책임 성립여부에 대해 '사무집행 관련성'과 관련한 우리나라 판례는 '외형이론'을 통해서 판단하고 있다. 즉 사용자책임에서 사용자와 피용자와의 사용관계는 고용계약이나 근로계약보다는 넓은 개념으로 이해되고 있으며, 비록 법적으로 유효한 계약관계가 없더라도 실질적인 지휘·감독관계만 있으면 충분하다. 반드시 법적으로 유효한 계약관계가 있어야 할 필요도 없다고 법원에서도 판시하고 있다. 캐디와 골프장 운영자사이에 사용관계의 발생원인, 보수의 유무, 기간의 장단 등 형식적인 계약관계의 유무와 관계없이 일반적으로 캐디는 골프장 운영자의 피용자에 해당한다고 볼 수 있다. 따라서 골프장 운영자는 캐디가 경기보조업무를 하는 중에 고의 또는 과실로 플레이어에게 손해를 입힌 경우 민법 제756조의 사용자로서 손해배상책임을 부담한다고 보아야 한다. 한편 민법 제756조 제1항 단

---

[63] 대법원 1981. 8. 11. 선고 81다289 판결; 대법원 1991. 11. 8. 선고 91다20263 판결; 대법원 1992. 6. 23, 선고 91다33070 판결 등.
[64] 곽윤직, 채권각론(제6판), 박영사, 2003, 419면 이하; 김증한/김학동, 채권각론(제7판), 박영사, 2006, 839면; 곽윤직 편집대표(이주흥 집필부분), 민법주해 제18권(이하 '민법주해 제18권/이주흥'으로 인용하기로 함), 박영사, 2012, 580면 이하 등 참조.

서에 의해 인정되는 사용자의 면책은 우리 판례에서는 사실상 거의 허용하지 않고 있다. 이에 따라 피용자의 불법행위가 인정되는 경우에,[65] 사용자입장에서 책임을 부인할 수 있는 유일한 방법은 피용자의 불법행위가 사무집행과 무관하게 발생하였다는 것을 증명하는 것이다.

(2) 공작물책임

공작물책임이란 민법 제758조 제1항에 따라 공작물의 점유자·소유자가 공작물의 설치·보존에 하자가 있는 경우 그로부터 생긴 손해에 대하여 책임을 부담하는 것을 말한다. 그러므로 공작물 등의 점유자·소유자가 공작물의 설치 또는 보존의 하자로 인하여 타인에게 손해가 발생한 때에 제1차로 점유자가, 제2차로 소유자가 지는 책임을 가리킨다. 공작물책임은 점유자의 경우에는 중간적 책임이나, 소유자의 경우에는 무과실 책임이다. 공작물책임은 책임주체의 가해행위를 요건으로 하지 아니하고, 손해발생의 위험이 있는 공작물을 그대로 방치한 사실에 그 귀책근거가 있다고 하는 측면에서 일반불법행위와 구별되는 특수한 형태의 불법행위책임이다.

골프장 운영자는 골프장을 경영하려는 사업자로서 먼저 소정의 시설을 갖추고, 감독관청으로부터 사업승인을 얻어 사업을 경영하는 자이며, 등록체육시설업에 속한다. 체육시설의 설치이용에 관한 법률 제24조에 의한 이 법 시행규칙 제23조 별표6의 안전위생기준[66]에서 골프장 운영자는 골프장시설을 안전하게 이용할 수 있게 관리하도록 규정하였고, 동법 시행규칙 제8조 별표4 시설기준[67]에서 안전망을

---

[65] 독일은 사용자책임의 성립요건으로 피용자의 고의과실을 요건으로 하지 않는다는 점에서 피용자의 선임·감독상의 과실로 인한 사용자 자신의 책임으로 보여진다. Esser/Weyers, Schuldrecht Band Ⅱ, Teilband 2, 8. Aufl., 2000, §58 Ⅰ 1. 또한 피해자의 구제를 위하여 사용자의 고의·과실은 추정되는 것으로 보고 있다. 따라서 사용자가 피용자의 선임·감독상의 주의의무를 다하였음을 입증하지 못하는 경우 그에게 고의·과실을 인정한다. Deutsch/Ahrens, Deliktsrecht, 4. Aufl., 2002, §20, Rn. 317; Esser/Weyers, Schuldrecht Band Ⅱ, Teilband 2, 8. Aufl., 2000, §58 Ⅰ 1; Medicus, Schuldrecht Ⅱ, 11. Aufl., 2003, §144, Rn. 850.

[66] 체육시설의 설치·이용에 관한 법률 시행규칙, 제23조 별표6, "이용자의 체육활동에 제공되거나 이용자의 안전을 위한 각종 시설·설비·장비·기구 등은 안전하게 정상적으로 이용될 수 있는 상태를 유지하도록 한다. 실외 체육시설의 경우 폭우·폭설·강풍 또는 파도 등으로 인하여 이용자의 안전을 해할 우려가 있다고 판단 될 때에는 그 이용을 제한하여야 한다."고 규정하고 있다.

[67] 체육시설의 설치·이용에 관한 법률 시행규칙, 제8조 별표4. "각 골프코스 사이에 이용자가 안전사고를 당할 위험이 있는 곳은 20미터이상의 간격을 두어야 한다. 다만 지형상 일부분이 20미터 이상의 간격을 두기가 극히 곤란한 경우에는 안전망을 설치할 수 있다."고 규정하고 있다.

설치하도록 규정하고 있다. 골프장 운영자는 공작물을 설치하고 이를 보존·관리하는 자로서 골프장과 부대시설을 안전하고 편리하게 이용할 수 있도록 관리해야 한다.[68] 그러므로 골프장 운영자는 공작물의 설치·보존의 하자가 없도록 하여, 플레이어가 골프장시설물을 안전하게 사용할 수 있도록 설치·보존해야 할 의무가 있다.

1) 공작물책임의 요건
가. 공작물

공작물책임이 발생하기 위해서는 먼저 손해를 발생시킨 것이 공작물에 해당하여야 한다. 민법 제758조에서 가리키는 '공작물'[69]이란 인공적 작업에 의하여 만들어진 물건을 의미한다.[70] 공작물은 일시적이든 영구적이든 모두 포함된다. 골프장이나 골프코스는 지상에 인공적 작업에 의해 만들어진 토지의 시설물로서 구성요소인 워터 해저드, 조경시설을 비롯한 지반시설 등은 모두 민법 제758조의「공작물」에 해당한다.

나. 공작물의 설치·보존상의 하자

공작물의 '설치 또는 보존의 하자로 인하여' 손해가 생겼어야 한다. 공작물의 '설치·보존상의 하자'라 함은 공작물이 그 용도에 따라 통상 갖추어야 할 안전성을 갖추지 못한 상태에 있는 경우를 말하며,[71] 어떤 공작물에 대한 안전성의 구비 여부를 판단할 때에는 공작물의 설치·보존자가 그 위험성에 비례하여 사회통념상 일반적으로 요구되는 정도의 방호조치의무를 다한 경우인지 여부를 기준으로 삼는다.[72] 하자의 유무는 객관적으로 판단되며, 하자가 점유자·소유자의 고의·과실에 의하여 발생했는지는 묻지 않는다. 공작물의 하자의 존재에 관하여는 피해자에게

68 골프장이용표준약관, 제19조, 안전관리 및 편의의 제공.
69 공작물이란 주로 지상, 지하에 인공적으로 설비된 각종의 물건과 토지의 공작물로서 건물, 교량, 도로, 지하도, 고압선, 수도시설, 광고탑, 골프코스, 수영장, 전주, 저수지, 가로수, 놀이기구 등을 말하고, 위험있는 동적인 기업설비도 포함한다. 전기 자체는 공작물이 아니다.
70 곽윤직, 앞의 책, 755면 참조.
71 대법원 1998. 1. 23. 선고 97다25118 판결.
72 대법원 1998. 1. 23. 선고 97다25118 판결.

입증책임이 있는데, 판례는 때에 따라서는 하자의 존재를 추정한다.[73] 골프장은 골프코스, 페널티 구역이나 카트도로 등 인공구조물로 구성된 공작물이며, 이와 같은 인공으로 조성된 구조물의 안전성미비로 인하여 사고가 빈번하게 발생하고 있다. 예를 들면 워터 해저드 주변에 보호안전망이나 펜스, 인명구조장비 등이 설치되지 아니하여 플레이어가 익사하는 사고, 카트도로와 일반인도가 교차하는 지점에 경고표지나 안전설비미설치로 인한 충돌사고, 낙뢰사고, 지반의 약화로 인한 지반붕괴나 수목의 낙하사고 등 역시 골프장시설에 설치·보존상의 하자에 의해 발생하는 사고라고 할 수 있다. 만약 골프장 운영자가 이러한 안전조치를 취하지 아니한 때에는 공작물인 골프장시설에 설치·보존상의 하자가 있다고 볼 수 있다.

다. 공작물의 하자로 인한 손해발생

공작물의 하자로 인하여 타인에게 손해가 발생하였어야 하며, 둘 사이에 인과관계가 있어야 공작물 책임이 발생한다. 그런데 손해발생의 원인이 복수인 경우에 인과관계의 경합문제가 발생한다. 즉 공작물의 하자가 다른 자연력이나 제3자의 행위 또는 피해자의 행위 등과 함께 공동원인의 하나인 경우에도 원칙적으로 공작물책임이 성립한다. 그러나 불가항력으로 인하여 손해가 발생한 때에는 설사 공작물에 하자가 있더라도 하자와 손해 사이에 인과관계가 없어서 공작물 책임은 생기지 않는다.[74] 이때 손해가 불가항력으로 인하여 생겼음은 점유자·소유자가 입증하여야 한다. 이와 관련하여 법원은 낙뢰사고는 불가항력에 의한 자연재해로 보아 원고의 청구를 기각[75]하였다. 공작물에 대한 안전성의 구비여부를 판단할 때에는 공작물의 설치·보존자가 그 위험성에 비례하여 사회통념상 일반적으로 요구되는 정도의 방호조치의무를 다한 경우인지를 기준으로 삼고 있다.

라. 면책사유부존재

민법 제758조 1항 단서규정에 의하여 점유자는 손해의 방지에 필요한 주의를

73 대법원 1969. 12. 30. 선고 69다1604 판결; 대법원 1974. 11. 26. 선고 74다246 판결.
74 송덕수, 앞의 책, 1400면 참조; 대법원 1982. 8. 24. 선고 82다카348 판결.
75 대법원 2003. 2. 12. 선고 2002나2651 판결

게을리 하지 않았음을 입증하여 책임을 면제 받을 수 있다. 즉 점유자의 면책사유는 책임을 면하려는 점유자가 입증하여야 한다.[76] 그러나 공작물의 소유자는 손해방지의무를 다했음을 이유로 면책되지 아니하고, 점유자가 면책된 경우에 최종적으로 책임을 진다. 따라서 골프장의 점유자는 손해의 방지에 필요한 주의의무를 해태하지 아니하였음을 입증하면 면책되고, 점유자가 면책된 경우에 소유자인 골프장 운영자가 책임을 진다.

2) 배상책임
가. 배상책임자

공작물책임은 민법 제758조 제1항의 규정에 의하여 제1차적으로 공작물의 점유자[77]가 부담하고, 점유자가 면책되는 경우에 제2차적으로 공작물의 소유자가 진다. 점유자 중에 간접점유자가 있는 경우에는 직접점유자가 먼저 책임을 지고, 직접점유자에게 책임을 지울 수 없는 때에 비로소 간접점유자가 책임을 진다.[78] 또한 점유자가 사고의 방지에 충분한 주의를 하였는데도 불구하고 구조상의 결함 등에 의해 사고가 발생한 경우에는 소유자가 책임을 진다. 일반적으로 골프장의 경우 점유자와 소유자가 동일한 경우가 대부분이지만, 골프장을 빌려 사용하고 있는 단체가 있으면 그 단체가 점유자가 된다. 따라서 골프장 운영자는 플레이어가 공작물을 안전하게 사용할 수 있도록 공작물을 설치하고, 보존·관리하는 자로서 공작물의 하자로 인해 플레이어가 손해를 입은 경우에는 민법 제758조에 의해 손해를 배상할 책임이 있다.

나. 공작물의 점유자·소유자의 구상권

민법 제758조 3항의 규정에 따라 공작물의 점유자 또는 소유자가 피해자에게 손해를 배상한 때에는 배상을 한 점유자 또는 소유자는 그 손해의 원인이 있는 책

---

[76] 대법원 2008. 3. 13. 선고 2007다29287,29294 판결.
[77] 공작물을 사실상 지배하면서 설치 또는 보존상의 하자로 인하여 발생할 수 있는 각종사고를 방지하기 위하여 공작물을 보수·관리할 권한 및 책임이 있는 자: 대법원 2000. 4. 21. 선고2000다386판결.
[78] 송덕수, 앞의 책, 1402면 참조; 대법원 1981. 7. 28. 선고 81다209 판결; 대법원 1993. 1. 12.선고 92다23551 판결; 대법원 1993. 3. 26. 선고 92다10081 판결.

임 있는 자에 대하여 구상권을 행사할 수 있다. 그러므로 골프장 건설업자나 조경
업자의 과실로 인공시설물의 설치에 하자가 생겨 손해가 발생한 경우에 골프장 운
영자인 점유자 또는 소유자는 피해자인 골프장 이용자에게 손해를 배상하고, 손해
의 원인을 제공한 건설업자 또는 조경업자 등에게 구상권을 행사할 수 있다.

3) 익사사고

골프코스에는 배수 또는 경
관의 기능을 가지고 있는 연못
이나, 강, 호수 등과 같은 해저
드지역이 있다. 이러한 워터 해
저드지역은 경사가 급할 뿐만
아니라 수심이 깊은 곳도 있어
골프 경기 중 플레이어의 부주
의에 의한 익사사고가 종종 발

인명구조장비

생하고 있다. 그러므로 익사사고의 방지를 위해서 골프장 운영자는 사고의 위험성
이 있는 해저드 주변에 보호펜스나 안전망, 인명구조장비, 사고위험을 알리는 경고
표지판 등을 설치하여야 한다. 또한 캐디는 플레이어들에게 코스안내를 할 경우 해
저드나 위험지역을 반드시 고지하여야 하고 안전의식을 고취시켜야 한다. 따라서
골프장 운영자는 플레이어가 공작물을 안전하게 사용할 수 있도록 공작물을 설치
하여야 할 뿐만아니라 보존·관리하는 자로서 워터 해저드 등 공작물의 하자로 인
해 플레이어가 손해를 입은 경우에는 민법 제758조에 의해 손해를 배상할 책임이
있다.

4) 소결

체육시설의 설치·이용에 관한 법률 제24조 제1항에 의하여 체육시설업자는
안전기준을 지켜야 하고, 체육시설의 설치·이용에 관한 법률 시행규칙 [별표6]은
"실외체육시설의 경우 폭우·폭설·강풍 또는 파도 등으로 인하여 이용자의 안전을
해칠 우려가 있다고 판단될 때에는 그 이용을 제한하여야 한다."고 규정하고 있다.

골프장은 대부분 자연지형에 위치하고 있어 산악지형의 경우에는 강우시 낙뢰사고
가 발생하고 있다. 판례에서는 "골프장 운영자는 체육시설업자로서 낙뢰의 위험이
상당한 정도로 예상되는 경우에는 당연히 플레이어에 대하여 피난지시 혹은 플레
이 중단을 내릴 주의의무 또는 신의칙상의 안전배려의무를 부담한다."[79]고 해석하
고 있다. 골프장에는 카트도로나 워터 해저드 등 코스의 설계상 위험장소가 있으
며, 이러한 곳에 위험한 장소임을 명시하는 표지간판이나 위험을 해소시킬 수 있는
방호설비 등을 설치하여야 한다. 또한 골프장 운영자는 강우시 천둥·번개 등의 위
험이 예상되는 경우를 대비하여 낙뢰 경보기나 피뢰침, 적절한 대피장소 등 보호시
스템을 설치하고, 안전사고의 위험성이 있는 위험지역에는 안전망이나 보호책 또
는 위험표지판 등 필요한 안전조치를 하는 등 규칙적인 점검을 실시하여 플레이어
를 보호하여야 한다. 이와 같은 골프장시설물의 하자에 의해 안전사고가 발생하였
을 경우에 골프장 운영자는 민법 제758조에 의한 불법행위책임을 면할 수 없다.
따라서 골프장 내에서 공작물의 설치·보존상의 하자로 인하여 플레이어가 경기
도중에 부상이나 사망을 당한 경우에 골프장 운영자에게 책임을 물을 수 있느냐
하는 문제는 결국 골프장 운영자가 그 공작물의 위험성에 비례하여 사회통념상 일
반적으로 요구되는 정도의 공작물의 설치·보존상의 방호설비의무를 다하였는지,
골프장 운영자가 사고방지를 위한 안전배려의무를 다하였는지의 여부를 기준으로
판단하여야 하고, 플레이어 역시 사고의 방지를 위해 주의의무를 다하였는지에 따
라 책임의 정도를 변별하여야 할 것으로 보인다.

골프장은 대부분 사적법인이 운영하고 있으나, 국가나 지방자치단체 등 공공
단체가 운영하는 경우도 있다. 사적법인이 점유 또는 소유하는 골프장에서 시설 하
자에 의해 플레이어가 손해를 입은 경우 피해자는 민법 제750조 이하의 불법행위
의 문제로 해결하면 된다. 국가나 지방자치단체 등 공공단체가 설치하여 경영·관
리·유지되고 있는 골프장은 공적목적에 제공되는 물적 설비로서 공공 영조물이라
고 한다. 국가배상법 제5조 제1항은 "도로, 하천 기타의 공공의 영조물의 설치 또
는 관리의 하자가 있기 때문에 타인의 재산에 손해를 발생하였을 때에는 국가 또
는 지방자치단체는 손해를 배상하여야 한다."고 규정하고 있다. 그러므로 영조물의

---

[79] 전주지방법원 2002. 3. 22. 선고 2000가합7461 판결.

설치·관리상의 하자로 인해 손해를 입은 자, 즉 국가나 지방자치단체가 운영하는 골프장의 시설의 설치·관리의 하자에 의해 사고를 당한 피해자는 국가배상법 제5조 제1항·제3항에 따라 민법상의 불법행위책임을 배제하여 우선적으로 국가나 지방자치단체를 상대로 손해배상을 청구할 수 있다.

Ⅳ. 기타 안전사고의 불법행위책임

1. 카트사고

국내대부분의 골프장에서 카트를 운행하고 있다. 우리나라 골프장은 대부분 산악지형에 조성되어 있다. 이에 따라 카트도로는 내리막, 오르막 등 경사가 심한 곳에 많아 사고가 발생할 위험성이 크다.[80] 특히 과속이나 운전미숙, 폭우, 폭설로

골프카트

인해 제동이 잘 되지 않아 사고로 이어지는 경우가 많다. 카트사고 발생유형에는 추락사고[81]와 추돌사고, 또한 급경사나 급커브 길에서의 전복사고[82], 그리고 플레이어의 음주운전 사고가 발생하는 경우도 있다. 골프장 운영자가 골프장에서 카트를 운영을 할 때에는 카트를 운전하는 직원에 대한 교육이나 플레이어에게 카트의

---

80 미국에서는 골프와 관련된 사고 중 약 14%정도가 골프카트사고라는 통계가 있다.(Michael Flynn, Cart 54, Where are you? The liability of Golf Course Operaters for Golf Cart Injuries, 14 U. Miami Ent.& Sports L. Rev. 127,128); 김민중, 앞의 논문, 59면(재인용) 참조.

81 경기도 소재 골프장에서 이 씨가 골프카트를 타고 이동하다 카트가 추락해 머리를 다친 뒤 기억력장애 등이 발생하자 소송을 제기했다(인터넷뉴스, 조선닷컴. 2009. 11. 18.입력. 2013. 4. 2 방문).
경기도 포천소재 모 골프장에서 이동 중 급커브를 돌다 주차중인 카트를 발견하고 핸들을 조작하였으나 연못으로 추락하여 송 모씨(42)가 익사한 사고(경향신문, 2001. 5. 14일자).

82 경기도 용인소재골프장에서 여 씨가 운전한 카트가 출발과 동시에 우측연못으로 돌진 추락하여 전치 8개월의 상해를 입은 여 씨가 골프장을 상대로 손해배상을 청구하였다(서울민사지법합의26부), (매일경제신문, 2003. 9. 23일자).

운행에 대하여 적절한 안내 및 지시·경고를 하여야 한다. 골프장의 카트는 도로교통법상의 차량에 해당하며, 통상 동일하게 차량운전에 관한 주의의무가 주어지고 있다. 카트를 운전하다가 고의 또는 과실로 사고를 낸 경우에 가해자는 피해자에 대하여 책임을 져야 한다. 그러므로 고의·과실로 인해 카트사고가 발생한 경우 캐디에게는 계약책임이나 불법행위책임이 주어지고, 골프장 운영자는 카트사고에 대하여 자동차손해배상보장법상의 책임 또는 사용자책임이 고려될 수 있다. 카트 제조자에 대하여는 제조물책임이 문제가 될 수도 있다.

(1) 사고당사자의 주의의무와 책임

1) 사고당사자의 주의의무

캐디는 카트를 운행할 때에 운전자로서 필요한 운행상의 주의의무를 지켜야 한다. 카트가 출발하기 전에 플레이어들에게 안전 손잡이를 잡도록 고지하고, 이용자의 안전을 확인한 후에 출발하여야 하며, 위험지역을 통과하는 경우에는 충분히 서행하면서 안전하게 운전하여야 할 업무상 주의의무가 있다. 만일 캐디가 이러한 운전상의 주의의무를 위반하여 피해자에게 손해의 발생을 야기한 경우에는 계약책임이나 불법행위책임을 져야 한다.[83] 골프장 이용객은 카트가 운행되는 지역에서는 항상 사고가 발생할 수 있음을 예견하고, 카트 도로에서는 항상 안전에 대한 주의를 하여야 한다. 골프장이용자는 캐디가 운전하는 카트를 이용할 경우 카트의 좌석 지붕 쪽에 부착되어 있는 손잡이나 옆의 난간을 잡고, 안전한 자세로 카트에 탑승하여야 한다. 만일 골프장 이용객의 주의의무위반이 사고에 영향을 주었을 경우에는 손해배상을 함에 있어 그 과실만큼 참작될 것이다.[84] 캐디의 운전부주의로 플레이어가 카트에서 떨어져 다친 경우에 만약 플레이어가 손잡이를 잡고 있지 않았을 때에는 플레이어에게도 일부 책임이 있다는 판결도 있다.[85]

---

[83] 계약책임과 불법행위책임이 모두 고려되는 때에는 양 책임 사이의 관계에 관하여 청구권경합설과 법조경합설이 대립하나, 학설이나 판례(대법원 1983. 3. 22. 선고 82다카1533 판결)는 청구권경합설을 취하여 양 책임을 선택적으로 청구할 수 있다고 본다.

[84] 소재선·이경용, "골프경기와 관련된 법적책임", 「스포츠와 법」, 제15권 제4호(통권 제33호, 2012. 11). 209면 참조.

[85] 대구지방법원 2007. 7. 3. 선고 2006가합9822 판결; 골프카트사고로 피해를 입은 골퍼가 골프카트의 좌석 지붕 쪽에 부착되어 있는 손잡이나 옆의 카트난간을 제대로 붙잡지 않고 있을 뿐만 아니라, 타고 있는 자세도 불안전한 상태로 있다가 골프카트사고를 당한 때에는 피해를 당한 골퍼에게

골프장 운영자는 카트를 안전하고 정상적으로 이용할 수 있도록 카트와 카트 도로 등을 유지·관리할 의무가 있다. 골프장 운영자는 카트의 제동장치 여부 등을 수시로 점검하여야 하며, 심한 경사나 급커브 장소에는 주의 표지를, 일반차량 등이 통행하는 도로를 횡단하는 경우에는 일단정지 표지를, 그 밖의 위험장소에서는 필요한 안전표지나 가드레일 등을 설치하여야 한다. 또한 캐디 등에게 카트 안전운행과 관련한 교육을 실시하는 등 사고방지에 노력을 다하여야 할 것이다.[86]

2) 사고당사자의 책임
가. 캐디의 과실에 대한 책임

카트사고가 발생했을 경우 캐디의 책임으로는 계약책임과 불법행위책임을 생각해 볼 수 있다.[87] 캐디가 카트를 운행할 경우에는 주의의무를 지켜야 한다. 만약 카트운전자인 캐디가 운행에 필요한 주의의무를 위반하여 플레이어에게 피해를 입힌 경우에는 불법행위에 의한 손해배상책임을 진다. 또한 카트 운행과 관련하여 캐디와 플레이어 사이에 직접적인 계약관계에 있다고 하면 카트사고로 야기된 손해에 대하여 캐디는 플레이어에게 계약상의 채무불이행책임을 부담하면 된다. 그러나 카트의 운행에 대하여 보통 플레이어와 골프장 운영자 사이에서 계약관계가 성립하고, 캐디에 의한 사고로 피해를 입은 플레이어에게 계약책임을 부담하는 경우는 그리 많지 않으며, 캐디는 골프장 운영자의 이행보조자이므로 골프장 운영자가 계약책임을 진다.

나. 골프장 운영자의 책임

골프장 운영자가 카트를 안전한 상태로 유지할 의무를 위반하면 과실이 인정되므로 카트사고가 발생하면 운영자의 책임이 문제된다.[88] 골프장 운영자가 골프장에서 카트를 운영할 때에는 플레이어에게 카트의 운행에 대한 적절한 안내 또는

도 잘못이 있다고 하고 있다.
[86] 소재선·이경용, 앞의 논문, 209면 참조.
[87] 김민중, 앞의 논문, 59면 참조.
[88] Michael Flynn, Cart 54, Where are you? The liability of Golf Course Operaters for Golf Cart Injuries, 14 U. Miami Ent.& Sports L. Rev. 127,132; 김민중 앞의 논문, 60면(재인용) 참조.

지시·경고를 하여야 할 안전배려의무가 있다. 만약 골프장 운영자가 골프카트의 관리와 점검 등을 하지 않아 사고가 발생하거나, 안전시설의 미비나 안전관리 등에 대한 부주의, 카트가 이동하는 도로 등의 관리의 문제가 사고발생의 원인이 된 경우에는 골프장 운영자가 책임을 진다. 한편 카트를 타고 이동 중 사고가 발생한 경우에 자동차손해배상보장법상의 운행자책임이 인정되는지의 여부가 문제될 수 있다. 우선 카트도 손해배상보장법 제2조 제1호, 자동차관리법 제2조 제1호에서 정하고 있는 「자동차」에 해당하는가가 문제되나, 카트도 「자동차」에 해당한다고 보아야 한다.[89] 그러므로 골프장 운영자는 특별한 사정이 없는 한 자기를 위하여 카트를 운행하는 자로서 자동차손해배상보장법 제3조에 따라서 카트사고로 인하여 손해를 입은 플레이어나 이용자에 대하여 손해배상책임을 부담하여야 한다.[90] 따라서 카트사고가 발생하면 골프장 운영자는 카트사고로 인하여 플레이어에게 발생한 손해에 대한 자동차손해배상보장법상의 책임과 특수 불법행위책임으로서의 사용자책임을 부담한다.

(2) 제조물책임

카트사고는 대부분 탑승자나 운전자의 부주의, 그리고 카트의 결함으로 일어난다. 탑승자나 캐디의 부주의에 의한 사고가 발생했을 경우에는 캐디의 불법행위책임이나 골프장 운영자의 책임으로 귀결된다. 그러나 카트의 결함으로 인한 사고가 발생했을 경우에는 책임귀속에 관하여 문제가 될 수 있다. 제조물책임이란 제조물에 통상적으로 기대되는 안전성의 결함으로 발생한 손해에 대하여 제조업자 등에게 지우는 손해배상책임을 말한다. 제조자는 제조물의 구조, 품질, 성능 등에 있어서 그 유통 당시의 기술수준과 경제성에 비추어 기대 가능한 범위 내의 안전성과 내구성을 갖춘 제조물을 제조·판매하여야 할 책임이 있다. 제조물책임의 귀책근거는 결함이다. 카트사고에 따른 제조물책임이 성립하기 위해서는 카트에 「결함」이 존재하여야 한다.

결함에는 제조상의 결함, 설계상의 결함, 표시상의 결함을 포함한다. 골프카트

---

[89] 대구지방법원 2007. 7. 3. 선고 2006가합9822 판결.
[90] 김민중, 앞의 논문, 61면; 소재선·이경용, 앞의 논문, 210면 참조.

도 제조물책임법상 제조물로서 카트의 제조상의 결함, 설계상의 결함, 부적절한 지시 또는 경고상의 결함으로 인하여 사고가 발생한 경우에는 골프카트 제조자의 제조물책임이 성립한다고 보아야 한다.[91] 만약 카트에 설계상이나 제조상의 결함이 존재하지 않더라도 카트에 필요한 적절한 설명·지시·경고 기타의 표시를 하지 아니하여 사고가 생기면 표시상의 결함이 된다.[92] 그러나 결함에 대한 입증이 어려울 뿐만 아니라 모두 피해자가 하여야 하는 데 그 문제가 있다. 그 동안 이와 같은 문제점을 해결하기 위하여 판례를 통해 해결하려 했으나 한계가 있기 마련이다. 그래서 제조물책임법이라는 특별법을 제정하였다.[93] 결함과 손해사이의 인과관계는 피해자가 입증하여야 한다. 그런데 그 입증이 대단히 어려우므로, 제조물이 정상적으로 사용되는 상태에서 손해가 발생한 경우에는 사회 통념상 개연성이 인정되면 이들을 사실상 추정함이 바람직하다.[94] 따라서 골프카트 제조업자·제조물공급자는 제조물의 결함으로 인하여 생명, 신체 또는 재산에 손해를 입은 자에게 그 손해를 배상하여야 한다. 이때 제조업자 등에게 과실이 있는지는 묻지 않는다. 즉 무과실책임을 진다.

2. 자연재해에 의한 사고

골프장에서는 가끔씩 폭우, 폭설, 낙뢰 등에 의한 사고 등 자연재해에 의한 사고가 발생하기도 한다. 사례에 의하면 소나기와 함께 천둥·번개가 치는 가운데 플레이를 하다가 낙뢰로 사망하는 사고, 폭우로 인해 배수로 작업 중 휩쓸려서 사망한 경우, 폭염 속에 일사병으로 사망한 경우 등이 있다. 대부분 사고원인을 살펴보면 안전 불감증으로 인한 안전사고가 많고, 기상이변으로 인한 국지성호우나 낙뢰 사고도 발생하므로 이에 대한 안전대책이 필요하다.

---

91 소재선·이경용, 앞의 논문, 210면 참조.
92 예를 들어 카트의 특성, 통상 사용되는 사용형태, 예상되는 위험과 그 회피방법과 같은 사항을 설명하지 아니하면 표시상의 결함이 된다.
93 2001. 1. 12. 제정, 2002. 7. 1. 시행.
94 이은영, 앞의 책, 913면; 송덕수, 앞의 책, 1429면 참조.

(1) 낙뢰에 의한 사고

　최근 골프 도중에 낙뢰로 인하여 인명피해가 발생하는 경우가 종종 일어나고 있다.[95] 국내에서도 플레이어가 금목걸이를 하고 플레이하거나 골프채를 들고 이동하다가 낙뢰에 맞아 사망하는 등의 낙뢰사고가 발생하고 있다. 이와 관련된 우리 판례[96]에 의하면 "공작물의 설치 보존자인 정리회사 주식회사 ○○개발이 그 공작물의 위험성에 비례하여 사회통념상 공작물로서의 골프장이 그 용도에 따라 통상 갖추어야 할 안전성을 갖추지 못한 상태에 있었다고 보기 어렵다"고 하여 원고의 청구를 기각하였다.[97]

　낙뢰사고의 경우 법원에서는 골프장내 설치된 피뢰침의 보호범위, 낙뢰의 사전징후가 있는 경우에 대피소로 피할 수 있는 여유가 있다는 점, 연평균뇌우일수, 대부분의 골프장이 각 홀마다 낙뢰감지기나 안전대피소가 설치되지 아니한 점 등을 들어 현행법상 낙뢰방지시설설치에 대한 의무규정이 없고, 여러 가지 사정으로 보아 골프장이 용도에 따라 갖추어야 할 안전성을 갖추었다고 보고 골프장 운영자의 손해배상책임을 부정하였다. 민법 제758조 제1항에 규정된 공작물의 설치·보존상의 하자라 함은 공작물이 통상 그 용도에 따라 갖추어야 할 안전성을 갖추지 못 한 상태에 있음을 말하는 것으로서, 이와 같은 안전성의 구비여부를 판단함에 있어서는 당해 공작물의 설치·보존자가 그 공작물의 위험성에 비례하여 사회통념상 일반적으로 요구되는 정도의 방호조치의무를 다하였는지의 여부를 기준으로 삼아야 한다는 대법원의 입장[98]을 따른 것으로 이해되고, 만일 제반 사정을 고려하여 낙뢰에 의해 플레이어가 사고를 당했을 때 그 낙뢰사고가 자연재해라고 볼 수 있

---

[95] 미국에서는 1년에 약 1만 명 정도가 벼락을 맞는데 골프장에서 벼락을 맞는 사람이 가장 많다고 한다. 그리고 국내에서는 골프장에서의 낙뢰사고가 언론에 보도된 예가 몇 번 있다.

[96] 전주지방법원 2002. 3. 22. 선고 2000가합7461 판결.

[97] 한편 법원은 이 사건에서 캐디는 골프경기자의 경기에 관한 보조자로서 경기자에 위험이 생길 우려가 있는 때에는 그 안전을 확보해야 할 입장에 있지만 천둥의 접근이나 낙뢰의 위험에 대하여 경기자 이상의 전문적, 과학적지식을 가진다고 볼 수 없기 때문에 캐디에게 경기자 이상으로 정확한 낙뢰의 위험을 예측해야 할 의무를 요구할 수 없고, 정인성과 그의 일행들은 이미 경기의 계속을 단념하고, 그늘 집으로 가기 위한 도중이었다는 점, 사람이 평생 동안 낙뢰를 맞을 확률은 60만분의 1로서 그 확률이 희박한 점 등을 들어 이 사건 사고는 갑작스런 기상의 악화에 따른 자연재해로서 정리회사가 이용자의 안전배려의무를 위반하였음을 전제로 한 원고들의 주장은 이유 없어 이를 받아들이지 아니하였다.

[98] 대법원 1992. 4. 24. 선고 91다37652 판결.

을 경우에는 골프장 운영자의 안전배려의무위반이 부정된다고 보고 있다.

(2) 지반붕괴사고

골프장은 일반적으로 산과 계곡, 해안 등의 광대한 자연에 인공적 설계 작업을 통해 만들어진 인공구조물로 되어 있고, 골프코스 또한 페어웨이 지역 외에도 인공연못, 벙커, 카트도로 등으로 구성되어 있기 때문에 사고가 예견되는 위험장소가 많이 위치하고 있다. 그러나 이들 지역은 대부분 플레이존(play zone)이 아닌 O.B, 해저드지역으로 지정하여 위험예방을 하고는 있으나, 간혹 플레이어의 부주의나 지반붕괴, 낙석, 낙목, 산사태 등으로 인하여 예기치 못한 위험사고가 발생하고 있다. 비록 국내 골프장에서 발생한 사고는 아니지만 지반함몰과 관련된 일본에서의 사고사례[99]를 보면 '자연공원에서 산책로를 산책하는 사람이 갑자기 지반의 함몰로 인하여 구덩이에 빠져 사망하는 사고'에서 유족이 시설관리의 하자로 공원관리자를 상대로 제기한 손해배상청구소송에서 법원은 '지반의 함몰에 의한 사고발생을 예견할 수 없고, 공원관리자가 함몰방지시설을 설치하지 아니한 것에 대해 하자가 없다'고 판결하였다.

V. 골프사고에 있어서의 계약책임

1. 서언

민사법에서 불법행위로 인한 책임과 채무불이행에 의한 책임은 위법행위로 인한 책임이라는 점에서 공통점을 가진다. 그러나 채무불이행책임이 당사자 사이의 채권·채무관계를 전제로 하는 반면, 불법행위책임은 불특정다수인 사이에서 문제된다는 점에서 차이가 있다.[100] 그러므로 골프사고로 인한 피해자가 채무불이행책임을 통해 손해를 전보받기 위해서는 청구의 상대방과 피해자 사이에 채권·채무

---

99 西村國彦,「ゴルフ場の 法律に 強くたる!」. ゴルフダイジェスト社, 2013, 65-66면 참조.
100 채무불이행책임이 계약에 의해 발생한 급부의무의 이행이익 및 급부와 관련된 거래안전이익을 보호하는 것을 목적으로 한다면, 불법행위책임은 시민의 일반적 이익을 보호하고 공공의 질서 확립을 목적으로 한다고 볼 수 있다. 이은영, 채권총론, 박영사, 2000. 179-180면 참조.

관계가 존재해야 한다. 그런데 골프사고와 관련하여 채권·채무관계가 존재한다고
볼 수 있는 경우는 골프장 운영자와 골프장 이용자 사이의 계약정도일 것이다.[101]
요컨대 골프장에 들어가는 고객은 골프장 운영자와 채권관계를 형성한다는 점에서,
골프장 운영자는 고객에 대한 안전배려의무를 지게 된다. 이러한 의무를 위반하는
경우 민법 제390조에 의해 손해배상책임을 져야 할 것이다. 더 나아가 안전배려의
무위반으로 인하여 급부의무의 실현이 불가능하게 된다면, 손해배상과 동시에 계
약의 해제까지도 인정해야 한다. 물론 우리민법 제393조에 의해 손해배상액은 과
실상계를 통해 조정될 수 있다. 일반적으로 골프장 운영자는 캐디를 이용하여 골프
운영에 보조를 받는다는 점에서 민법 제391조의 이행보조자의 채무불이행책임이
주로 문제된다.

2. 캐디가 이행보조자인지 여부

이행보조자는 채무자가 채무의 이행을 위하여 사용하는 자이다. 캐디가 이행
보조자에 해당한다면 캐디의 귀책사유로 인하여 발생한 손해에 대해서 골프장 운
영자는 계약당사자로서 채무자 책임을 져야 할 것이다. 이행보조자가 채무자와의
관계에서 사회적 종속관계가 필요한지에 대해서 견해의 대립이 있으나, 통설과 판
례는 이행보조자는 채무자의 의사관여 아래 채무이행을 위해 활동하면 된다고 하
여 종속관계를 요하지 않는다.[102] 특히 대법원 1997. 9. 9. 선고96다20093 판결에
서 민법 제756조의 피용자의 지위는 사회적 종속관계가 필요한 반면에 이행보조자
는 그 정도의 종속관계가 필요하지 않다고 보았다.[103] 따라서 이행보조자의 관계는

---

[101] 플레이어와 캐디의 관계, 같은 팀에 속하는 플레이어와 플레이어 관계, 팀이 다른 플레이어들 간
  의 관계 등은 채권·채무관계로 보기는 힘들 것이다. 물론 그들 간에 별도로 개별적인 계약체결이
  있었다면 채권·채무관계를 인정하는 데 무리가 없을 것이다.

[102] 이에 호의관계에 의한 이행보조자도 인정된다. 이은영, 앞의 책, 253면 참조. 대법원 1999. 4. 13.
  선고 98다51077, 51084 판결 등 다수.

[103] 대법원 1999. 4. 13. 선고 98다51077, 51084 판결에서도 "임대인이 임대차목적물에 시설설비를 위
  해 제3자에게 도급을 준 경우, 그 수급인의 과실로 목적물이 멸실한 경우 수급인은 임대차계약상
  의 이행보조자라고 하여 임대인은 임차인에게 제391조에 의한 채무불이행책임을 부담'함. 여기서
  '이행보조자라 함은 일반적으로 채무자의 의사관여 아래 채무의 이행행위에 속하는 활동을 하는
  사람이면 족하고, 반드시 채무자의 지시 또는 감독을 받는 관계에 있어야 하는 것은 아니므로 채
  무자에 대하여 종속적인가 독립적인 지위에 있는가는 문제되지 않는다."고 하여 종전의 입장을 유
  지하였다. 동지 대법원 2002. 7. 12. 선고 2001다44338 판결.

위임, 도급 등에 의한 독립된 이행보조자까지도 포함된다고 본다. 이처럼 판례가 폭넓게 이행보조자를 이해한다면, 캐디가 이행보조자가 되는 것에는 큰 문제가 없을 것이다. 캐디를 고용한 사용자는 피용자 및 이행보조자를 선임, 배치, 지시 또는 감독하고 조직하여 그 영역에서 제3자(특히 계약상대방)에게 손해가 발생할 위험이 증대되지 아니하게 할 안전배려의무 및 거래안전의무(Verkehrspflicht)를 부담한다. 사용자가 이행보조자를 통해 이러한 안전배려의무를 위반하였다면, 이에 대한 책임을 지는 것이 당연할 것이다. 즉, 캐디의 고의·과실은 채무자 자기 자신의 고유의 과책에 대한 자기책임(Haftung für eigene Schuld)이라고 할 수 있다.[104]

3. 주의의무 판단기준

이행보조자의 고의·과실의 판단기준은 채무자이며, 이행보조자가 아니다.[105] 따라서 주의의무 위반은 이행보조자인 캐디를 기준으로 하는 것이 아니라, 채무자인 골프장 운영자를 기준으로 판단한다. 예컨대 이행보조자가 아직 정식교육을 받지 않은 캐디라 할지라도 그 캐디를 기준으로 하는 것은 아니며, 채무자인 골프장 운영자를 기준으로 과실여부를 판단하게 된다.[106] 참고로 독일의 통설[107]과 판례[108]는 불법행위법상의 의무의 상당부분을 채무자와 채권자의 보호의무로 인정하여, 불법행위책임이 아닌 채무불이행책임으로 포섭하고 있다. 일반적으로 피해자가 계약교섭의 기회에 상대방을 신뢰하여 자신의 법익에 대한 보호를 기대하였다면, 그러한 신뢰는 채무자가 사용하는 이행보조자에 대해서도 미친다고 본다. 따라서 이행보조자가 그러한 기회를 이용하여 채권자의 법익을 침해하여 손해가 발생하였다면, 그 책임을 채무자가 지는 것이 당연하다고 본다.[109] 한편 원칙적으로 이행보조

---

104 이은영, 앞의 책, 252면 참조. 같은 맥락에서 독일은 사용자 책임 또한 사용자 자신의 책임으로 이해하는 견해가 지배적이다. Kötz/Wagner, Deliktsrecht, 11. Aufl., 2010, Rn. 287f.; Deutsch/Ahrens, Deliktsrecht, 4. Aufl., 2002, §20, Rn. 317.
105 이은영, 앞의 책, 256면 참조.
106 편집대표 곽윤직(양창수 집필부분), 민법주해 IX: 채권(2), 제391조, 박영사. 1995, 427면 참조.
107 Larenz(Karl), Lehrbuch des Schuldrechts, Bd 1, 14.Aufl., 1987, S. 95; Brox/Walker, a.a.O., Rn. 53 f.
108 RGZ 78. 238(Linoleumrolle Fall); BGH NJW 1962, 31(Bananenschale Fall); BGH NJW 1976, 712(Gemüseblatt Fall).
109 Eike Schmidt, "Zur Dogmatik des § 278 BGB", AcP 170, 1970, 505 ff.

자는 채무를 부담하지 않으므로, 채권자에게 채무불이행책임을 부담하지 않으나, 불법행위로 평가되면 채권자에게 불법행위책임을 부담한다. 이와 관련하여 우리 대법원 선고 94다22446 판결[110]에서는 이행보조자에 대한 불법행위책임을 주장할 수 있다고 보았다.

4. 결어

우리의 판례[111]는 일반적으로 양청구권 중 어느 한쪽만을 주장하거나 양 청구권을 선택적으로 주장이 가능하다는 청구권경합설을 취한다. 즉 골프사고로 인하여 손해를 입은 피해자는 골프장 운영자에게 불법행위책임뿐만 아니라 채무불이행책임도 주장할 수 있는 것이다. 요컨대 피해자는 입증책임, 소멸시효 등의 차이점을 고려하여 자신에게 유리한 청구권을 주장하면 된다.[112] 물론 피해자는 골프장 운영자 이외에 다른 불법행위책임자 즉 이행보조자인 캐디에게도 직접 손해배상을 청구할 수도 있다.[113]

---

[110] 임대인인 피고 갑은 이행보조자인 피고 을이 점포의 출입을 봉쇄하고 내부시설공사를 중단시켜 임차인인 원고로 하여금 그 사용수익을 하지 못하게 한 행위에 대하여 임대인으로서의 채무불이행으로 인한 손해를 배상할 책임이 있고, 또한 피고 을이 원고가 임차인이라는 사정을 알면서도 위와 같은 방법으로 점포를 사용수익하지 못하게 한 것은 원고의 임차권을 침해하는 불법행위를 이룬다 할 것이므로 피고 을은 원고에게 불법행위로 인한 손해배상의무가 있다고 할 경우, 피고 갑의 채무불이행책임과 피고 을의 불법행위책임은 동일한 사실에 기인한 것으로 부진정 연대채무관계에 있다.

[111] 대법원 1983. 3. 22. 선고 82다카1533 판결.

[112] 이균성, "해상운송인의 채무불이행책임과 불법행위책임의 경합", 민사판례연구 제4권, 138−167면; 서헌제, "해상운송인의 채무불이행책임과 불법행위책임의 경합과 선박소유자의 면책규정의 적용범위", 상사판례연구 3집, 207−212면 등 참조. 두 책임은 우선 과실의 입증책임에서 차이를 보이는데 채무불이행에서 채무자가 자기에게 귀책사유가 없음을 입증해야 하는데 반해서 불법행위에서는 피해자가 가해자의 귀책사유를 입증해야 한다. 또한 채무불이행에 기한 손해배상청구권은 민법 제162조에 의해 10년의 소멸시효에 걸리는 반면에, 불법행위 손해배상청구권은 민법 제766조에 의해 3년의 소멸시효에 걸릴 수도 있다.

[113] 일반적으로 그들은 피해자에게 부진정연대채무관계에 놓일 것이다. 판례 또한 대법원 1994. 11. 11. 선고 94다22446 판결에서 "임대인인 피고 갑은 이행보조자인 피고 乙이 임차물인 점포의 출입을 봉쇄하고 내부시설공사를 중단시켜 임차인인 원고로 하여금 그 사용·수익을 하지 못하게 한 행위에 대하여 임대인으로서의 채무불이행으로 인한 손해를 배상할 의무가 있고, 또한 피고 乙이 원고가 임차인이라는 사정을 알면서도 위와 같은 방법으로 원고로 하여금 점포를 사용·수익하지 못하게 한 것은 원고의 임차권을 침해하는 불법행위를 이룬다고 할 것이므로 피고 乙은 원고(필자주; 임차인)에게 불법행위로 인한 손해배상의무가 있다고 할 경우, 피고 갑의 채무불이행책임과 피고 乙의 불법행위책임은 동일한 사실관계에 기한 것으로 부진정 연대채무관계에 있다."고 보았다.

경기규칙과
골프예절

제14장

경기규칙과 골프예절

Ⅰ. 기본규칙

골프규칙은 미국골프협회(USGA)와 영국왕립골프협회(R&A)가 공동으로 작성하며, 올림픽이 개최되는 해, 즉 4년에 한번 개정되며 세계 공통적이다. 골프는 골퍼 한 사람 한 사람이 경기규칙을 지키면서 플레이를 한다. 골프규칙은 프로나 아마추어 구별 없이 동일한 규칙에 따라 게임을 진행할 뿐만 아니라 공식, 비공식경기에서도 똑같이 적용된다. 정규라운드는 18홀이며, 첫 번째 홀의 제1타를 시작으로 18번 홀을 홀 아웃 한 시점에 경기가 종료된다. 골프는 많은 다른 스포츠와 달리 심판원의 입회 없이 경기가 진행된다. 공식경기에서는 공식경기요원인 심판원이 입회한다. 골프 경기 중에 사용되는 골프클럽의 수는 미국골프협회는 1938년, 영국의 골프협회는 1939년에 관계자들의 합의에 의해 14개 이하로 결정했다. 경기 중 골프클럽을 14개 이하를 사용하는 것은 관계없으나 이를 초과한 경우 실격 처리된다. 경기 도중에 클럽을 바꾸거나 변경시켜서도 안 되고, 남의 클럽을 빌려서 사용해도 안 된다. 볼이 놓여 있는 상태에서는 공을 건드리지 말아야 하며, 보다 쉽게 볼을 치기 위해서 풀이나 나뭇가지를 꺾어서도 안 된다. 과거 페널티(해저드) 구역에서 클럽헤드가 지면에 닿을 경우 규칙에 따라 벌타가 주어졌으나 2019년 개정된 규칙에 의해 벌타 없이 헤드를 지면에 대고 플레이를 할 수 있다. 2023년도에도 규칙 일부가 변경되었다.

1. 벌타 없이 드롭(drop)을 할 수 있는 경우

수리지(ground under repair), 캐주얼워터(casual water), 비정상적인 코스상태 즉 두더지 등 동물에 의해 만들어진 구멍, 인공 장애물, 보호망, 스프링클러, 나무의 지주목, 포장도로에 볼이 떨어졌을 경우에서 경기자가 벌타 없이 드롭을 할 수 있다. 드롭을 할 때 경기자는 1클럽 이내, 무릎 높이에서 드롭을 한다.

2. 1벌타가 주어지는 경우

분실구(lost ball), OB, 워터 해저드, 언플레이어블(unplayable), 헛스윙, 경기자가 볼을 움직였을 때 1벌타가 주어진다. 경기의 재개 방법은 상황에 따라 다양하다. 볼이 러프나 숲에 떨어져 보이지 않을 경우에는 볼을 찾기 시작해서 3분이 지나면 분실구가 된다. 2019년 이전에는 5분이었다. 이 경우 원 위치로 돌아가 1벌타를 받고 다시 쳐야 한다.

3. 2벌타가 주어지는 경우

벙커(페널티 구역) 내에서 클럽이 지면에 닿았을 때, 나뭇가지를 꺾는 등 의도적으로 스윙 구역을 개선할 때, 볼을 옮겨놓는 등 볼의 위치나 라이를 개선할 때, 잘못된 지점에 드롭하고 그대로 플레이한 때, 남의 볼을 쳤을 때, 버려진 볼을 쳤을 때, 인플레이 볼이 아닌 잠정구를 쳤을 때, 그리고 규칙에 위배되는 조언을 받았을 때, 그린에서 자기의 볼로 남의 볼을 맞추었을 때 등은 2벌타가 주어진다.

4. 3벌타가 주어지는 경우

워터 해저드인데 래터럴 워터 해저드로 처리한 경우에는 워터 해저드 1벌타와 오소에서 플레이한 결과로 2벌타를 추가로 받는다.

5. 경기실격

스코어카드에 서명을 누락한 경우, 스코어카드에 실제스코어보다 적게 기입하여 제출한 경우, 부적합한 클럽을 사용한 경우, 라운드중에 음악을 듣는 경우, 오구 플레이를 정정하지 않고 다음 티잉 구역에서 티샷을 한 경우, 합의의 반칙이 있었던 경우, 14개를 초과하는 클럽을 갖고 라운드 한 경우 불사용 선언을 하지 않으면 실격처리가 된다. 또한 라운드를 스타트한 후에는 클럽의 성능을 변경할 수 없으므로 중량조정용 납 테이프 등을 라운드 후에 붙이면 실격처리가 된다. 라운드 전에 붙이는 것은 관계없다.

6. 드롭(drop)하는 방법

드롭은 플레이어 스스로 해야 한다. 즉 드롭은 똑바로 서서 볼을 무릎높이로 집어 들고 가슴을 편 상태에서 플레이어 본인이 드롭지역에 직접 드롭한다.

7. 재드롭해야 하는 경우[1]

드롭한 볼이 다음과 같이 된 경우 벌타없이 재드롭한다.

- 드롭한 볼이 OB지역으로 굴러가 정지한 경우.
- 드롭한 볼이 페널티 구역 안으로 굴러들어가 정지한 경우.
- 페널티 구역 안에서 드롭한 볼이 페널티 구역 밖으로 나와 정지한 경우.
- 드롭한 볼이 그린 위로 올라가 정지한 경우.
- 볼이 홀에 가까운 곳으로 가서 정지한 경우.
- 드롭한 볼이 처음 떨어진 곳에서 2클럽 이상 굴러가서 정지한 경우.
- 볼이 비정상적인 코스상태나 로컬룰에 의해 구제 받았으나 다시 방해되는 위치로 굴러들어가 정지한 경우 등이다.

---

1 오의환 감수, 골프 룰, 골프아카데미, 2014. 117면 참조.

Ⅱ. 티잉 구역(teeing ground)에서의 규칙

티잉 구역이란 홀의 출발장소를 말한다. 티잉 구역에서의 티샷은 2개의 티 마커를 기준으로 연결된 직선에서 목표방향과 반대방향인 후면으로 두 클럽 내의 직사각형지역 내에서 티업(tee up)을 하고 샷을 한다.

- 티샷을 하기 전에 타순을 결정하고, 두 번째 홀부터는 전 홀의 성적순에 따라 타순을 결정한다. 처음 티샷 하는 경기자를 오너(honor)라 하고, 타순이 바뀐 경우에도 벌타 없이 그대로 경기를 진행한다.
- 티샷 하기 위해 어드레스 하다 볼이 떨어져도 벌타 없이 다시 티업을 할 수 있다.
- 티샷에서 볼을 치려다 헛스윙을 했을 때는 1벌타가 주어진다. 이 후 다시 티업하고 볼을 치면 제3타가 된다.
- 티잉 구역 밖에서 티샷을 했을 때, 매치 경기에서는 벌점없이 다시 티샷을 할 수 있으나 스트로크 경기에서는 오소지역으로 2벌타가 부과된다.
- 고정된 티 마커를 움직이면 라이의 개선으로 간주하여 2벌타가 부과된다.

Ⅲ. 코스 내에서의 규칙

코스란 티잉 구역과 퍼팅그린을 제외한 일반지역으로 코스 내에서 일어날 수 있는 상황별 규칙과 그 구제요령을 보면 다음과 같다.

1. 볼 찾기와 볼의 식별

골프규칙 제12조의 내용으로서 경기자가 알아야 할 사항은 다음과 같다.

- 볼을 찾을 때 볼의 라이, 의도하는 스윙 구역이나 경기선을 개선하지 않으면서 경기자는 긴 풀이나 관목이 접촉하거나 구부릴 수 있다.
- 페널티 구역(해저드)에서도 볼이 자연 장애물이나 있을 때, 이를 치워서 볼

을 확인한 후 칠 수 있다.

- 볼을 식별하기 위해서 볼을 집을 때 마커나 동반 경기자에게 알리고, 볼 위치에 마크해야 한다. 그리고 집어 올릴 때와 제자리에 놓을 때에는 상대 방에게 확인할 기회를 주어야 하며 이를 위반하면 1벌타가 주어진다.
- 볼은 있는 그대로 쳐야 한다. 그러나 볼의 위치나 라이를 개선하거나, 의 도적으로 스윙 구역을 개선할 때, 경기라인을 개선할 때, 볼을 드롭하거나 놓을 장소를 개선할 경우에는 2벌타가 부과된다.

2. 타(Stroke)

타는 볼을 쳐서 움직이게 할 생각으로 클럽을 앞으로 보내는 동작을 말한다. 그러나 볼을 맞추기 전에 경기자가 스스로 다운스윙을 멈췄을 때는 볼을 친 것으로 간주하지 않는다. 하지만 실제로 볼을 치지 않더라도 헛스윙 등으로 헤드가 볼 위치를 통과하면 스트로크 한 것이 되어 1타로 간주된다. 티잉 구역에서 연습 스윙시에 볼을 건드렸을 때는 벌타가 없으나, 골프코스에서 연습 스윙시 볼을 움직이면 1벌타가 주어진다.

3. O · B(Out Of Bounds)

OB란 아웃 오브 바운드(out of bounds)의 약칭으로 경기가 금지된 구역을 뜻하며, 보통 흰 말뚝이나 선으로 경계를 표시한다. OB의 경계는 통상 흰 말뚝이나 울타리, 하얀 선으로 표시되어 있으며, 흰 말뚝은 움직일 수 없는 고정물이다. 그러므로 볼이 OB 말뚝 근처에 멈춰 있어서 스탠스에 방해가 되더라도 OB 말뚝을 뽑아서는 안 된다. 그러나 해저드를 표시하는 말뚝이 스탠스나 스윙에 방해가 된 경우에는 말뚝을 뽑고 스윙을 해도 무방하다. OB선은 수직으로 위와 아래로 연장되고, 볼이 완전히 OB선 밖에 나가 있을 때 OB로 간주되며, 플레이한 골프 볼이 OB목을 연결한 선에 일부라도 걸쳐 있으면 OB가 아니다. 즉 볼 전체가 완전히 OB구역에 들어가 있을 경우에 그 볼은 OB로 처리된다. 한편 경기자는 볼을 치기 위해 오비라인 밖에서 셋업을 하고 볼을 칠 수가 있다. 공식경기에서는 OB가 선언

되면 경기자는 이곳에 들어간 볼을 플레이할 수 없으며, 1벌타를 가산하고 원구를 친 곳에서 다음 타를 쳐야 한다. 공식경기에서도 마찬가지이다. 그러나 2019년 룰 개정에 의해 정식 경기가 아닌 아마추어 경기에서는 OB가 난 경우 2벌타를 받고 볼이 나간 그 자리에서 드롭해서 칠 수 있도록 하였다.

4. 분실구(lost Ball)

다음의 경우는 분실구로 간주하며, 분실구는 1벌타를 가산하고 원 위치에서 다시 친다.

- 경기자, 같은 팀의 경기자, 이들의 캐디가 볼을 찾기 시작하여 3분 이내에 볼을 찾지 못했을 때
- 원래의 볼을 찾지 못하고 다른 볼로 경기를 했을 때
- 마커나 경기의 동반자에게 잠정구를 선언하지 않고 잠정구를 치면, 그 잠정구는 인플레이 볼이 되고 그 순간 원구는 분실구로 처리된다.

5. 언플레이어블(unplayable)

볼이 페널티 구역(워터 해저드)에 있을 경우를 제외하고는 볼이 수풀 속이나 나무 위에 있어서 플레이할 수 없는 경우, 플레이어가 볼을 그대로 플레이하고 싶지 않은 경우에는 자신의 의사에 따라 언플레이어블 볼로 선언하고 1벌타 부과 받은 후 구제를 받아 칠 수가 있다. 언플레이블 볼이 벙커 안에 있는 경우에는 반드시 그 벙커 안에서 드롭해야 한다. 2019년 규칙개정으로 2벌타를 부과 받고 벙커 밖에서 드롭하여 다음 샷을 할 수도 있다. 언플레이어블 볼이 선언된 후에는 볼을 바꿀 수 있다. 구제방법은 다음과 같다.

- 원구를 최후에 플레이한 곳에 가까운 지점에서 플레이한다. 티잉 구역의 경우에는 다시 티업 할 수 있다. 일반 구역(스루더그린)이나 페널티 구역(해저드)에서는 드롭한다.

- 홀과 볼을 직선으로 연결한 후방지점에 드롭한다. 거리제한은 없다.
- 볼이 있었던 지점에서 2클럽길이 이내로 홀에 가깝지 않은 곳에 드롭한다.

6. 오소·오구 플레이

- 오소플레이는 잘못된 지점에서 드롭하거나 리플레이스를 하고 플레이한 경우를 말하며 2벌타를 부과 받는다.
- 오구플레이는 자신의 인플레이 볼 이외의 볼을 스트로크 했을 경우, 즉 다른 플레이어의 볼, 로스트볼, 인플레이 볼이 아닌 원구, 인플레이 볼이 아닌 잠정구가 오구이며 이러한 볼을 스트로크한 경우에는 2벌타를 부과 받는다.

7. 인공장애물(obstruction)

인공장애물이란 모든 인공적 물건을 말하며, 도로와 통로의 인공표면과 인공얼음은 인공장애물이다. 그러나 다음 사항은 인공장애물이 아니다.

(1) OB를 표시하는 벽, 담, 말뚝, 울타리 등
(2) OB 지역에 있는 움직일 수 없는 인공적 물건의 모든 부분
(3) 코스와 분리할 수 없는 부분이라고 경기위원회가 지정한 구축물

- 인공 장애물에서의 구제요령은 다음과 같다.
  가. 고무래, 고무호수, 담배갑, 깡통, 의자, 뺄 수 있는 표시물 등의 움직일 수 있는 인공장애물은 치울 수 있다.
  나. 움직일 수 없는 인공장애물에서의 구제요령은 다음 3가지로 구분된다.
    a. 일반 구역에서는 홀 컵에 가깝지 않으면서 방해를 받지 않고, 해저드나 그린이 아닌 곳으로서 볼이 있는 곳에서 가장 가까운 지점을 결정한 다음 그 지점에서 1클럽길이 이내의 지역에서 드롭한다.
    b. 벙커 내에서도 홀 컵에 가깝지 않고 방해를 받지 않는 지점을 선택하여 벙커 내에서 드롭을 한다.

c. 그린에서는 방해로부터 구제받을 수 있고, 홀 컵에 가깝지 않으면서 볼이 있던 곳에서 가장 가까운 곳에 놓는다.

8. 루스 임페디먼트(loose impediment)

루스 임페디먼트(자연장애물)란 나뭇잎, 돌, 나뭇가지, 동물의 배설물 등과 같이 고정되어 있지 않거나 또는 성장하지 않고, 땅에 단단히 박혀 있지 않으며, 볼에 부착되어 있지 않은 자연물을 의미한다. 그린 위에서 모래나 흙은 자연장애물로 치울 수 있으나 그린 밖에서는 치울 수 없다. 자연장애물과 볼이 동시에 해저드에 있거나 해저드에 접촉하고 있을 때는 벌타 없이 치울 수 있다.

9. 캐주얼워터(casual water), 수리지(under repair)

고인 물(casual water)이란 코스에 일시적으로 고여 있는 물을 말한다. 그러나 페널티 구역에 있는 것은 고인 물로 보지 않는다. 눈과 얼음은 고인 물이나 자연장애물로 취급할 수 있으나, 이슬과 서리는 고인 물이 아니다. 수리지란 위원회가 수리지라고 표시했거나, 그 대리

수리지(under repair)

인이 수리지라고 선언한 코스안의 지역을 말한다. 수리지라는 표시는 없어도 다른 곳으로 옮기기 위하여 일시적으로 쌓아 놓은 물건과 그린키퍼(green keeper)가 만든 구멍은 수리지로 간주한다. 수리지는 일반적으로 흰색의 말뚝이나 선으로 표시하며, 경계를 표시하는 말뚝이나 선은 수리지로 간주한다. 캐주얼워터나 수리지에서의 구제요령은 움직일 수 없는 인공장애물의 구제요령과 같다.

10. 잠정구(provisional ball)

볼이 아웃 어브 바운드(OB) 또는 분실될 우려가 있다고 판단될 경우에 시간을 절약하기 위하여 그 볼을 친 곳에서 잠정적으로 플레이하는 볼을 말한다. 샷을 하기 전에는 마커나 동반자에게 잠정구를 치겠다는 의사표시를 하고 초구가 발견되면 잠정구는 포기하여야 한다. 그러나 경기자는 잠정구를 선언하고 친 볼이 홀 컵에 붙었을 경우에는 원구를 포기하고 잠정구로 경기를 할 수도 있다. 잠정구는 3분 동안 찾을 권리는 있으나 꼭 찾을 의무는 없으므로 원구를 포기하고 잠정구로 경기를 할 수 있다.

11. 페널티(penalty) 구역

2019년 개정된 골프 룰에서는 워터 해저드나 벙커를 페널티 구역으로 용어를 변경하였다.

(1) 워터 해저드(water hazard)

워터 해저드(water hazard)란 호수, 연못, 강, 도랑, 지상배수 또는 뚜껑이 없는 수로(물의 유무는 불문) 및 이외 비슷한 지역을 말한다. 워터 해저드 경계 안의 모든 땅이나 물은 워터 해저드의 일부이며, 워터 해저드의 경계를 표시하는 말뚝과 선은 해저드 안에 있는 것으로 간주한다. 워터 해저드의 경계선

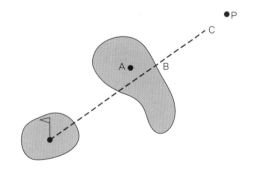

은 노란 말뚝이나 선으로 표시하고, 경계는 위·아래 수직으로 연장된다. 볼이 워터 해저드에 들어갔을 경우 구제받을 수 있는 방법은 3가지이고 그 처치요령은 다음과 같다.

1) 워터 해저드에서 볼을 칠 수 있는 경우에는 벌타 없이 그대로 칠 수 있다.
2) 1벌타를 부과받고, 워터 해저드에 최초에 들어간 지점 B와 홀 컵을 연결하는 후방선상 B~C 아무 곳에서나 드롭 한 후 친다.
3) 1벌타를 부과받고 원구를 친 P에서 다시 칠 수 있다.

(2) 래터럴 워터 해저드(lateral water hazard)

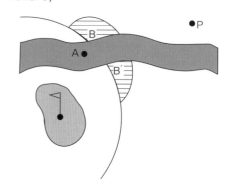

래터럴 워터 해저드란 워터 해저드나 그 일부로서 페어웨이와 평행하게 위치하고 있는 연못이나 강으로 제26조 1항 b의 규정에 따라 워터 해저드 뒤에 볼을 드롭하는 것이 불가능하거나 경기위원회가 불가능하다고 인정한 수역을 말한다. 래터럴 워터 해저드의 경계는 붉은색 말뚝이나 선으로 표시한다.

1) 페널티 구역(워터 해저드)에서 볼을 칠 수 있는 경우에는 벌타 없이 그대로 칠 수 있다.
2) 1벌타를 부과받고, 페널티 구역(워터 해저드)에 최초에 들어간 지점 A와 홀 컵을 연결하는 후방선상 B지점이나 B'에서 드롭 한 후 친다.
3) 1벌타를 부과받고 원구를 친 P에서 다시 칠 수 있다

12. 럽 어브 더 그린(rub of the green)

움직이고 있는 볼이 국외자에 의해 방향을 바꾸었거나 맞는 경우를 말한다. 이때 벌타 없이 그대로 볼을 친다. 그러나 만일 국외자가 동반경기자나 캐디일 경우에는 2벌타를 받고, 경기자는 볼이 있는 그대로 쳐야 한다.

13. 조언(advice) 및 경기방법의 지시

조언이란 경기도중 골프채의 선택, 볼을 치는 방법, 경기의 결단 등 경기자에게 영향을 주는 말이나 암시를 말한다. 조언을 한 경우에는 2벌타가 주어지며, 골프규칙이나, 페널티 구역, 그린의 위치 등 공지사항을 알리는 것은 조언이 아니다. 경기자는 상대방이 무슨 골프채로 쳤는지 알기 위하여 상대방의 골프가방을 들여다 볼 수는 있으나, 골프백을 덮어놓은 수건을 벗기고 보았을 경우에는 2벌타를 부과받는다.

Ⅳ. 퍼팅그린(putting green)에서의 규칙

퍼팅그린이란 홀마다 그린이라고 지정된 구역으로 볼의 일부라도 그린에 접촉하고 있으면 온 그린 된 볼로 간주한다.

- 그린에서는 동전 등 마커를 사용하여 마크를 한 다음 볼을 집어서 닦을 수 있다.
- 경기자는 그린 위에서 자연장애물을 손으로 치울 수 있지만, 모자나 수건으로 치우면 안 되고 퍼팅 선을 누르면서 치우면 퍼팅라인 개선으로 2벌타가 주어진다.
- 볼 자국, 스파이크 자국은 수리할 수 있다.
- 그린 면을 긁거나 문질러서 테스트하면 2벌타가 주어진다.
- 퍼팅을 할 때 타인의 볼을 맞추면 2벌타가 주어진다.
- 볼이 홀컵 가장자리에 걸쳐있는 경우 10초 동안 기다릴 수 있다. 부당하게 지연할 경우 2벌타가 주어진다.
- 그린에서 퍼터를 사용하지 않고 아이언으로 퍼트를 한 경우에 규칙위반은 아니다.

Ⅴ. 골프클럽과 헤드의 규격

"퍼터"를 제외하고 모든 클럽의 길이는 48인치를 초과할 수 없다. 클럽헤드의 크기는 460㏄를 초과해서는 안 된다.

Ⅵ. 2019년도 개정된 골프 규칙(rule)

1744년 스코틀랜드 에딘버러 오너러블 컴퍼니에서 13개 조항의 공식 룰이 최초로 만들어진 이래 골프규칙은 현실에 적합하도록 지속적인 변화를 거듭해 왔다. USGA와 R&A는 4년마다 골프 룰을 개정하고 있으며, 최근 2019년도부터 규칙의 간소화, 경기속도 단축이라는 틀에서 아마추어 골퍼들이 골프에 대한 매력과 흥미를 더욱 높이고자 새로운 규칙을 발표했다.

1. 특징

첫째, 규칙의 간소화를 위해 새로운 용어로 변경하였다. 티잉그라운드를 티잉 구역으로, 해저드를 페널티 구역으로, 스루더그린(티잉 구역, 페널티 구역, 벙커, 퍼팅그린)을 일반 구역으로 명칭을 정리하였다. 특히 페널티 구역은 새로 생긴 용어로써 예전 워터 해저드, 벙커나 숲을 포함해서 페널티 구역으로 변경하였다. 둘째, 경기속도 촉진이다. 로스트 볼을 찾는 경우 5분에서 3분으로 단축하였고, 스트로크를 하는 경우에도 45초에서 40초로 권장하였다. 셋째, 그린에서 깃대를 뽑지 않고 퍼팅할 수 있는 등 그린에서의 플레이가 많이 변화했다. 넷째, 2019년부터는 공을 찾거나 확인할 때 우연히 공이 움직여도 된다. 벌타가 없다. 다섯째, 벙커에서 클럽이 모래에 닿아도 괜찮은 경우가 있는 등 벙커에서의 규칙도 많이 변화했다.

우리나라 골퍼 약 80%는 개정된 골프 룰이 골프를 좀 더 쉽고 편리하게 할 것으로 기대된다는 조사결과가 나왔고, (골프산업신문. 2019.1.31.) 모처럼 큰맘 먹고 나선 라운딩에서 동반자와 얼굴을 붉히지 않으려면 개정된 규칙을 미리 머릿속에 담아 두어야 할 것이다.

2. 2019년도부터 적용되는 규칙

(1) 티잉 구역(teeing ground)

티잉 구역은 티마크 양쪽 사이로 뒤로 두 클럽 이내이다. 티잉 구역에서 샷 실수할 때 이제까지 티샷을 잘못해서 공이 그대로 티잉 구역 안에 떨어지면 공이 놓인 곳에서 두 번째 샷을 했다. 그러나 이제는 티잉 구역에서 벌타 없이 공을 티(tee) 위에 올려놓고 다시 샷을 할 수가 있다. 재티업이 가능해진 것이다. 단 자신이 플레이하던 티잉 구역에만 해당된다. 티를 꽂았던 지점을 티잉 구역내에서 자유롭게 옮길 수도 있다. 재티업을 한 뒤 치는 샷은 2타째이다.

(2) 일반 구역(through the green)

1) 플레이 순서

종전에는 일정한 순서에 따라 쳤다. 예를 들어 티잉 구역에서는 오너(Honor)가 먼저 샷을 하고 두 번째 공부터는 공이 놓인 위치에 따라 원구선타 순서로 쳤다. 그러나 이제는 준비된 플레이어어가 먼저 볼을 칠 수가 있다. 경기속도를 빠르게 하기 위한 조치이다. 2019년 골프 룰 중 가장 큰 변화일 수 있고, 좋은 변화 같은데 안전성을 위협하는 문제가 야기될 수 있다는 점이 흠이다.

2) 플레이 시간

자신이 공을 쳐야 할 차례가 되면 전에는 45초였는데 이제는 40초(권장사항) 안에 스트로크를 해야 한다(오너는 50초). 플레이어에게는 치명적일 수 있지만 플레이시간이 단축되고 원활한 경기진행이 가능하다는 장점이 있다.

3) 우연히 볼을 움직인 경우 벌타가 없다.

개정 전에는 1벌타가 주어졌다. 볼을 찾을 때 우연히 볼이 움직인 경우 더 이상 벌타가 없다. 즉 플레이어가 사실상 확실히 볼을 움직이지 않는 한 책임이 없다. 제자리에 둔 후 플레이하면 된다.

4) 투 터치

그린 주변에서 어프로치를 하다가 간혹 발생하는 투 터치, 이제는 벌타가 없다. 이전에는 1벌타를 부과해서 2타였으나 이젠 무벌타로 1타 친 것으로 간주한다. 우연히 두 번 이상 볼을 친 경우 벌타가 없어진다. 내가 친 볼이 다시 클럽에 맞는다든지 나무를 맞은 후 내 몸에 맞거나 캐디에게 맞아도 벌타가 없다. 고의가 아니라 우연히 일어난 상황에 대해 골퍼가 벌타를 받지 않도록 한 것이다. 한 번의 스윙으로 우연히 볼을 두 번 쳤을 경우 벌타 없이 볼이 멈춘 곳에서 계속 플레이를 할 수 있다.

5) 분실구를 찾는 시간

종전에는 볼을 찾을 때 5분까지 시간을 주었다. 그러나 이제는 3분까지만 허용된다. 그 안에 못 찾으면 분실구가 된다.

6) 지면에 박힌 볼

지면에 박힌 볼은 일반 구역 어디에서나 구제를 받을 수 있다. 이때 볼을 닦고 드롭하는 위치는 무릎 높이를 지켜야 한다. 볼이 페널티 구역이나 벙커를 제외한 페어웨이나 러프 지역에서는 모두 구제를 받을 수 있다.

7) 아웃 어브 바운드(OB) 때 2벌타 드롭 가능

볼을 잃어버렸거나 OB가 난 경우 2벌타를 받고 공을 잃어버린 곳에서 드롭해서 칠 수 있다. 한국 아마추어골퍼들은 빠른 진행을 위해 통상 이런 방식으로 경기를 해 왔는데 이 방식으로 세계 골프 룰이 바뀐 것이다. 종전에는 1벌타를 받고 원래 쳤던 곳으로 돌아가서 치는 것이 원칙이었다. 공식경기에서는 개정 전과 같다.

8) 카트도로에서 구제를 받게 되었는데 공에 흠집이 생겨 있는 경우

새 공으로 교체할 수 있다. 한 라운드 중 같은 브랜드, 같은 모델 공을 사용해야 한다는 "원볼" 규정도 별도 로컬 룰이 없다면 다른 브랜드 공으로 바꿀 수도 있다.

(3) 페널티(penalty) 구역

1) 벙커(bunker)

가. 벙커에서 어드레스 들어간 뒤나 연습스윙 때 클럽이 모래에 닿으면 라이 개선으로 여전히 2벌타가 주어진다.

나. 벙커 내 모래 위에 있는 돌멩이, 낙엽이나 나뭇가지, 곤충 등 고정되지 않은 장애물(루스 임페디먼트)을 제거할 수 있다. 이 과정에서 어쩔 수 없이 모래를 건드리는 건 허용된다. 하지만 이때도 공이 움직이면 1벌타가 주어진다. 나뭇가지를 꺾거나 풀을 뜯는 행위는 허용되지 않는다.

다. 벙커에서 무의식 중에 클럽헤드가 모래에 닿아도 벌타가 없다. 즉 의도하지 않은 클럽 접촉은 벌타가 없다. 플레이와 관계없이 클럽을 모래위에 놓거나 휴식을 위해 클럽을 세워놓을 경우, 또한 화가 나서 모래를 쳐도 벌타를 안 받을 수 있다. 그러나 고의로 클럽헤드를 지면에 닿게 해서는 안 된다. 즉 벙커 샷 상황을 개선하기 위해서 볼 앞뒤의 모래를 조정하거나 방향표시를 하거나 연습스윙과 백스윙을 하면서 모래를 건드리는 행동은 스트로크에 영향을 미치므로 종전과 같이 2벌타를 받는다.

라. 벙커에서 볼을 치기 어려우면 2벌타를 받고 벙커 밖에서 칠 수가 있다. 이때 홀과 벙커에 놓여있는 공을 가상의 직선으로 연결한 직후방 선상에서 드롭한다. 아예 벙커에 들어가기 전에 쳤던 지점에서 1벌타를 먹고 칠 수 있다. 벙커는 경기에 핸디캡을 주는 기능에만 충실하겠다는 의미로 해석된다.

마. 공주변의 모래를 평평하게 고를 수 있나? 스트로크에 영향을 주는 상태를 개선하면 2벌타를 받는다. 볼의 라이, 스탠스 구역, 스윙구역, 플레이선 개선 등이 해당된다. 벙커안 측면이나 후방으로 옮겨서 치면 1벌타를 부과한다. 이 밖에 코스보호를 목적으로 벙커를 고르는 것은 허용된다.

2) 워터 해저드(water hazard)

워터 해저드 구역에서도 일반 구역처럼 플레이 할 수 있다. 샷하기 전 지면이나 물, 풀, 등에 클럽이 닿아도 된다. 클럽이 지면이나 물에 접촉하더라도 벌타가 없다. 종전에는 빨간 말뚝 안으로 볼이 들어가 있을 때는 지면에 클럽이 닿으면 벌타를 받아야 했다.

경기 중에 볼이 워터 해저드와 같은 페널티 구역으로 들어갔을 때 나뭇잎, 비닐봉지 등 지면에 부착되지 않은 움직일 수 있는 루스임페디먼트(고정되어 있지 않고 공에 붙어 있지 않은 돌, 나뭇가지, 나뭇잎, 벌레와 배설물 등)를 치워도 된다.

3) 드롭은 무릎 높이에서 한다.

종전에는 비정상적인 코스상태나 페널티 구역에서 구제를 받을 때 볼을 어깨 높이에서 드롭했다. 그러나 무릎 아래나 어깨 높이에서 드롭을 할 경우 페널티를 받는다.

(4) 퍼팅그린(putting green)

1) 깃대가 홀에 꽂혀 있는 상태에서 퍼팅을 해도 벌타가 없다.

기존에는 퍼팅시 깃대를 꽂아 노은 채 플레이하면 2벌타를 부과받았다. 이제는 퍼팅그린에서 플레이된 볼이 홀에 꽂혀있는 깃대를 맞춘 경우에 벌타가 없다. 2019년부터 플레이어들은 홀에 깃대를 뽑거나 꽂아놓고 하든 선택해서 퍼트를 할 수 있다. 그러나 깃대를 꽂다가 볼이 깃대에 맞으면 벌타를 받는다.

2) 퍼팅그린 위 스파이크 자국과 신발에 의한 손상 등을 수리할 수 있다. 전에는 볼 자국만 수리가 가능했는데 이제는 스파이크 자국, 장비로 인해 긁힌 자국도 수리가 가능하다. 플레이어들은 스파이크 자국과 신발에 의한 손상, 동물에 의한 손상 그리고 그린 위의 기타 손상들을 수리할 수 있다.

3) 퍼팅그린에서 우연히 볼이 움직일 때 벌타가 없다.

4) 캐디의 위치제한

전에는 플레이어가 어드레스할 경우 뒤에서 캐디가 방향설정이 가능했지만 이젠 불가능하다. 골프는 플레이어 자신이 경기를 하는 스포츠이다. 셋업 방향이 맞는지 틀리는지도 본인이 판단해야 한다.

캐디가 플레이어의 어드레스시 전·후방이나 방향설정을 도와주면 2벌타를 받는다. 종전에는 선수가 셋업을 하면 캐디가 라인을 잡아 주었는데 이제는 할 수가 없다. 방향설정은 플레이어 본인의 몫으로 바뀐 것이다.

5) 캐디도 퍼팅그린에서 볼을 집어 올릴 수 있다.

퍼팅그린에서는 플레이어가 마크를 하고 볼을 집어 올린다. 그러나 이제는 캐디도 그렇게 할 수가 있다. 물론 캐디가 집어 올린 볼은 반드시 플레이어나 캐디가 리플레이스 해야 한다.

6) 그린 위 모래와 흩어진 흙은 치울 수 있다.

공이나 스파이크 자국, 깃대에 의한 손상 펫장을 덧댄 부분, 동물발자국 등도 벌타 없이 개선할 수 있다. 그러나 에어레이션 구멍, 잔디깎이 작업으로 생긴 홈, 자연적인 손상, 즉 잔디가 병이 들어 죽었거나 고르지 않은 곳, 빗물에 패인 곳은 수리할 수 없다. 이를 위반하면 2벌타를 부과받는다.

7) 퍼팅중에 동반 플레이어의 공을 맞히면 2벌타이다.

공이 퍼팅에 방해가 되거나 도움이 된다고 판단되면 마크를 해달라고 요구해야 한다.

8) 롱퍼터 사용이 가능하나 클럽을 쥔 손이 팔뚝이나 가슴에 붙는 경우는 허용되지 않는다.

(5) 기타

1) 거리 측정기 사용가능

플레이어는 거리측정기를 사용할 수 있다. 단 공식경기에서는 적용되지 않고 로컬 룰로 거리측정기 사용을 금지하면 사용할 수 없다. 이는 프로 경기도 마찬가지이다. 한국여자프로골프협회(KLPGA)에서는 2022년부터 거리측정기사용을 허용하였다. 그러나 고도의 변화를 측정하는 경우 거리, 방향의 정보를 분석하는 경우는 허용되지 않는다. 거리를 측정하는 범위에서만 사용이 가능하다.

2) 손상된 클럽도 사용가능

종전에는 경기도중 손상된 클럽은 더 이상 사용할 수 없었다. 골퍼가 화풀이로 퍼터를 집어던져 구부러진 경우 웨지로 퍼팅하는 장면이 심심치 않게 나오기 때문이다. 그러나 앞으로는 어떤 원인으로 클럽이 손상되었다 해도 그 클럽을 계속 사용할 수 있다. 다만 경기 중 손상된 클럽을 새 클럽으로 교체할 수는 없다.

3) 가장 긴 클럽기준으로 구제구역 설정

구제구역을 설정하기 위해 골프백에서 가장 긴 클럽을 기준으로 한다. 들고 있던 클럽으로 구제구역을 설정할 때도 범위기준을 백 속에 들어있는 가장 긴 클럽으로 한다(드라이버로 구제구역을 설정하는데 헤드커버를 낀 상태로 설정하면 페널티를 받는다).

4) 구제구역 설정 규정이 없었으나 드롭시 골프백에서 반드시 가장 긴 클럽으로 구역을 설정할 수 있다.

5) 국내 주말 골퍼들끼리는 한 홀에서 속칭 양파 이상을 적지 않는다. 이 새로운 규칙은 양파나 OK도 정식규칙 중 대회의 한 방식으로 포함했다. 홀당 최대 타수를 미리 정해 놓은 맥시멈(maximum) 스코어 방식이다. 타수는 스트로크와 벌타를 합한 것으로 그 한계는 더블보기나, 트리플보기, 쿼드러플보기 등 경기위원회가 정할 수 있다.

6) 어깨높이로 드롭하면 1벌타

드롭할 때는 구제 구역 안에 공을 떨어 뜨려야 하고 그 공도 구제구역 안에 멈춰야 한다. 구제구역의 크기는 원래 공을 친 지점이나 후방 쪽일 때에는 1클럽 이내이고, 측면 구제는 2클럽 이내이다.

VII. 2023년도 개정된 골프 규칙(rule)

골프규칙은 항상 플레이어에게 유리한 쪽으로 변경되고 있다. 2019년도에 비해 2023년도 룰 개정은 폭이 크지 않다. 주요변경 내용을 보면 다음과 같다.

첫째, 2023년 이전에는 라운드도중 손상된 클럽은 특별한 경우가 아니면 교체할 수 없었다. 그러나 새로 바뀐 규칙에 의하면 클럽을 고의로 손상한 경우를 제외하고는 손상된 클럽을 수리 또는 교체할 수 있도록 개정되었다.

둘째, 해저드에 빠진 볼을 구제받아 일반구역에 드롭한 볼이나 리플레이스 한 볼이 바람이나 경사에 의해 저절로 움직여 페널티구역으로 다시 들어간 경우 벌타 없이 일반구역에 다시 볼을 놓고 플레이 할 수 있도록 했다.

셋째, 언플레이어블 선언 후 후방선 구제를 받은 경우 한 클럽 이내 드롭(drop)한 결과 볼의 기준점보다 홀과 가까운 쪽으로 놓이더라도 그대로 플레이 할 수 있도록 했다.

VIII. 골프예절

2004년 실시된 룰 개정에서 처음으로 에티켓에 관한 구체적인 가이드라인을 설정했다. 규칙 33-7에서 매너가 없는 플레이어는 '위원회가 경기출장정지 등의 징계조치를 검토하고, 에티켓에서 중대한 위반을 한 경우에는 위원회는 플레이어를 경기실격처리를 할 수도 있다.'라고 규정되어 있다. 골프경기에서 에티켓의 핵심은 다른 플레이어에 대한 배려와 절제된 행동 그리고 예의 있는 태도가 전부라고 할 수 있다.

1. 라운드 전[2]

(1) 부킹(booking)

골프 부킹이란 함께 라운드 할 사람들과 자신이 원하는 날짜와 시간대에 골프

---

2 홍준희, 위의 책, 147~151면 참조.

를 칠 수 있도록 예약하는 것으로 일반적으로 1-2주 또는 한 달 전에 예약한다. 멤버십(membership)골프장에는 회원만 가능하고, 대중골프장에서는 일반인은 누구나 부킹을 할 수 있다.

(2) 라운드 전 준비상황

라운드 전 컨디션을 조절하기 위해 연습장에서 간단한 연습을 하거나 미리 코스전략을 세운다. 라운드에 적합한 품격 있는 복장 및 골프장비, 볼, 티, 모자, 골프화, 장갑 등을 빠짐없이 준비한다.

(3) 골프장의 도착

골프약속은 반드시 지켜야 한다. 부킹 시간 최소한 1시간 전에 도착하여 프론트에서 체크인 한 후, 락카 열쇠를 받고 자신의 락카로 가서 골프복장으로 갈아 입는다. 이후 자신의 티업 시간에 맞춰 스타트 홀 주변에서 스트레칭을 하거나 연습그린에서 간단한 퍼팅연습을 한다. 최소한 티업 시간 10분 전에는 첫 홀 티잉 구역 주위에 위치해서 티업을 준비하여야 한다.

2. 라운드 중

(1) 티잉 구역(teeing ground)

- 라운드 파트너, 캐디와 간단한 인사를 나누고, 티샷 순서를 정한다.
- 티잉 구역에는 오직 티샷을 하는 사람만 올라간다.
- 티잉 구역에서 연습 스윙할 때는 디봇이 생기지 않도록 유의한다.
- 티샷하는 사람을 위해 동반자들은 불필요한 동작이나 떠들지 않는다.
- 라운드 중 동반자와 볼이 바뀌는 일이 없도록 자기의 볼을 확인한다.
- 안전을 위해서 티샷 하는 사람보다 앞서 나가 있지 말아야 한다.

(2) 일반 구역(fairway)

- 티샷을 한 후 볼이 있는 곳까지 골프채 2~3개를 가지고 신속하게 이동, 자기의 볼을 확인한다.

- 만일 볼이 보이지 않는 경우 함께 찾아주며, 볼을 찾는 시간은 3분을 넘지 않아야 한다.
- 스윙을 할 때에는 주위에 동반 경기자나 선행조의 경기자가 앞에 있는지, 없는지를 먼저 확인한 후 만약 선행조에 사람이 있는 경우에는 주의를 주거나 빠져나갈 때까지 기다린다.
- 동반자는 스윙하는 사람보다 앞서 나가지 않는다.
- 동반자는 스윙하는 사람과 볼을 계속 주시한다.
- 스윙한 후에 사람이 있는 방향으로 볼이 날아간다고 느끼면 "포어 fore"라고 크게 외친다.
- 스윙하고 난 후 자신이 만든 디봇 자국을 원상태로 복구한다.
- 연습 스윙 때에는 잔디를 훼손시키지 않도록 주의한다.
- 그린, 해저드, OB, 수리지를 제외하고 절대 볼을 손으로 집어서는 안 된다.
- 볼을 바꿔서 쳐야 하는 경우에는 동반자에게 볼을 확인시킨다.
- 경기 지연하는 늑장플레이를 하지 말아야 한다.

(3) 벙커(bunker)

- 벙커 안으로 들어갈 때에는 최단거리로 들어가고, 나올 때도 똑같은 길로 나온다.
- 벙커 샷을 하고 난 후에는 자신이 만든 발자국을 주위에 있는 고물개로 평탄하게 정리해 놓고 나간다.

(4) 온 그린(on green)

- 그린 주위에 올라 와 있지 않은 볼과 그린 위에 볼이 있는 경우에 홀에서 가장 먼 거리에 있는 볼부터 스트로크를 한다(원구선타). 즉 그린 위의 볼이 더 멀리 있는 경우에는 그린 위의 볼을 먼저 퍼팅한다.
- 홀에 꽂혀 있는 깃대를 뽑아 옮길 때는 그린을 손상시키지 않도록 주의하고 그린 주변의 잔디에 놓는다.
- 그린 위에서는 반드시 마커로 표시한 후에 볼을 집는다.
- 인치 웜(inch worm)을 해서는 안 된다.

온 그린(on green)

- 자기 퍼팅 라인을 보기 위해서 다른 사람의 퍼팅 라인을 밟지 않도록 유의한다.
- 상대방의 퍼팅 라인에 자신의 볼이 있는 경우에는, 홀에서 멀지 않은 방향으로 옮겨놓는다. 이때 옮긴 지점에 마커를 먼저 놓은 다음 볼을 옮긴다.
- 그린 위에서는 뛰거나 신발을 끌지 않고, 퍼터 이외의 클럽으로 스윙하지 않는다.
- 자신의 볼로 인해 그린이 파손되었다면 수리해야 한다.
- 동반자가 퍼팅할 때에는 퍼팅하는 사람 시야에서 벗어나고, 그림자가 생기거나 또는 말을 하거나 움직이지 않는다.
- 모든 플레이어가 홀 아웃을 한 후 다음 팀을 위해 신속히 빠져나간다.

3. 라운드 후

18홀을 모두 다 마쳤을 경우에는 서로 칭찬과 격려의 인사를 나누고, 경기를 함께 진행하였던 캐디와도 인사를 나눈다. 자신의 골프백에 골프클럽이 빠진 것이 없는지를 확인하고, 캐디가 제시하는 소정의 양식에 서명(sign)을 한다. 클럽하우스로 돌아와 샤워를 마친 후 락카 열쇠를 반납, 비용을 지불하고 집으로 간다.

4. 기타 골프예절

(1) 항상 안전을 확인해라.

골프장에서의 안전은 아무리 강조해도 지나치지 않는다. 특히 연습스윙을 할 때는 지정된 연습 장소에서 하여야 하며, 클럽 헤드가 동반자가 서 있는 방향으로 연습스윙 해서는 절대 안 된다. 스윙시 골프클럽이나 타구된 볼은 동반자나 주위 사람들에게 치명적인 위험요소이며, 스윙에 의한 돌이나 나뭇가지 등도 부상의 원인이 된다. 그러므로 경기자는 항상 연습이나 실제 코스에서의 스윙에 앞서 주위를 확인하고 자신뿐만 아니라 다른 사람의 안전을 확인해야 된다.

(2) 동반자를 배려하라.

동반 경기자의 경기에 방해를 주는 어떤 행동도 용납되지 않는 것이 골프 경기의 예절이다. 다른 경기자가 샷을 할 때 움직이거나 말을 해서는 안 되고, 샷에 영향을 미칠 수 있는 곳에 위치해도 안 된다. 티샷을 하는 경기자의 바로 뒤나 티잉 그라운드 위에 서 있지 말고, 퍼팅시에 다른 경기자는 그린 밖이나 퍼팅을 방해하지 않는 떨어진 곳에 위치해야 한다. 앞 조의 경기자에게 방해가 되지 않도록 충분한 거리를 확보한 다음에 샷을 하고, 지연 플레이로 다른 경기자의 리듬을 방해하지 않도록 한다. 한 번의 타구 시간이 40초가 넘지 않도록 해야 하며, 가급적 경기 진행을 빠르게 한다. 로스트 볼(lost ball)은 동반자들이 함께 3분 이내 찾아주며, 흡연 등 불쾌감을 주는 행위도 하지 말아야 한다.

(3) 코스의 선행권

경기 진행이 늦어져 앞 조와의 사이에 1홀 이상의 간격이 생긴 조는 후속 조를 패스시켜야 한다. 부득이한 사정으로 앞 조를 패스하고자 할 때 꼭 앞 조의 양해를 받아야 한다.

(4) 골프코스를 보호하라.

샷을 한 다음에 생긴 디봇(divot)과 그린 위에서 자신의 볼 자국이나 스파이크 자국은 꼭 수리해야 한다. 정말 골프를 사랑하는 골퍼이다. 골프장의 시설을 보호하는 것은 경기자의 주요한 임무이며 예의이다. 벙커 샷을 한 후에도 반드시 벙커를 정리하고, 깃대나 가방 등에 의한 그린의 손상도 예방하는 것이 경기자의 예의이다. 멋지게 날아간 볼이 앞 사람이 만든 디봇에 들어가는 바람에 다음 샷에 곤란을 겪게 되는 경우를 머리에 떠올려 상상해 보라.

(5) 샷이 제대로 되지 않는다고 화를 내지 마라.

골프 할 때 자주 화를 내는 사람이 있다. 샷이 뜻대로 되지 않는다고 시종일관 화를 내거나 투덜대는 사람과 라운드를 하면 정말 짜증스럽고 피곤해진다. 경기 중에 샷이 잘 될 수도 있고 안 될 수도 있다. 이런 사람은 대부분 자만심이 강한 사람이거나 남보다 못하는 것을 견디지 못하는 사람이다. 골프는 워낙 스코어 기복이 있는 운동이라서 분노조절이 절대 필요한 스포츠이다. '뜻대로 잘 안 맞는다.'는 사실이 화의 원인이 되기도 하지만 그것이 곧 골프의 특성이기 때문에 스스로 내면화시켜야 한다. 라운드 중에 멤버에게 부담주는 행동이나 말은 삼가고, 동반자들이 최대한 좋은 상태에서 플레이하도록 협조해야 진정한 가치의 골프가 구현되는 것이다.

(6) 경기진행에 협조해라.

골프장에 가면 종종 '4시간 이내 라운드에 협조해 주시기 바랍니다.'라는 안내문을 본 적이 있을 것이다. 골프장마다 모두 그런 것은 아니지만 때로는 이것이 부당하다는 생각이 들기도 한다. 경기진행이 늦을 경우 캐디들에게 벌점제를 두어 압박하는가 하면 심지어는 회원에게 벌점을 주어 부킹에 불이익을 주기도 한다. 그러므로 경기자는 다음 샷을 위해 두세 개의 클럽을 미리 뽑아들고, 신속하게 이동하거나 분실된 볼을 찾는 데 지나치게 시간을 끌지 않도록 주의해야 한다. 경기 중 누군가가 지나치게 시간을 끌면 동반자들 마음에 압박이 될 수도 있기 때문이다.

부록

- 골프장이용 표준약관
- 골프용어해설

부록

골프장이용 표준약관

공정거래위원회

표준약관 제10033호

제1조(목적) 이 약관은 골프장사업자(이하 "사업자"라 한다)와 골프장의 시설물을 이용하려는 모든 내장객(이하 "이용자"라 한다)간의 골프장 시설물 이용 및 이에 따르는 책임에 관한 사항을 규정함을 목적으로 한다.

제2조(적용) 이 약관은 사업자와 골프장의 회원 또는 비회원인 이용자에게 적용된다.

제3조(계약의 성립) 골프장 이용계약은 이용자가 골프장이용을 청약하는 의사표시와 서명을 하고 예약자확인 절차를 마친 때에 성립된다. 예약을 하지 않은 경우에는 입장절차를 마친 때 성립한다.

제4조(약관의 명시, 설명의무)

① 사업자는 이 약관을 프론트 기타 이용자가 보기 쉬운 곳에 게시하여야 하며, 이용자가 회원가입계약 또는 골프장 이용계약을 체결할 때 요구하면 이 약관의 사본을 교부하여야 한다.

② 사업자는 이 약관에 정하여져 있는 중요한 내용을 회원가입계약 또는 골프장 이용계약을 체결할 때 이용자가 이해할 수 있도록 설명하여야 한다. 다만, 그 전에 설명을 들었던 이용자에게는 이 약관의 변경된 내용이 없으면 그의 동의를 얻어 설명하지 아니할 수 있다.

③ 사업자가 제1항 또는 제2항의 의무를 위반한 경우에는 당해 약관조항을 계약의 내용으로 주장할 수 없다.

제5조(예약)

① 이용자는 이용예정일로부터 (   )일 전까지 예약할 수 있다.

② 비회원 이용자가 예약을 하는 경우에는 사업자는 팀별 이용예정인원수에 해당하는 입장료 총액의 (   )%를 예약금으로 지급할 것을 요구할 수 있다.
※ (   )%는 10% 이내이어야 함

③ 비회원 이용자가 제2항의 규정에 의하여 예약금을 지급해야 할 경우에는 예약당일 (   )시까지 지급해야 하며, 그 지급이 없으면 예약을 무효로 한다.

④ 이용자가 예약을 불이행하는 경우에는 사업자는 합리적인 범위내에서 벌점부과 또는 일정기간의 예약정지나 이용제한 등의 조치를 취할 수 있다.

제6조(예약금의 환불 등)

① 비회원 이용자가 주말이나 공휴일인 이용예정일로부터 4일전까지, 평일인 이용예정일로부터 3일전까지 예약을 취소한 경우에는 예약금의 전액을 환불한다. 다만, 이용예정일로부터 2일전에 예약을 취소한 경우에는 예약금 중 50%를 환불한다.

② 비회원 이용자가 이용예정일로부터 2일전까지 예약의 취소가 없거나 아무런 통지없이 이용예정일에 골프장을 이용하지 않을 경우에는, 예약금을 환불하지 않는다.

③ 강설, 폭우, 안개 기타 천재지변 등의 불가항력적인 사유로, 사업자가 이용예정일에 골프장 이용이 불가능하다고 판단되어 임시휴장을 하는 경우에는 예약금을 환불하여야 한다.

④ 사업자의 귀책사유로 비회원 이용자가 이용예정일에 골프장을 이용하지

못하게 된 때에는 사업자는 예약금의 배액을 배상하여야 한다.

제7조(이용요금)

① 골프장의 이용요금은 다음 내역의 합계금액으로 한다.

  1. 입장료

  2. 제세공과금

  3. 기타 사업자가 정한 특별요금

② 사업자는 이용요금을 프론트 기타 이용자가 보기 쉬운 곳에 게시하여야 한다.

제8조(요금의 환불)

① 입장절차를 마친 이용자가 경기전 임의로 이용계약을 취소한 경우에는 이용요금의 50%를 환불한다.

② 강설, 폭우, 안개 기타 천재지변 등의 불가항력적인 사유로 입장에 관한 절차를 마친 이용자팀 전원이 1번째 홀까지의 경기를 마치지 못하게 된 경우에는 제세공과금을 제외한 이용요금 전액을 환불하고, 9번째 홀(9홀을 이용하기로 한 이용자인 경우에는 5홀, 6홀 이용자는 3홀)까지의 경기를 마치지 못하게 된 경우에는 제세공과금을 제외한 이용요금의 50%를 환불한다.

제9조(이용시간 및 휴장)

① 이 골프장 이용시간은 일출 20분전부터 일몰 20분 후까지로 하되, 조명시설이 설치된 골프장은 (   )까지로 한다.

② 이 골프장의 정기 휴장일은 다음과 같다. (   )

③ 강설, 폭우, 안개 기타 천재지변 등의 불가항력적인 경우를 제외하고 임시휴장을 할 경우에는 사업자는 사전에 이를 일간지 또는 인터넷 홈페이지 등에 게시하고 당해 기간에 이용하기로 예약한 이용자에게 고지하여야 한다.

제10조(이용의 거절) 사업자는 다음 각 호의 경우에 골프장 이용을 거절할 수 있다.

  1. 예약된 시간을 지키지 아니한 때

2. 경기능력이 현저히 부족하여 다른 이용자에게 방해가 될 때

3. 도박성 내기를 하는 등 미풍양속에 어긋나는 행동을 한 때

4. 대한골프협회규칙, 기타 이용자 에티켓과 관련하여 사업자가 미리 고지한 준수사항을 위반할 때

제11조(초과이용)

① 이용자는 1회 입장시 원칙적으로 ( )홀을 초과할 수 없다.

② 이용자가 제1항의 규정에 의한 홀을 초과하여 이용할 경우에는 사업자의 승낙을 받아야 하며, 이 경우 사업자는 추가요금의 지급을 요구할 수 있다.

제12조(경기규칙의 적용)

① 모든 이용자는 대한골프협회와 사업자가 정한 경기규칙을 지켜야 한다.

② 제1항의 두 규칙사이에 충돌이 있을 때에는 사업자가 정한 경기규칙이 우선한다.

제13조(공중질서 유지)

① 모든 이용자는 공공의 질서와 풍속을 지켜야 하며, 특히 도박적인 내기는 삼가하여야 한다.

② 사업자는 제1항의 규정을 위반하는 이용자에 대하여는 경기진행을 중단시키고 퇴장시킬 수 있다.

제14조(이용자 안전준칙)

① 비거리는 경기보조원의 조언에 관계없이 이용자 자신의 판단으로 선행조에 맞추지 않을 정도로 타구하여야 한다.

② 이용자는 타자의 전방에 진입하여서는 아니된다.

③ 경기진행중 후속팀에 사인을 보낸 때에는 후속팀의 타구가 끝날 때까지 안전한 장소에 대피하여야 한다.

④ 퍼팅을 끝마쳤을 때에는 퍼팅 그린에서 즉시 비켜나서 안전한 진입로를 이용하여 다음 홀로 향하여야 한다.

⑤ 페어웨이, 그린, 벙커 등에서 타구 등으로 손상시킨 부분이 있으면 이를 복구하도록 노력하여야 한다.

제15조(대피) 이용자는 경기진행 중 다음 각 호의 사유가 발생한 경우에는 경기를 중지하고 그 사유가 끝날 때까지 안전한 장소로 대피하여야 한다.

1. 민방위훈련이 실시될 때
2. 낙뢰가 예상될 때
3. 기타 이용자의 안전을 위해 필요하다고 인정되어 사업자가 대피를 요청할 때

제16조(배상책임) 이용자가 고의 또는 과실로 골프장의 그린, 벙커, 건축물, 카트, 대여채, 대여화 등 각종 시설물과 비품을 훼손한 때에는 그 손해를 배상하여야 한다.

제17조(안전사고 책임 등)
① 경기도중 이용자의 고의·과실로 인하여 다른 이용자, 경기보조자 등 제3자에게 손해를 입힌 경우 이용자는 이에 대한 책임을 부담한다.
② 경기도중 사업자의 지휘·감독을 받는 경기보조자의 고의·과실로 인하여 사고가 발생한 경우에는 사업자도 이에 대한 책임을 진다.
③ 사고의 발생에 대하여 사업자에게 귀책사유가 있는 경우에는 사업자도 책임을 진다.

제18조 (귀중품의 보관 등)
① 이용자는 필요한 경우 귀중품 등 각종 물품에 대하여 그 품명과 가액을 기재하여 사업자의 확인하에 사업자에게 보관시켜야 한다.
② 제1항의 규정에 따라 사업자에게 보관시키지 아니한 경우에는 사업자는 그 물품의 분실, 훼손에 대하여 귀책사유가 없는 한 책임을 지지 아니한다.

제19조(안전관리와 편의의 제공) 사업자는 이용자가 골프장과 부대시설을 안전하고 편리하게 이용할 수 있도록 관리하고 이용자에게 최대한 편의를 제공한다.

제20조(면책) 천재지변 기타 불가항력적인 사유로 이용자에게 손해가 발생한 때에는 사업자는 이에 대한 책임을 지지 아니한다.

제21조(기타)

① 이 약관에 명시되지 아니한 사항 또는 이 약관의 해석상 다툼이 있는 사항에 대해서는 사업자와 이용자가 합의하여 결정하되, 합의가 이루어지지 아니한 경우에는 관계법령 및 공정한 일반관행에 따른다.

② 이 계약과 관련된 분쟁에 관한 소는 민사소송법상의 관할 법원에 제기한다.

부록
골프용어해설

- **가이딩 포스트(guiding post)** 방향을 표시하기 위해 페어웨이에 세워놓은 말뚝.
- **갤러리(gallery)** 골프장에 골프 경기를 관람하러 온 사람들.
- **고잉 아웃(going out)** 일반적으로 아웃코스라고 하며, 클럽 하우스로부터 출발해 나가는 방향의 9홀을 의미한다.
- **고무래** 벙커 샷 후에 발생하는 자국을 평평하게 고르기 위해 사용하는 도구.
- **구즈넥(gooseneck)** 클럽헤드가 거위 머리같이 굽어져 있는 퍼터.
- **그라파이트(graphite)** 골프클럽 샤프트의 종류로서 스틸에 비해 가볍고 비거리가 길다. 가격은 스틸에 비해 비싸다.
- **그래스벙커(grass bunker)** 벙커 안에 모래 대신에 잔디가 심어져 있는 것.
- **그랜드슬램(grand slam)** 한 해 동안 US오픈, 브리티시 오픈, 마스터스 챔피언십, 미국PGA선수권대회를 모두 우승하는 것. 그러한 선수를 그랜드슬래머라고 한다.
- **그로스(gross)** 타수의 합계, 스트로크 경기에서 핸디캡을 감안하지 않은 실제의 타수.
- **그레인(grain)** 그린 위에서 자라나는 잔디의 결 또는 방향, 이에 따라 퍼

팅의 강약을 조절해야 한다.

- **그루브(groove)** 클럽 페이스에 V자, U자 형으로 일정하게 가로로 파여 있는 홈.
- **그린(green)** 퍼팅그린이라고 하며 깃대와 홀 컵이 있는 곳, 페어웨이잔디 보다 잔디를 짧게 깎아서 퍼팅만을 하도록 잘 정비되어 있는 지역을 말한다.
- **그린 재킷(green jacket)** 마스터스 우승자에게 주는 녹색상의, 또는 골프 경기에서 우승자에게 입혀주는 초록색 상의.
- **그린키퍼(green keeper)** 코스관리자로서 최고의 코스상태를 만들기 위해 골프장에서 잔디를 관리하는 사람.
- **그린 피(green fee)** 플레이어가 골프장에 지불하는 코스사용료로 회원과 비회원에 따라 지불하는 비용이 다름.
- **그립(grip)** 골프채를 양손으로 잡는 부분, 또는 두 손으로 클럽을 잡는 방법을 말함.
- **기브(give)** 홀 컵에 볼이 가까이 붙어 있을 때 퍼팅을 하지 않아도 된다는 컨시드(concede)와 같은 의미.
- **기브업(give up)** 스트로크게임(stroke game)이나 매치게임(match game)에서 경기를 포기하는 것을 의미.

- **내로우 블레이드(narrow blade)** 클럽 페이스의 폭이 좁은 것을 뜻하며, 일반적으로 정확한 샷을 구사하는 상급자가 사용한다.
- **내셔널 오픈(national open)** 공식적으로 거행되는 전국 오픈 선수권 대회.
- **내추럴 그립(natural grip)** 베이스볼 그립 또는 텐 핑거 그립이라고도 하며, 야구 방망이를 쥐듯이 열손가락으로 잡는 그립 방법.
- **네트 스코어(net score)** 18홀의 한 라운드 총 스코어에서 핸디캡을 뺀 점수.
- **네버 업 네버 인(never up never in)** 퍼팅을 할 경우 볼이 홀 컵을 지나

가게 치지 않으면 결코 볼은 홀에 들어가지 않는다는 원칙.

- 넥(neck) 클럽헤드와 샤프트가 연결된 지점.
- 니블릭(niblick) 9번 아이언의 별칭.
- 니 액션(knee action) 스윙 과정에 일어나는 무릎 동작을 의미, 체중 이 동의 중요한 부분 동작이다.

- 다운(down) 매치 경기나 스트로크 경기에서 상대방에게 지고 있는 홀 수 를 뜻함.
- 다운 블로우(down blow) 클럽 헤드가 볼을 먼저 치고 그 다음에 지면에 맞도록 스윙하는 방법. 또는 백스윙 탑에서 최저점에 이르기 직전 임팩트 까지의 스윙궤도.
- 다운스윙(down swing) 포워드 스윙과 동일한 개념으로 백스윙 탑에서 임팩트까지 이루어지는 샷.
- 다운 힐 라이(down hill lie) 볼이 내리막 경사면에 놓여 있는 상태.
- 더블 보기(double bogey) 규정 타수인 파보다 2타 많은 타수로 홀 아웃 을 하는 경우.
- 더블 이글(double eagle) 파 5의 홀에서 제2타로 넣을 때를 의미, 알바 트로스와 같다.
- 더프(duff) 타구시 공 뒤의 지면을 때려서 생기는 미스 샷, 뒤땅치기를 의미.
- 덕 훅(duck hook) 스냅 훅(snap hook)이라고도 하며, 볼을 치자마자 급 격하게 목표선의 왼쪽으로 휘어지는 악성 훅 샷이다.
- 도그 렉(dogleg) 개의 뒷다리처럼 홀의 페어웨이가 오른쪽 또는 왼쪽으 로 굽은 코스.
- 드라이버(driver) 우드 1번을 말하며, 티샷을 할 때 주로 사용하며 로프트 가 가장 작고, 먼 거리를 보내는 클럽이다.
- 드라이빙 레인지(driving range) 실내연습장과 반대되는 의미로 드라이버

를 칠 수 있는 실외의 넓은 골프 연습장.

- **드로 샷(draw shot)** 훅 볼만큼 휘지는 않고, 목표선 방향으로 날아가면서 목표지점에서 약간 왼쪽으로 휘어지는 샷.
- **드롭(drop)** 규칙에 의해 벌타 없이 볼을 다시 놓거나 옮겨놓는 것으로 홀을 향해서 똑바로 서서 홀에 가깝지 않게 어깨 높이에서 볼을 떨어뜨리는 것.
- **디봇(divot)** 볼을 친 후 클럽헤드에 의해 파여진 잔디나 잔디가 파여진 자국.
- **디센딩 블로(descending blow)** 스윙 호가 최저점에 도달하기 직전에 공을 맞히는 타격 방법으로 다운 블로우와 유사한 개념. 이와 반대개념은 어센딩 블로우.
- **디스퀄리파이(disqualify)** 반칙이나 성적부진으로 실격을 당하는 것.
- **딤플(dimple)** 볼이 공중에 오래 뜨도록 디자인된 볼의 표면에 있는 울퉁불퉁한 홈. 볼의 구질에 영향을 끼침.

ㄹ

- **라스트 홀(last hole)** 라운드의 마지막 홀.
- **라운드(round)** 코스의 18홀을 플레이하는 것, 9홀만 플레이하는 것은 하프 라운드.
- **라이(lie)** 볼이 놓여 있는 상태를 의미하고, 클럽의 라이는 라이 각도를 뜻한다.
- **라인업(lineup)** 퍼팅을 할 때 볼과 연결하는 선을 눈으로 정하는 것.
- **래터럴 시프트(lateral shift)** 포워드 스윙시에 몸의 회전에 의해 이루어지는 체중의 이동과 관련된 움직임.
- **래터럴 워터 해저드(lateral water hazard)** 병행 워터 해저드로, 홀에 병행해 있는 물이나 웅덩이 등의 장애 지역.
- **러닝 어프러치(running approach)** 어프로치 샷의 한 방법으로 로프트가 비교적 작은 5~9번 아이언으로 볼을 굴려서 홀에 접근시키는 샷.
- **러프(rough)** 코스 내의 페어웨이 이외의 다듬어지지 않거나 또는 자연

그대로의 숲이나 덤불 지역.

- **런(run)** 볼이 굴러가는 것.
- **럽 오브 더 그린(rup of the green)** 움직이고 있는 볼이 국외자에 의해서 정지되었거나 움직이는 방향이 바뀐 경우 및 그 행위를 말한다.
- **레귤러 티(regular tee)** 백 티와 프런트 티의 중간에 위치하는 티잉 그라운드로, 보통 흰색 마크로 표시한다.
- **레이디 티(ladies tee)** 여성 전용의 티잉 그라운드로, 붉은색 마크로 표시한다.
- **레이 아웃(lay out)** 각 홀의 크기나 위치, 18홀의 배열 등 코스의 전반적인 설계나 구성을 의미한다.
- **레이 업(lay up)** 어려운 라이에서 안정적으로 빠져나오기 위해 플레이하는 샷.
- **레이트 히트(late hit)** 허리, 손목 등의 회전과 체중이 왼발로 이동되면서 손목보다 늦게 클럽 헤드가 공과 스퀘어를 이루면서 임팩트하는 것을 뜻하며, 딜레이 히트(delayed hit)라고도 한다.
- **로브 샷(lob shot)** 그린과 가까운 곳에서 로브웨지를 사용하여 볼을 높게 띄워 그린에 떨어진 후 거의 구르지 않고 백스핀에 의해 볼을 멈추게 하는 샷.
- **로스트 볼(lost ball)** 샷 한 공을 찾을 수 없는 경우.
- **로스트 홀(lost hole)** 매치 경기에서 상대방에게 진 홀.
- **로컬 룰(local rule)** 골프장내의 각 코스 특성에 따라서 제정된 지역적 규칙.
- **로프트(loft)** 클럽을 지면에 똑바로 세웠을 때의 클럽 페이스의 각도나 경사.
- **롱 게임(long game)** 쇼트 게임의 반대 개념으로 먼 거리에서 이루어지는 게임.
- **롱 섬(long thumb)** 그립을 잡을 때 왼손엄지를 앞으로 내밀어 잡는 것.
- **롱 아이언(long iron)** 일반적으로 1, 2, 3번 아이언 클럽을 말하며, 샤프트가 길고 로프트가 적으나 비거리를 많이 낼 수 있다.

- **롱 홀(long hole)** 파 5이상의 홀. 보통 18홀 중 4개가 기본적으로 설정.
- **런(run)** 볼이 떨어진 후 굴러가는 거리.
- **루스 임페디먼트(loose impediment)** 코스 내에 있는 자연적인 장애물, 생장물이나 고정물이 아닌 돌, 나뭇잎, 나뭇가지 등으로 골프 경기에서 벌타 없이 제거할 수 있다.
- **리버스 오버래핑 그립(reverse over lapping grip)** 퍼팅 그립의 대표적인 방법으로 오른손으로 퍼터의 그립과 왼손의 엄지를 감싸 잡고, 왼손의 검지 손가락이 오른손의 손가락 위를 가로지르는 그립 방법.
- **리버스 피봇(reverse pivot)** 백스윙 탑에서 체중이 오른발보다 왼발에 더 남는 경우.
- **리커버리 샷(recovery shot)** 잘못 친 샷을 만회하기 위해 다음에 잘 치는 샷.
- **리콜(recall)** 규정을 위반한 상대방에게 수정을 요구하는 것.
- **리페어(repair)** 페어웨이에서 잔디 자국, 벙커에서 모래자국, 그린에서 공 자국 등을 원상태로 수리하는 것.
- **리플레이스(replace)** 볼을 원래 있던 자리로 다시 옮기는 것.
- **릴랙스(relax)** 몸과 마음의 긴장을 풀고 여유를 갖는 것 .
- **릴리즈(release)** 백스윙에서 이루어졌던 동작들, 즉 코킹 등이 임팩트순간에 풀리면서 클럽 페이스를 스퀘어로 다시 만드는 동작.
- **링크스(links)** 해안가를 따라 잘 조성된 골프코스.

- **마샬 (marshall)** 경기진행을 도와주는 진행요원.
- **마운드(mound)** 코스 내에 또는 그린 주변에 있는 언덕 혹은 지면이 높은 부분으로 전략적인 구성에 의해 설치해 놓음.
- **마커(marker)** 스트로크 경기에서 경기자의 점수를 기록하기 위해 선임된 사람으로, 동반 경기자도 마커의 임무를 한다. 마커는 심판이 아니다.

- 매시(mashie) 5번 아이언에 해당하는 골프채.
- 매치 플레이(match play) 홀 매치(hole match)라고도 하며, 2인 또는 2조로 각 홀별 승자를 정하여 많은 수의 홀을 이긴 사람을 승자로 하는 경기 방법.
- 멀리건(mulligan) 최초의 샷이 잘못되어 벌타 없이 주어지는 다음 샷.
- 메달리스트(medalist) 스트로크 경기의 성적이 제일 좋은 사람에게 주어지는 명칭.
- 메탈우드(metal wood) 금속헤드를 사용하는 우드.
- 멘탈 게임(mental game) 골프 경기는 심리적인 영향을 많이 받기 때문에 정신적인 경기, 즉 멘탈 게임이라고도 함.
- 멘탈 헤저드(mental hazard) 심리적인 장애 혹은 압박.
- 미들 아이언(middle iron) 아이언 4, 5, 6번을 총칭하는 용어.
- 미들 홀(middle hole) 파 4홀을 말함.
- 믹스트 포섬(mixed foursome) 투 볼 포섬과 같지만 반드시 남녀 혼합의 조로 경기하는 방식.

- 바운스 (bounce) 샌드웨지에서 리딩에지 부분의 뒤쪽을 높고 둥글게 만들어서 모래에서 잘 미끄러지도록 만들어진 것.
- 바든 그립(vardon grip) 해리 바든 선수에 의해 창안된 그립으로, 일반적으로 오버래핑 그립이라고 함.
- 바이트(bite) 볼에 강한 백스핀을 걸어 바로 멈추게 하는 것.
- 백스핀(backspin) 볼의 역회전을 의미함, 임팩트시 다운 블로우로 가격하면 볼에 역회전이 걸린다.
- 백 티(back tee) 티잉 그라운드에서 가장 뒤쪽에 있는 티. 정식 경기에서 주로 사용하는 티잉 그라운드로 챔피언 티라고도 함.
- 버디(birdie) 한 홀에서 규정타수인 파보다 하나 적은 타수로 홀 아웃하

는 것.

- **버피(buffy)** 4번 우드를 뜻함.
- **범프 앤드 런(bump and run)** 볼을 낮게 쳐서 그린 주변의 언덕에 맞고 속도를 늦춰서 그린 근처로 굴러가게 하는 것.
- **벙커(bunker)** 코스 내의 장애물이 되는 모래나 풀로 된 웅덩이, 페어웨이 좌우에 있는 사이드 벙커, 중앙에 있는 크로스 벙커, 그린 주변의 그린 벙커.
- **벙커 샷(bunker shot)** 벙커 안에 떨어진 볼을 그린 또는 페어웨이로 쳐내는 샷.
- **베어 그라운드(bare ground)** 잔디나 풀이 나지 않아 흙이 드러나 있는 곳. 맨 땅.
- **베이스볼 그립(baseball grip)** 텐 핑거 그립(ten finger grip)이라고도 하며, 야구 배트를 잡는 형태로 쥐는 그립 방법.
- **벤트 그래스(bent grass)** 퍼팅 그린에 쓰이고 있는 서양 잔디의 일종으로, 4계절 푸르나 비교적 더위와 추위에 약하다.
- **보기(bogey)** 한 홀에서 규정타수인 파보다 1타를 더 치고 홀 아웃하는 것.
- **보기 플레이어(bogey player)** 홀 당 평균 타수가 보기 정도 치는 플레이어를 말하며. 18홀 타수가 약 90인 경기자를 말한다.
- **브라시(brassie)** 우드의 2번 클럽의 또 다른 이름.
- **브레이크(break)** 에임 라인을 따라 퍼팅을 할 때 그린의 조건 등에 의해 볼이 커브를 그리는 지점.
- **블라스트(blast)** 벙커에서 모래를 폭발시키듯 크게 치는 것으로, 익스플로우션 샷과 같다.
- **블라인드(blind)** 골프코스에서 언덕이나 나무 등으로 목표지점이 보이지 않는 경우를 말한다.
- **블라인드 홀(blind hole)** 티잉 그라운드에서 그린이 보이지 않는 홀.
- **블레이드(blade)** 아이언 클럽의 칼날 모양으로 된 부분.
- **블레이디드 샷(bladed shot)** 클럽 헤드의 밑부분으로 볼의 윗부분을 쳐서 낮게 날아가게 하는 샷.

- **블로**(blow)   힘껏 강하게 치는 샷.
- **블록**(block)   임팩트 후에 원만한 팔과 상체 등의 회전이 이루어지고 목표선 방향으로 체중의 이동이 되기 위하여 목표선 방향의 다리를 회전시키지 않고 벽을 만드는 것.

- **사이드 벙커**(side bunker)   페어웨이의 좌우에 위치하고 있는 벙커.
- **사이드 블로**(side blow)   볼 옆을 쳐서 튕겨 보내듯이 치는 것.
- **사이드힐 라이**(sidehill lie)   볼이 날아가는 선과 평행한 비탈진 곳에 놓인 볼.
- **샌드 웨지**(sand wedge)   주로 벙커 샷에 쓰이는 아이언 클럽으로 로프트가 가장 크다.
- **샤프트**(shaft)   클럽의 그립과 헤드 사이를 연결하는 부분.
- **샷**(shot)   클럽으로 볼을 치는 것.
- **생크**(shank)   볼이 클럽 샤프트의 호젤 부분에 맞아 오른쪽으로 낮게 나가는 미스 샷.
- **서킷**(circuit)   순회경기.
- **세트**(set)   클럽 세트 또는 경기가 끝나는 것을 의미. 골프경기는 14개 이하의 골프클럽으로 구성한다.
- **셋 업**(set up)   몸과 볼의 위치, 정렬 등 볼을 치기 위한 스윙 직전의 준비 자세, 어드레스와 유사한 용어이나 어드레스에서처럼 그립이나 목표선의 결정 등이 이루어지지 않는 기계적인 자세를 뜻한다.
- **솔**(sole)   클럽 헤드의 바닥부분.
- **숏 게임**(short game)   그린주변에서 홀 컵에 들어가거나 가깝게 붙이려고 하는 모든 샷으로 벙커 샷, 퍼팅, 어프로치 샷, 칩샷 등을 의미한다.
- **숏 아이언**(short iron)   아이언 7, 8, 9번을 의미.
- **숏 홀**(short hole)   거리가 짧은 홀, 즉 250야드 이하의 파 3홀을 말한다.

- 스냅(snap)　볼을 치는 순간의 손목 움직임, 즉 스냅을 이용하여 강한 샷을 구사한다.
- 스루 더 그린(through the green)　티잉 그라운드, 해저드 및 그린을 제외한 코스 내의 모든 지역을 말함.
- 스리 볼 매치(three ball match)　3인 1조의 매치 게임으로, 3인의 경기자가 각자의 볼로 서로 대항해서 경기하는 방법.
- 스리 섬(three some)　1인대 2인의 매치 경기로, 2명이 짝을 이룬 조는 2개의 볼을 번갈아 가며 친다.
- 스리쿼터 샷(three-quarter shot)　정상적인 풀스윙에서 3/4 정도의 크기로 스윙을 작게 하는 샷.
- 스웨이(sway)　백스윙이나 포워드 스윙에서 회전축이 무너져 몸이 좌우로 움직이는 몸 동작.
- 스위트 스팟(sweet spot)　이상적인 타구가 이루어지는 클럽 페이스의 정중앙부분.
- 스윙(swing)　볼을 칠 때 어드레스에서부터 피니시까지의 클럽과 몸의 움직임.
- 스윙 스루(swing through)　스윙이 멈춤 없이 유연하게 이루어지는 것.
- 스윙 아크(swing arc)　스윙의 시작에서 끝까지 클럽 헤드가 그리는 궤도.
- 스윙 웨이트(swing weight)　스윙할 때 느끼는 클럽의 무게.
- 스윙 플레인(swing plane)　스윙에서 클럽 샤프트가 그리는 궤도나 각도를 설명하기 위한 가상의 평평한 스윙 면.
- 스카이 샷(sky shot)　클럽 헤드의 윗부분으로 볼의 밑 부분을 타격하여 볼은 높고 짧게 날아가는 샷.
- 스쿠프(scoop)　아이언 클럽으로 볼을 높이 떠내듯이 쳐올리는 것.
- 스퀘어(square)　① 클럽 페이스가 어드레스 때나 임팩트시에 목표선에 직각이 되거나, ② 스탠스에서 양 발의 발뒤꿈치가 목표선에 평행하는 것 ③ 타깃라인과 평행한 어깨, 엉덩이, 무릎 등 스윙에서 직각 혹은 평행의 개념으로 사용된다.

- 스퀘어 스탠스(square stance) 스탠스의 기본이 되는 3가지 중의 하나로, 양쪽 발끝이 비구선과 평행이 되도록 발의 위치를 정하는 것.
- 스크래치 시스템(scratch system) 핸디캡을 주고받지 않고 동일한 조건에서 하는 경기.
- 스크래치 플레이어(scratch player) 핸디캡이 0인 플레이어.
- 스테디 플레이어(steady player) 매 홀에서 타수의 기복이 적은 안정된 경기자.
- 스탠스(stance) 볼을 치려고 할 때 발의 자세.
- **스트로크**(stroke) 볼을 치는 것, 한 번의 스윙을 한 스트로크 또는 1타라 함.
- **스트로크 플레이**(stroke play) 각 홀의 타수의 합이 가장 적은 사람이 이기는 경기 방식.
- **스트롱 그립**(strong grip) 스퀘어 그립에서 양손을 시계 방향으로 약간 돌려 잡는 그립으로 임팩트시 강력한 힘을 구사하기 위한 그립.
- 스티프(stiff) 경직된 자세나 단단한 클럽 샤프트를 뜻한다.
- 스페이드 매시(spade mashie) 6번 아이언 클럽.
- 스팟 (spot) 그린에서 퍼팅하기 전에 볼을 집어 들기 위해 볼의 바로 뒤에 동전이나 마커로 표시하는 것.
- 스팟 퍼팅(spot putting) 퍼팅 거리가 긴 경우 홀 컵과 볼의 중간 지점에 볼 자욱 등의 흔적을 중간 목표점으로 정하여 퍼팅하는 것.
- 스푼(spoon) 우드 3번의 별칭.
- 스핀(spin) 볼을 타격했을 때 볼에 발생하는 회전.
- 스프래시 샷(splash shot) 볼이 벙커의 평평한 곳에 놓여 있어서 치기가 어렵지 않을 때 볼의 바로 밑을 치는 샷.
- 슬라이스(slice) 타구시 볼에 스핀이 걸려 왼쪽에서 오른쪽으로 꺾이는 구질의 샷.
- 싱글(single) 두 사람이 경기하는 것, 또는 핸디캡이 1에서 9 이하까지의 사람을 지칭하는 싱글 플레이어의 준말.

- **아웃(out)**　고잉 아웃(going out)의 준말로 아웃 코스라고도 하며, 전반 1 번부터 9번 홀까지를 말함.
- **아웃사이드 인(outside in)**　임팩트 때 클럽헤드가 타깃라인의 바깥쪽에서 안쪽으로 덮어 들어가는 스윙.
- **아이언 플레이(iron play)**　아이언 클럽을 사용해서 하는 플레이.
- **아크(arc)**　스윙궤도.
- **애버리지 골퍼(average golfer)**　핸디캡이 15~20 정도, 즉 점수가 90전후 정도인 골퍼.
- **애버리지 스코어(average score)**　스트로크 플레이로 각 홀의 점수를 합하여 전체 홀수로 나누어 구함.
- **알바트로스(albatross)**　파보다 3타 적은 타수로 홀 아웃을 하는 경우, 즉 파 5의 홀에서 2 타째로 홀 인을 한 경우의 타수.
- **야디지 레이팅(yardage rating)**　골프코스의 전체 길이를 핸디캡 0인 경기자의 평균 드라이버 거리와 평균 퍼팅 수로 계산한 코스의 난이도.
- **야디지 포스트(yardage post)**　홀의 번호, 홀 컵까지의 거리, 홀의 파 등을 써서 티잉 그라운드에 세워 놓은 표지.
- **어드레스(address)**　볼을 치기 위한 준비 자세로 경기자가 클럽 헤드를 땅에 대면서 스탠스를 취하는 동작. 셋 업(setup)이라고도 함.
- **어드바이스(advice)**　경기 상황에서 클럽의 선택, 스윙 동작, 코스의 공략 등에 대한 조언을 뜻하며, 어드바이스를 하거나 받아들이면 2벌타가 가해진다.
- **어센딩 샷(ascending shot)**　드라이버 샷처럼 스윙아크의 최저점을 지난 지점에서 볼을 맞히는 타법.
- **어얼리 히트(early hit)**　충분한 체중 이동과 허리의 회전이 이루어지지 않은 상태에서 이루어지는 샷으로, 임팩트시 헤드 스피드가 감소하는 원인이 된다.

- 어프로치 샷(approach shot) 그린 주변에서 그린, 홀 컵에 접근시키려고 치는 샷.
- 언더 리페어(under repair) 코스 안에 있는 수리 지역, 보통 흰선 또는 붉은 말뚝으로 표시한다.
- 언더 파(under par) 규정 타수보다 적은 타수로 한 홀 또는 18홀을 마쳤을 때의 타수.
- 언듈레이션(undulation) 코스 내 지표면의 기복을 뜻함.
- 언코크(uncoke) 백스윙에서 꺾은 손목을 다운스윙, 임팩트 이후에 풀어 주는 것 혹은 릴리즈 시키는 동작.
- 언플레이어블 라이(unplayable lie) 볼을 치기 불가능한 지역에 들어간 경우나 플레이를 하기 힘든 상태에 놓여 있는 볼.
- 얼라인먼트(alignment) 양 무릎, 어깨, 그리고 클럽 헤드 등을 목표 선에 정렬시키는 것.
- 업라이트 라이(upright lie) 발뒤꿈치보다 발가락 쪽이 높은 사면에 놓인 상태.
- 업라이트 스윙(upright swing) 정상적인 스윙보다 스윙 면이 가파른 것으로, 백스윙과 동시에 클럽 헤드를 바로 들어 올리는 스윙.
- 업라이트 힐(upright hill) 올라가는 쪽이 높은 언덕.
- 업 앤드 다운(up and down) 페어웨이나 그린의 평면이 평평하지 않고 굴곡이 심한 것.
- 업 힐 라이(up hill lie) 업라이트 힐에 놓여 있는 볼.
- 에어 샷(air shot) 헛스윙, 볼을 맞추지 못하고 허공을 가르는 샷.
- 에이프런(apron) 그린의 가장자리.
- 에임 라인(aim line) 볼에서 목표까지 가상의 라인, 타깃라인.
- 에지(edge) 그린, 벙커, 클럽 헤드 등의 가장자리나 끝부분.
- 엑스트라 홀(extra hole) 규정된 홀에서 승패를 결정짓지 못해서 연장전을 할 때에 사용되는 홀을 말함.
- 액시스(axis) 회전축을 말하며, 예를 들면 상체의 회전에서 회전축은 척

추이다.

- 오너(honor) 티잉 그라운드에서 먼저 티샷을 하는 사람을 칭하는 말. 1번 홀에서는 주로 제비뽑기로 정하고, 그 후는 앞 홀에서 타수가 적은 사람을 말함.
- 오버(over) 볼이 목표한 그린 또는 홀을 넘어서 멀리 떨어지는 것. 또는 타수가 파보다 많은 것.
- 오버래핑 그립(overlapping grip) 오른손의 새끼손가락이 왼손의 2번째 와 3번째 손가락 둘째 마디를 감싸 쥐는 그립 방법. 영국의 프로골퍼 해리 바든이 유행시킨 그립으로 바든 그립이라고도 함.
- 오버스윙(over swing) 백스윙의 톱에서 클럽 헤드가 목표선과 평행을 이루지 못하고 지면을 향하는 큰 스윙.
- 오버 스핀(over spin) 볼이 날아가는 방향과 같은 방향으로 회전하는 것.
- 오비(O·B) 아웃 오브 바운즈(out of bounds)의 약자, 코스 주위에 흰색 말뚝으로 표시된 경기가 금지된 구역.
- 오퍼넌트(opponent) 매치 경기에서 함께 경기하는 상대방.
- 오픈 그린 퍼팅(open green putting) 그린 밖에서 퍼팅의 요령으로 공을 낮게 띄워서 굴리는 치핑 샷.
- 오픈 스탠스(open stance) 기본 스탠스 중의 하나로 왼발을 뒤쪽으로 당겨 목표방향보다 몸을 왼쪽으로 열어주는 자세.
- 오픈 챔피언십(open championship) 프로, 아마추어 구분하지 않고 일정한 자격이 있는 사람이면 누구나 참가할 수 있는 경기.
- 오픈 클럽 페이스(open club face) 어드레스에서 클럽의 뒷부분(heel)이 앞부분(toe)보다 앞에 위치하는 것으로, 로프트가 커지기 쉽고 타구시 볼이 목표선의 오른쪽으로 향하기 쉽다.
- 오픈 페이스(open face) 어드레스에서 클럽 페이스의 로프트를 크게 하는 것.
- 오픈 페이스 그립(open face grip) 정상적인 그립보다 양 손을 시계 반대 방향으로 향하여 잡는 그립 방법으로 위크 그립(weak grip)이라고도 한다.

- 오피셜 핸디캡(official handicap) 공식적으로 인정받은 핸디캡.
- 온 그린(on green) 타구한 볼이 그린 위에 멈추는 것.
- 올 스퀘어(all square) 무승부.
- 와인드업(windup) 백스윙과 함께 몸통과 엉덩이를 회전시키는 것.
- 왜글(waggle) 스윙을 하기 전에 긴장을 풀고, 근육을 풀어주기 위해 클럽을 가볍게 좌우나 앞뒤로 흔들어 주는 것.
- 우든 클럽(wooden club) 클럽 헤드가 나무로 만들어진 클럽을 총칭해서 부르는 용어이며, 오늘날에는 헤드의 소재에 관계 없이 우드 1번(driver), 우드 2번(brassie), 우드 5번(cleek) 등을 총칭하는 말로 사용한다.
- 워터 해저드(water hazard) 코스 내에 있는 호수, 연못, 습지, 즉 강 따위의 장애물.
- 원 라운드(one round) 코스를 한 바퀴 도는 것, 즉 18홀을 플레이 하는 것
- 원 온(one on) 첫 타로 볼을 그린에 올리는 것.
- 원피스 스윙(one-piece swing) 백스윙에서 혹은 전체 스윙이 하나의 동작으로 리드미컬하게 이루어지는 것.
- 웨이트 시프트(weight shift) 스윙 중에 일어나는 체중의 이동.
- 웨지(wedge) 바닥이 넓고 평평하게 되어 있는 아이언 클럽으로, 피칭웨지나 샌드 웨지가 대표적이다.
- 위크 그립(weak grip) 일명 오픈 페이스 그립(open face grip)이라 하며, 스퀘어 그립에서 양 손을 시계 반대 방향으로 약간 돌려 잡는 그립.
- 입스(yips) 샷의 실패에 대한 두려움으로 경기자의 심리적인 불안상태 또는 기타 원인으로 드라이버나 퍼팅, 어프로치 샷에서 손목이나 클럽의 조정력을 상실한 경우.
- 이글(eagle) 규정타수인 파보다 2개 적은 타수로 홀 인하는 것.
- 이미지너리 라인(imaginary line) 퍼팅을 하기 전에 볼과 홀 컵을 연결하는 상상의 선.
- 이븐(even) 규정타수와 경기자의 타수가 같은 것, 이븐파는 파에 해당하는 점수를 뜻한다.

- 익스텐션(extention) 강한 샷을 위해 임팩트시 왼팔을 쭉 펴고 임팩트 후 오른팔을 쭉 펴는 것을 의미함.
- 익스플로션 샷(explosion shot) 공이 벙커의 모래 속에 묻혀 있을 때 공을 모래와 함께 강하게 내려찍어 탈출하는 벙커 샷.
- 인사이드 루프(inside loop) 백스윙의 궤적이 포워드 스윙의 궤적보다 평평한 경우.
- 인사이드 투 아웃(inside to out) 인사이드 아웃이라고도 하며, 임팩트시 클럽헤드가 목표선의 안쪽에서 바깥쪽으로 팔로스루가 이루어지는 스윙.
- 인사이드 투 인(inside to in) 인사이드 인이라고도 하며, 임팩트시 클럽 페이스가 볼과 스퀘어를 이루면서 볼의 중앙을 타격하는 스윙, 임팩트시 클럽헤드가 목표선을 중심으로 안쪽에서 내려와 팔로스윙에서 임팩트 후 안쪽으로 움직이는 스윙.
- 인터로킹 그립(interlocking grip) 오른손의 새끼손가락을 왼손의 2번째와 3번째 사이의 손가락에 끼워서 그립을 잡는 방법.
- 인터클럽 매치(interclub match) 클럽 간의 대항 경기.
- 인텐셔널(intentional) 고의적인, 의도적인 이라는 뜻, 예를 들어 의식적으로 훅 샷을 하는 것을 인텐셔널 훅이라 한다.
- 인플레이(inplay) 한 홀의 티샷에서 홀 인까지의 볼의 상태를 뜻함.
- 임팩트(impact) 스윙에서 클럽 헤드와 볼이 접촉되는 순간.
- 입스(yips) 샷을 하기 전에 실패에 대한 두려움으로 나타나는 각종 불안 증세.

- 제너럴 룰(general rule) 골프 협회가 정한 일반규칙.

- **챔피언 코스**(champion course) 공식 선수권 경기를 할 수 있는 코스로, 홀 수는 18, 전장은 6500야드 이상 등의 조건을 만족시켜야 한다.
- **쵸크 다운**(choke down) 샷의 정확도를 높이기 위해 골프채를 짧게 잡는 것
- **치킨 윙**(chicken wing) 일명 닭 날개라고 함, 백스윙 때 오른쪽 팔꿈치가 지면에 거의 수평이 될 정도로 들리는 동작.
- **칩샷**(chip shot) 그린 근처에서 볼을 낮게 띄워 치는 샷으로 캐리보다 구르는 거리가 더 긴 샷을 의미.
- **칩 앤드 런**(chip and run) 그린 주변에서 볼을 낮게 띄운 후 굴러가게 하는 샷.
- **칩 인**(chip in) 칩샷한 볼이 홀에 들어가는 것.

ㅋ

- **캐디**(caddie) 클럽 등을 운반하고, 경기의 조언을 하는 경기 보조자.
- **캐리**(carry) 볼이 날아가서 지면에 떨어진 지점까지의 거리, 볼의 공중 비행 거리.
- **캐리드 오너**(carried honor) 동점이 된 경우, 전 홀의 오너가 다음 홀에서도 오너가 되는 경우를 말한다.
- **캐리 오버**(carry over) 경기가 규정된 홀수에서 승부가 나지 않아 경기를 다시 하거나 다음 홀에서 승패를 정하는 것을 말함.
- **캐스팅**(casting) 레이트 히팅(late hitting)의 반대 개념으로, 다운스윙에서 너무 일찍 손목의 코킹이 풀려서 공이 제대로 맞지 않는 것.
- **캐주얼 워터**(casual water) 골프 코스에 일시적으로 고인 물. 이슬과 서리는 캐주얼 워터가 아니다.
- **커밍 인**(comming in) 코스 후반의 9홀을 뜻하며, 인(in)코스와 같은 의미.
- **컷 샷**(cut shot) 클럽 페이스를 오픈시켜서 임팩트시 약간의 사이드 스핀

을 넣고 목표선의 왼쪽으로 팔로스루를 하여 페이드 샷을 구사하는 샷.

- **컨시드(concede)** 매치 경기에서 상대방에게 짧은 거리의 퍼팅을 기브 혹은 OK주는 것.
- **컨트롤(control)** 샷의 정확성을 조절하는 능력.
- **컨트리 클럽(country club)** 골프장, 특히 회원제 골프장을 뜻하고, 대중 골프장은 퍼블릭 코스(public course)라 한다.
- **코스 레이트(course rate)** 골프 코스의 여러 가지 조건, 즉 거리, 해저드, 지형 등을 고려해서 정한 코스의 난이도를 말한다.
- **코스 레코드(course record)** 한 골프코스에서 공식적으로 기록된 최저 타수.
- **코일(coil)** 백스윙하는 동안 상체와 하체를 꼬는 상태.
- **코킹(cocking)** 손목의 꺾임, 백스윙할 때 손목을 꺾는 동작.
- **콤팩트(compact)** 간결한 동작으로 이루어지는 스윙.
- **쿼터 스윙(quarter swing)** 풀 스윙의 1/4 정도로 하는 것을 말한다.
- **쿼터 파이널(quarter final)** 4강 진출을 놓고 겨루는 준준결승전.
- **크로스 벙커(cross bunker)** 페어웨이 가운데에 위치하는 벙커.
- **크로스 핸드(cross hand)** 퍼터의 그립 방법으로 왼손을 오른손 밑에 놓는 방법.
- **클럽 페이스(club face)** 클럽헤드의 공을 치는 면 혹은 타구면.
- **클럽 하우스(club house)** 골프장의 중심적 기능을 하는 장소로 식사, 목욕, 휴식 등을 위한 곳.
- **클럽 핸디캡(club handicap)** 클럽에 등록된 회원의 핸디캡을 클럽에서 정한 것.
- **클럽 헤드(club head)** 임팩트시 공을 맞히는 클럽의 끝부분.
- **클레임(claim)** 상대방의 잘못된 규칙 적용 혹은 시정되지 않은 반칙에 대하여 항의 하는 것.
- **클로즈드 스탠스(closed stance)** 양 발의 발끝이 목표선과 평행한 스퀘어 스탠스에서 오른발을 약간 뒤로 빼서 취하는 자세.

- **클로즈드 페이스(closed face)** 어드레스나 임팩트시 클럽 헤드의 앞부분이 뒷부분보다 앞에 위치하여 클럽면이 목표 지점의 왼쪽을 향하게 되는 것.
- **클리크(cleek)** 5번 우드의 고유 이름.
- **클린(clean)** 아이언으로 잔디나 흙을 치지 않고 볼만 치는 것.
- **킥 포인트(kick point)** 골프클럽이 스윙을 할 때 가장 많이 휘어지는 부분을 말한다.
- **킥(kick)** 볼이 지면에 낙하한 다음 튀어서 구르는 것.

- **타깃 라인(target line)** 볼과 목표 지점을 일직선으로 연결하는 목표선으로, 에이밍 라인(aiming line)이라고도 한다.
- **타이밍(timing)** 효과적인 샷을 하기 위한 몸과 클럽의 순서화된 동작을 뜻함.
- **탑(top)** 볼의 윗 부분을 치는 것, 또는 백스윙의 정점을 의미.
- **탑 오브 스윙(top of swing)** 백스윙의 최고 정점.
- **턴 오버(turn over)** 클럽을 쥔 양 손을 왼쪽에서 오른쪽으로 돌릴 때, 양 손을 턴 오버시켰다고 함.
- **테이크 백(take back)** 어드레스 자세에서 스윙의 출발을 의미, 백스윙과 같은 의미.
- **테이크 어웨이(takeaway)** 스윙을 위해 클럽을 뒤로 빼는 동작으로 백스윙의 초기 단계를 말한다.
- **텍사스 웨지(texas wedge)** 텍사스의 거친 잔디에서는 그린 주변에서 어프로치가 쉽지 않기 때문에 퍼팅을 하는 식으로, 어프로치를 하기 위해 고안된 퍼터처럼 생긴 독특한 클럽.
- **템포(tempo)** 스윙의 속도를 의미하며, 일반적으로 테이크 어웨이에서 피니시까지 약 2초의 속도가 적절하다.
- **토우 샷(toed shot)** 클럽 헤드의 중앙이 아닌 앞부분으로 볼을 가격하는 샷.

- **토크(torque)** 샤프트가 비틀어지는 힘.
- **토프트 샷(topped shot)** 볼을 낮게 띄워서 굴리는 샷으로, 볼의 중심보다 윗부분을 가격하는 샷.
- **트랜지션(transition)** 백스윙에서 포워드 스윙으로 스윙의 방향을 바꾸는 것.
- **트랩(trap)** 벙커를 의미한다.
- **트램플링 효과(trampling effect)** 임팩트순간 볼이 찌그러졌다 펴지면서 스프링효과가 발생하는 현상.
- **트러블 샷(trouble shot)** 러프나 경사지 등의 볼을 치기 어려운 상황에서 하는 샷.
- **티(tee)** 티샷(제1타)을 할 때 볼을 올려놓을 수 있는 작은 장치로 나무, 플라스틱등 재질과 모양이 다양하다. 티의 길이는 4인치 이하로 제한된다.
- **티마커(Tee marker)** 티잉 구역에서 출발선을 표시한 2개의 표지.
- **티샷(tee shot)** 티잉 구역에서 볼을 위에 올려놓고 볼을 치는 것. 제1구.
- **티 업(tee up)** 볼을 치기 위하여 티에 볼을 올려놓는 것.
- **티오프(tee off)** 티오프는 첫 홀에서 볼을 처음 치는 것으로 경기시작을 의미.
- **티잉 구역(teeing ground)** 각 홀에서 제1구를 치기 위해 설정된 지역.

- **파(par)** 각 홀에 규정된 기준 타수.
- **팔로스루(follow through)** 볼을 친 다음 피니시까지 이루어지는 스윙동작.
- **패스(pass)** 앞 팀이 뒤에 오는 팀을 통과시키는 것을 뜻하며, 앞 팀과의 거리가 1홀 이상일 때에는 뒤에 오는 팀을 앞으로 통과시키는 것이 에티켓이다.
- **팻샷(fat shot)** 볼을 치기 전에 뒤땅을 치는 샷.
- **패스트 그린(fast green)** 잔디를 짧게 깎아서 볼의 미끄러짐이 빠른 그린.
- **퍼블릭 코스(public course)** 정식 회원이 없는 일반 대중에게 개방된 코스.

- **퍼트**(putt) 그린에서 퍼터로 서서 볼을 홀에서 쳐 넣는 동작.
- **퍼팅 라인**(putting line) 그린 위에서 볼과 홀 사이의 연결되는 가상적인 선.
- **펀치 샷**(punch shot) 클럽의 그립 끝을 클럽헤드보다 목표선 방향으로 나온 자세로 어드레스하여 클럽의 로프트를 약간 줄여서 낮게 치는 샷.
- **페널티**(penalty) 규칙 위반으로 인한 벌타.
- **페널티 구역** 벙커나 워터 해저드 구역.
- **페어웨이**(fairway) 티잉 그라운드에서 그린까지의 잘 손질된 잔디 지역.
- **페이드 샷**(fade shot) 볼이 날아가다가 목표지점 가까이에서 속도가 줄면서 목표선의 약간 오른쪽으로 휘는 구질이다. 드로우 샷의 반대개념.
- **펜주럼 스트로크**(pendulum stroke) 한 점을 축으로 하는 스윙을 뜻하며, 가슴을 축으로 팔과 어깨를 사용하는 퍼팅이다.
- **포섬**(foursome) 2인이 다른 2인에 대항해서 한 팀이 각기 1개의 볼로 번갈아 플레이하는 매치 경기의 일종.
- **포어**(fore) 앞 팀의 경기자나 코스의 인부 등에게 볼을 친다고 알리는 신호.
- **포어 캐디**(fore caddie) 타구할 목표가 보이지 않는 경우에 방향을 정하기 위해 전방에 세우거나 또는 로스트 볼을 내기 쉬운 곳에 세워 볼의 행방을 확인 시키도록 하는 캐디.
- **포워드 스윙**(forward swing) 백스윙에서 임팩트까지의 동작으로 다운스윙과 같은 용어이나, 스윙에서 클럽 헤드가 지면을 목표로 하지 않고 목표지점을 겨냥하는 것으로 포워드 스윙이 더 적절함.
- **포워드 프레스**(forward press) 백스윙 전의 손, 팔 혹은 다른 신체 부위의 움직임.
- **포인트 토니**(point tourney) 득점 경기의 한 방법(예: 파1점, 보기2점, 이글3점 등과 같이 점수를 계산하여 18홀의 총점으로 승부를 결정한다).
- **포틴 클럽 룰**(14 club rule) 골프경기는 14개 이내의 클럽으로 해야 한다는 규칙.
- **폴로 윈드**(follow wind) 볼이 날아가는 목표방향으로 부는 바람.
- **푸시 샷**(push shot) 임팩트 후 볼이 목표방향의 오른쪽으로 똑바로 나아

가는 샷.

- **푸시 슬라이스(push slice)** 임팩트 직후 목표선의 오른쪽으로 날아가는 볼이 점점 더 오른쪽으로 향하는 샷.
- **푸시 훅(push hook)** 임팩트 직후 볼이 목표선의 오른쪽으로 향하다 왼쪽으로 향하는 샷.
- **풀 샷(pull shot)** 목표선의 왼쪽으로 똑바로 날아가는 샷.
- **풀 슬라이스(pull slice)** 임팩트 직후 목표선의 왼쪽을 향하던 볼이 점차로 목표선의 오른쪽으로 향하는 샷.
- **풀 훅(pull hook)** 임팩트 직후 왼쪽으로 가다가 볼이 목표선의 더 왼쪽으로 향하는 샷.
- **풋 워크(foot work)** 스윙 중 발, 무릎, 엉덩이 등 하체의 움직임.
- **프라이드 에그(fried egg)** 볼이 모래 벙커에 바로 떨어져서 달걀후라이 같은 상태가 된 상태.
- **프론트 티(front tee)** 티잉 그라운드에서 홀과 가장 가까운 거리에 있는 티. 또는 백 티에 대해서 전방에 있는 티. 보통 여성이 경기를 행하는 티로 붉은 마크로 표시를 한다.
- **프로비저널 볼(provisional ball)** 볼을 분실하였거나 OB, 워터 해저드에 들어갔는지 확실하지 않을 때, 플레이어가 그 위치에서 다시 치는 잠정구.
- **프리샷 루틴(pre-shot routine)** 경기자가 클럽을 선택하고 나서 스윙을 시작하기 전까지 이루어지는 일련의 과정.
- **프린지(fringe)** 그린 주변을 의미.
- **플랫 스윙(flat swing)** 정상적인 스윙보다 수평에 가까운 스윙. 업라이트 스윙의 반대 개념.
- **플러그드 라이(plugged lie)** 볼이 떨어진 자욱에 볼이 놓여 있는 상태.
- **플레이스(place)** 볼을 들어 다시 놓는 것.
- **플롭 샷(flop shot)** 손목에 힘을 빼고 얼리 코킹으로 백스윙을 한 후 다운 스윙을 부드럽게 하여 볼의 밑 부분을 치는 샷.
- **피니시(finish)** 스윙의 마지막 자세.

- **피봇(pivot)** 고정된 축을 중심으로 신체나 신체 일부의 회전하는 것.
- **피칭 샷(pitching shot)** 로프트가 큰 골프채로 높이 띄워 바로 멈추도록 치는 샷.
- **피치 앤 런 샷(pitch and run shot)** 볼이 낮게 떠서 구르도록 치는 샷.
- **피칭 웨지(pitching wedge)** 피칭 샷에 쓰이는 골프채.
- **픽 앤 셔블(pick and shovel)** 워터 해저드에 들어간 볼을 쳐올려서 위기를 탈출시키는 타법.
- **핀(pin)** 홀에 꽂힌 깃대.
- **핀치 샷(pinch shot)** 그린 주위에서 볼을 예각으로 내리쳐서 백스핀을 많이 주어 착지 후 런이 거의 없는 샷.
- **핑거 그립(finger grip)** 손가락을 중심으로 클럽을 감아 쥐는 방법.

- **하버드 매치(harvard match)** 승부가 나지 않고 무승부로 된 경기.
- **하이 사이드(high side)** 홀 컵이 경사진 곳에 위치할 때 퍼팅을 하는 경기자의 위치에서 홀 컵을 양분하여 높은 쪽의 홀 컵 방향을 의미. 프로사이드(proside)라고도 함.
- **하프 스윙(half swing)** 백스윙의 크기를 정상적인 샷의 반 정도 크기로 하는 스윙. 정상적인 거리의 50% 정도를 목표로 치는 샷.
- **해저드(hazard)** 골프코스 내에 있는 벙커나 바다, 못, 연못, 개울 등의 장애물.
- **핸드 다운(hand down)** 어드레스 할 때 양 손으로 클럽 헤드를 누르는 듯 한 자세.
- **핸디캡(handicap)** 경기자의 실력을 나타내는 지수, 평균적인 한 라운드의 점수에서 72점을 뺀 점수 혹은 여러 가지 핸디캡 사정 방법에 따라서 결정된다.
- **행잉 라이(hanging lie)** 아래로 기울어진 경사면에 볼이 놓여 있는 것.

- 헤드 업(head up)　볼을 친 순간 머리를 들어 버리는 것으로 대표적인 미스 샷의 원인.
- 헤드 커버(head cover)　클럽 헤드나 목 부분을 보호하기 위하여 씌우는 덮개.
- 호젤(hosel)　클럽에서 샤프트와 클럽헤드가 연결되는 부분.
- 홀(hole)　그린에 만들어진 지름이 4.24인치, 깊이가 4인치 이상인 구멍.
- 홀 매치(hole match)　각 홀마다 승부를 정하는 경기로, 공식적으로 매치 경기라 한다.
- 홀 아웃(hole out)　한 홀의 플레이를 마치는 것.
- 홀 인 원(hole in one)　파 3 홀에서 티샷 한 볼이 홀 컵으로 직접 들어간 경우.
- 홈 코스(homecourse)　자기가 소속한 골프클럽의 골프 코스.
- 훅(hook)　볼이 목표 방향으로 날아가다가 왼쪽으로 휘어지는 샷.
- 히코리 샤프트(hickory shaft)　히코리는 호두나무과의 단단한 나무로, 1900년 초까지 골프채의 샤프트로 사용되었다.
- 히팅 에어리어(hitting area)　다운스윙으로 볼을 히트하는 위치 혹은 히팅 지역.
- 힐(heel)　클럽 헤드의 아랫부분.
- 힐드 샷(heeled shot)　클럽 페이스의 중앙과 호셀(hosel) 사이의 부분으로 볼을 치는 것을 말한다.

참고문헌

고덕호, 「고덕호 실전골프레슨」, 삼호미디어, 2012.

김교창, 「골프의 법률상식 모든 것」, 청림출판, 1999.

김동진·김종택, 「골프」, 서울대학교 사범대학 체육연구소, 교학사, 2005.

김동혁, 「골프스윙의 이해와 훈련」, 대왕사, 1999.

김성수, 「골프스윙의 원리」, 전원문화사, 2006.

김재열, 「골퍼가 알아야 할 골프의 모든 것」, 고려닷컴, 2004.

대한프로골프협회, 「골프관리 매뉴얼」, 두산동아, 2002.

데이브 펠츠, 「퍼팅바이블」, 학원사, 2002.

매일경제 스포츠레저부, 「주말골퍼 10타 줄이기」, 매일경제신문사, 2007.

박영진·전재홍, 「골프클럽제작과 피팅」, 대한미디어, 2009.

서승태, 「마스터스 명품골프」, 대경북스, 2009.

안용태, 「골프장 경영개론」, 대한골프전문인협회, 2011.

오의환, 「골프 룰」, 골프아카데미, 2014.

우에무라 게이타, 「GOLF BASIC LESSON」, 싸이프레스, 2013.

이상무, 「원 포인트 레슨」, 삼호미디어, 2007.

이신, 「더 퍼펙트 쇼트게임」, 가림출판사, 2008.

전욱휴, 「전욱휴의 PGA실전 숏 게임」, 영진닷컴, 2004.

정청희, 「골프심리기술훈련」, 무지개사, 2006.

한국골프장경영협회, 「골프장 안전매뉴얼 북」, 대홍칼라, 2009.

홍준희, 「대학에서 배우는 골프」, 국민대학교 출판부, 2010.

곽윤직, 「채권각론」, 박영사, 2014.

김상용, 「채권총론」, 법문사, 2014

송덕수, 「신민법강의」, 박영사, 2019.

손경한·김용섭, 「문답 스포츠 법」, 법영사, 2002.

이은영, 「채권각론」, 박영사, 2008.

지원림, 「민법강의」, 홍문사, 2015.

황농문, 「몰입」, 랜덤하우스, 2008.

김도훈, "골프장개발과 지역사회와의 관계모형연구", 국민대학교 체육대학원, 박
　　사학위논문, 2008.

신석민, "스포츠사고의 법적책임과 스포츠보험에 관한연구", 계명대 대학원, 박사
　　학위논문, 2007.

이병계, "한국골프의 대중화를 위한 스포츠문화 정립방안", 전남대학교 체육대학
　　원, 박사학위논문, 2011.

장봉석, "스포츠사고의 민사책임", 전주대학교 대학원, 석사학위논문, 2001.

최경호, "골프장 이용객의 고객경험에 관한 연구", 고려대학교 체육대학원, 박사학
　　위논문, 2011.

최기호, "스포츠사고와 보험제도에 대한 연구", 한국외국어대학교 대학원, 석사학
　　위논문, 2011.

김교창, "골프장에서의 타구사고에 대한 player 등의 책임", 인권과 정의, 제351호,
　　대한변호사협회, 2005.

김민중, "골프사고에 대한 민사법적 책임", 저스티스 통권 제107호, 한국법학원,
　　2008.

김상겸, "골프장건설과 환경법상의 제문제에 관한연구", 「스포츠와 법」, 제11권제
　　2호(통권 제15호, 2008. 5).

박영민, "골프의 한국도입과 발전과정", 한국체육사학회지, 제10호. 2002.

백승흠, "스포츠사고에 있어 면책사유로서의 위험인수의 법리", 「스포츠와 법」, 제
　　10권 제2호(2007. 12).

소재선·이경용 "골프경기와 관련된 법적책임", 스포츠와 법, 제15권 제4호(통권
　　제33호, 2012. 11).

연기영, "스포츠에 있어서 민사책임에 관한 연구", 비교사법, 제6권 2호(통권11호),

한국비교사법학회, 1999.

윤광희, "골프장캐디의 노동법상의 지위"- 판례와 행정해석을 중심으로- 스포
　　츠와 법 제11권 제2호(통권 제15호), 2008.

장의성, "골프장경기보조원의 노동법적지위에 관한고찰: 판례와 행정해석 분석 및
　　입법적 해결을 위한 제언", 노동정책연구 제4권 제2호(2004).

정기웅, "안전배려의무에 관한 연구", 사법학의 재조명(박영우 교수 회갑논문집),
　　1994.

정남주, "스포츠 활동 중 사고에 대한 법적책임과 보상", 한국레저스포츠학회지,
　　제8호. 2006.

日本辯護士聯合會 辯護士業務改革委員會, 「スポーツ事故の法務」, 創耕舍, 平成
　　25年(2013).

千葉正士, "スポーツ法學の 現狀と 課題", 「日本 スポーツ 法學會設立記念研究集
　　會資料」, 1992.

Michael Flynn, Cart 54, Where are you? The liability of Golf Course.

Operaters for Golf Cart Injuries, 14 U. Miami Ent.& Sports L. Rev. 127,132.

Robert D. Lang, Lawsuits on the Links : Golfers must Exercise ordinary Care
　　to avoid Sices, Shanks and Hooks, 72-Aug.N.Y.St.B.J.10, 10.

Weir(Tony), An Introduction to Tort Law(Clarendon Law Series), 2nd ed., 2006.

Index
찾아보기

저자 약력

이 강 웅

국민대학교 법정대학
법학박사, 이학박사(체육학)
골프티칭프로
생활체육지도자
국민대학교 골프아카데미 주임강사
백석대학교, 백석문화대학교 평생교육원 골프주임강사(현)
백석대학교 스포츠과학대학 부교수(현)
백석대학교 생활스포츠학과 주임교수
백석대학교 글로벌 인재육성처, K-move 책임교수(현)
백석대학교 스포츠경영학과 주임교수(현)
백석대학교 백석무인항공센터 소장(현)

논문
스포츠 에이전트에 관한 법제도적 연구
스포츠 에이전트제도의 현황과 현실적 제약요인
골프사고의 민사책임에 관한 연구
골프사고에 대한 골프장운영자의 불법행위책임 등

모델
유 혁 준 투어프로(KPGA)
조 광 제 세미프로(KPGA)

장소협찬
안중 이글골프연습장
아름다운 C·C

제3판
골프 이론과 실제

초판발행	2015년 12월 26일
제3판발행	2024년 3월 20일

지은이	이강웅
펴낸이	안종만 · 안상준

편 집	김선민
기획/마케팅	정연환
표지디자인	벤스토리
제 작	우인도 · 고철민 · 조영환

펴낸곳	(주) **박영사**
	서울특별시 금천구 가산디지털2로 53, 210호(가산동, 한라시그마밸리)
	등록 1959. 3. 11. 제300-1959-1호(倫)
전 화	02)733-6771
f a x	02)736-4818
e-mail	pys@pybook.co.kr
homepage	www.pybook.co.kr
I S B N	979-11-303-1887-5 93690

* 잘못된 책은 바꿔드립니다. 본서의 무단복제행위를 금합니다.

정 가   24,000원